BLUTIGE LIPPE

Hartmut Marks (Hg.)

BLUTIGE LIPPE

KRIMINALGESCHICHTEN VON
BAD LIPPSPRINGE BIS WESEL

Ventura Verlag
Werne
2016

Bibliographische Information der Deutschen Nationalbibliothek
Die Deutsche Nationalbibliothek verzeichnet diese Publikation
in der Deutschen Nationalbibliographie; detaillierte bibliographische Daten sind im Internet über http://dnb.ddb.de abrufbar.

Das Projekt „Blutige Lippe" wird gefördert von der Kulturabteilung des *Landschaftsverbands Westfalen-Lippe* (LWL).

Alle Handlungen und Figuren sind rein fiktiv, wenn auch inspiriert
durch unsere Recherchen vor Ort. Die Orte existieren natürlich.
Sollten Sie sich in einem Text wiedererkennen, sind Sie selber
Schuld und sollten sich wirklich mal Gedanken machen.

1. Auflage 2016
Ventura Verlag Magnus See
Carl-von-Ossietzky-Str. 1 | 59368 Werne
Tel.: +49−(0)2389−6896 | www.ventura-verlag.de

Herstellungsleitung und Lektorat: Magnus See, M.A.
Umschlaggestaltung: Magnus See, M.A.
Druck und Bindung: Friedrich Verlagsmedien | 60489 Frankfurt
am Main
ISBN: 978-3-940853-30-1
Printed in Germany

INHALTSVERZEICHNIS

VORWORT

Willkommen an der Blutigen Lippe anno 2016!

Lupia – Lippa – Lippe – dieser Fluss hat eine lange und bedeutsame Geschichte.

Die Lippe fließt so ruhig, friedlich und gemächlich dahin, könnte man meinen. Der Fluss windet sich durch wunderschöne Landschaften, vorbei an historischen Städten, über 220 Kilometer, von Bad Lippspringe bis nach Wesel. Doch der Schein trügt, wie Sie in den Kriminalgeschichten erfahren werden.

Das erste regionale Krimifestival Blutige Lippe entführt Sie in ungeahnte Abgründe. In Bad Lippspringe werfen die Arbeiten zur Landesgartenschau im kommenden Jahr ihre dunklen Schatten voraus, in Delbrück werden alte Wunden wieder aufgerissen, in Wadersloh tauchen wir in die Abgründe der menschlichen Seele, in Lippetal machen wir uns auf die Jagd nach dem Mörder, in Hamm steht uns das Wasser bis zum Hals, in Bergkamen begeben wir uns auf dünnes Eis, in Werne stockt uns der Atem, in Dorsten wird uns harte Kost serviert und in Wesel endet alles.

Wir freuen uns, dass renommierte deutschsprachige Autorinnen und Autoren sich bereit erklärt haben, diese neue Krimianthologie zu unterstützen.

Wir denken gerne an die ersten Begegnungen, die gemeinsamen Recherchen, die konstruktiven Gespräche, das Lachen und nicht zu vergessen die gemeinsamen Mahlzeiten. Es hat viel Freude gemacht. Etwas nachdenklich macht uns die Tatsache, dass gerade die Autorinnen weitaus blutiger morden lassen! Darüber müssen wir noch weiter nachsinnen. Aber auch darüber, wie viel eigenes kriminelles Potential sich in uns verbarg, das jetzt zutage tritt.

Wir danken für die vertrauensvolle Zusammenarbeit mit den Städten und Gemeinden, sowie den Volksbanken in Schlangen und Werne, ebenso der Erlebnistherme Maximare in Hamm.

Wir haben überall tolle Menschen kennengelernt: Dorfpolizisten, Heimatkundler, Bademeister, engagierte städtische Mitarbeiter/innen und ihre Bürgermeister und viele mehr.

Wir danken der LWL-Kulturstiftung für die Unterstützung unseres Projektes.

Und nun lassen sie sich entführen in die mörderische Welt der Blutigen Lippe!

Hartmut Marks
Herausgeber

Sascha Gutzeit

Bad Lippspringe sehen und sterben

An der Ecke vor dem *Akropolis* bekomme ich ein komisches Gefühl.

»Lassen Sie sich von den Bauarbeiten nicht stören, meine Damen und Herren …«, ruft Willi und zeigt hinüber zu dem runden Steinpavillon. »Die Arminiusquelle können wir uns trotzdem ansehen!«

Dann macht der sympathische Stadtführer eine einladende Handbewegung und die zwölfköpfige Gruppe folgt ihm die Stufen hinauf.

Ich lasse mich zurückfallen, bleibe in der sengenden Augustsonne stehen und zünde mir eine Zigarette an.

»Das Wasser der Arminiusquelle kommt aus mehreren hundert Metern Tiefe«, erklärt Willi meinen Kolleginnen und Kollegen, die sich nun interessiert unter den Pavillon drängen, in dessen Mitte das warme Heilwasser ans Tageslicht sprudelt. »Dieser Mineralquelle verdankt Bad Lippspringe übrigens den Titel ›Badeort‹.«

Allgemeines Raunen.

Kein Wunder, dass der Willi sich so gut aus-
kennt. Soweit ich weiß, ist er nicht nur Stadtführer, sondern hat auch etwas mit dem Heimatverein zu tun. Hatte er damals zumindest.

Mit Ulla habe ich hier gleich um die Ecke gewohnt. In der Martinstraße. Ist aber schon lange
her. Rund fünfzehn Jahre. Ich beiße die Zähne
zusammen. Was waren wir glücklich gewesen.
Ulla und ich. Richtig glücklich. Ich hätte sie sofort geheiratet …

In die grelle Nachmittagssonne blinzelnd,
nehme ich einen tiefen Zug von meiner Zigarette. Sie schmeckt bitter. Es war ein Fehler,
hierherzukommen. Ein großer Fehler. Ich hatte
mir geschworen, niemals nach Bad Lippspringe
zurückzukehren. Nicht nach allem, was passiert
ist. Ich bin all die Jahre davon ausgegangen, dass
ich eher eine Reise zum Mond machen würde, als
jemals wieder hier zu sein. Und dann auch noch
genau an dieser Stelle zu stehen!

*

Im *Akropolis* sah ich Ulla zum ersten Mal. Ich
kam aus dem Regen ins Restaurant, um ein, zwei
Ouzo zu trinken und mich aufzuwärmen. Nichts
weiter. Die hübsche, fast zierliche Frau, die in einer der Nischen saß, war mir gleich aufgefallen.
Sie mochte in meinem Alter sein und hatte langes
braunes Haar. Sie rührte Zucker in ihren Kaffee
und sah mich für einen Moment mit großen,
leuchtenden Augen an.

Als die Frau dann wenig später ging und ihren Schirm stehen gelassen hatte, lief ich ihr mit dem Ding nach. Sie strich sich das klamme Haar aus der Stirn und lachte, dass ihr das mit dem Schirm bei diesem Sauwetter ja eigentlich sofort hätte auffallen müssen.

Und dann standen wir auf der Ecke Lange Straße – Brunnenstraße im Regen, redeten und lachten, bis wir bis auf die Knochen nass und durchgefroren waren. Doch wir bemerkten es überhaupt nicht.

*

Ich ziehe erneut an meiner Zigarette. Die heiße Nachmittagssonne ist drückend heiß.

Wo Ulla jetzt wohl steckt? Ob sie noch immer in Bad Lippspringe lebt? Und nach wie vor bei der *Volksbank Schlangen* arbeitet? Ob sie wohl noch immer ihre Johnny-Cash-CDs rauf und runter hört?

Meine Güte, was ist Ulla mir damals mit diesem düsteren Country-Gedöns auf den Geist gegangen! All diese Lieder über Tod und Verbrechen, über Liebe und Schmerz ... Tja, ist alles lange her und der gute Johnny ist inzwischen tot. Tot wie ...

»So, meine Damen und Herren. Dann wollen wir jetzt mal einen Blick auf die Lippequelle werfen!« Willis Stimme reißt mich aus meinen Gedanken.

Meine Leute folgen dem engagierten Stadtführer die wenigen Schritte hinüber zum Geländer und blicken in das bläulich schillernde Wasser des Quellteichs. Die Enten gucken unbeeindruckt zurück.

»Im Gegensatz zur Arminiusquelle hat die Quelle der Lippe in nur etwa sieben Metern Tiefe ihren Ursprung«, erklärt Willi und erntet wieder großes Staunen.

Ich weiß schon, was als Nächstes kommen wird. Kenne die ganzen Geschichten. Ich trete meine Kippe auf dem Boden aus und gehe zu den anderen hinüber.

Mein Hals ist staubtrocken und brennt. Ich kann noch immer nicht ganz glauben, dass der Betriebsausflug ausgerechnet nach Bad Lippspringe gehen musste. Aber nachdem wir vergangenes Jahr Bad Ems und davor Bad Salzungen besucht hatten, schlug Susanne Thelen, meine Sekretärin, Bad Lippspringe für den diesjährigen Firmenausflug vor. Und die gesamte Belegschaft stimmte zu, denn alle fanden das Konzept, dass ein Badausstattungsunternehmen Bäder besuchte, völlig genial.

Ich hatte natürlich erwogen, mich krank zu melden, aber dann wäre der Betriebsausflug einfach verschoben worden. Immerhin gehört mir die Firma.

»Und hier haben wir das sogenannte *Odins Auge*«, fährt der Stadtführer fort und deutet auf die Stelle, an der der Teich tiefgrün, fast türkis, im Sonnenschein leuchtet. »Der germanische Gott Odin soll der Sage nach eines seiner Augen herausgerissen und hierher in den Sand geworfen haben, um die zu jener Zeit noch trockene Gegend mit Feuchtigkeit zu segnen.«

»Kann man es denn heute noch sehen?«, fragt Larissa Becker aus der Buchhaltung und beugt sich über das Geländer, um dem Quellteich tief ins Auge zu blicken. Als erst Willi und dann alle anderen lachen müssen, läuft sie rot an. Ich versuche ein Lächeln, das aber kläglich missglückt.

Während sich die Becker nun verschämt hinter ein paar Kollegen duckt, erzählt Willi weiter: »Demnächst wird sogar ein Steg über den Quellteich gebaut, damit man von oben direktemang ins *Odins Auge* gucken kann«, sagt er und vergisst nicht zu erwähnen, dass sich die Länge der Lippe aufgrund der Renaturierung des Flussbetts ständig ändert. Ferner erklärt er uns, dass sich in der angrenzenden Burg ein Gefängnis befand und im Quellteich der Lippe sogar einst eine angebliche Hexe ertränkt wurde.

Einer meiner Sanitärfachkräfte, ein etwas zu schwammig geratener Mittvierziger namens Holger Mahlmann, stößt mir begeistert seinen Ellbogen in die Seite. »Dieser Willi weiß echt Bescheid, Chef!«, grinst er. »Aber krass, in dem Tümpel jemanden zu ersäufen ...«

An der Stelle, wo Mahlmann steht, stand Ulla damals, schießt es mir in den Sinn. Genau dort küssten wir uns zum allerersten Mal. Unterhalb der angestrahlten Burgmauer im Mondlicht, nur zwei Tage nachdem wir uns im

Akropolis begegnet waren. Ja, so hatte das mit uns angefangen.

Ein mulmiges Gefühl kriecht mir in den Magen. Ich hätte mich wirklich krank melden sollen. Die Damen und Herren hätten den Ausflug prima ohne mich machen können. Ich spüre, dass meine Hände, die das Geländer umklammern, kalt und feucht sind.

Reiß dich um Himmels Willen zusammen, mahnt meine innere Stimme. Dies ist ein Betriebsausflug, ein ganz gewöhnlicher Betriebsausflug. Einfach ein bisschen durch eine fremde Badestadt gondeln … gut, Bad Lippspringe ist mir nicht fremd, aber es ist nur ein Besuch, eine Stippvisite. Alles ganz harmlos, versuche ich mir einzureden. Ich bin nur Tourist. Gleich im Hotel ein Stündchen aufs Ohr hauen, und heute Abend geht es ins Restaurant *Zur Quelle*, wo es Buffet gibt und sich im Anschluss bestimmt alle wieder die Kante geben. Wie bei jedem Betriebsausflug. Und morgen nach dem Frühstück bringt mich der Bus auch schon nach Hause zurück. Das geht schneller vorbei, als du denkst.

Plötzlich recken alle die Hälse. Der Stadtführer deutet jetzt zu den Überresten der Burg hinauf. Willi erklärt allerlei über ihre Geschichte sowie das benachbarte Kongresshaus, das vor dem Umbau 1955 das Kurhaus war.

Während meine Mitarbeiter den Ausführungen lauschen, starre ich in den Teich. Die Sonne zaubert grelle Lichtblitze auf die Oberfläche. Erst jetzt merke ich, dass meine Hand zittert. Und ich Idiot habe gedacht, dass mir die Sache nicht mehr nahegehen würde. Dass ich es schaffen würde, mir nichts anmerken zu lassen. Doch jetzt rollt alles wieder heran wie ein längst vergangenes Gewitter, dessen unheilschwangeres Grollen nur ich hören kann.

»Ich schlage vor, dass wir uns nun das Prinzenpalais angucken«, sagt Willi nun und alle sind einverstanden. Wir folgen dem engagierten Stadtführer, der mit federnden Schritten vorweggeht.

Meine Schritte hingegen sind schwer wie Blei.

»Das Prinzenpalais wurde 1855 als zweites Kurhaus erbaut«, erklärt Willi, während er uns am Rande des Arminiusparks entlangleitet. »Bevor wir gleich beim Prinzenpalais sind, meine Damen und Herren, können Sie auch noch unsere allergologischen Gärten samt Allergiepfad bestaunen, die im EXPO-Jahr 2000 angelegt wurden.«

Ich weiß, denke ich. War ganz neu damals.

Dann macht Willi wieder eine seiner großen Gesten. »Hier wird sich demnächst sehr viel verändern, meine Damen und Herren. Die Landesgartenschau wird nämlich nicht nur im Kurwald und im Kaiser-Karls-Park stattfinden, auch im Arminiuspark wird jede Menge umgestaltet werden.«

Ich merke, wie mir mit einem Mal der Schweiß aus dem Poren schießt.

»Ach, Sie haben hier die Landesgartenschau?«, fragt Holger Mahlmann und gesellt sich zu Willi.

»2017«, nickt dieser. »Wie Sie sicher vorhin gesehen haben, wird rund um die Arminiusquelle schon an neuen Beetanlagen gearbeitet. Entlang dieses Weges werden große Blumenkörbe aufgestellt. Dort vorne an der Gabelung wird sich der Eingangsbereich befinden. Beim Prinzenpalais werden Blumenskulpturen errichtet, es wird eine Spielwiese und eine Freizeitgärtnerausstellung angelegt.«

Höchst interessiert lassen meine Mitarbeiter die Blicke schweifen.

»Es werden Blütenteppiche gepflanzt.«, fährt Willi fort. »Und beim Kongresshaus kommt die etwa 600m² große Ausstellung der Friedhofsgärtner hin. Sie sehen, hier wird in nächster Zeit überall fleißig gegraben und gebaut!«

Mir wird schlecht.

»Ist Ihnen nicht gut, Chef?« Larissa Becker schaut mich sorgenvoll an, als sie bemerkt, dass ich etwas wacklig auf den Beinen bin.

Ich fühle mich plötzlich, als stünde mir alles auf der Stirn geschrieben. Alles, was damals passiert ist.

»Es … geht schon«, stammele ich. Mein Puls rast. Landesgartenschau? Meine Gedanken überschlagen sich. Zwischen Prinzenpalais und Kongresshaus? Ich kann es einfach nicht glauben. Neue Beete? Meine Knie werden butterweich.

Hier wird in nächster Zeit überall fleißig gegraben und gebaut … habe ich Willis Stimme im Ohr. *Fleißig gegraben und gebaut.*

Der Stadtführer blickt mir ernst in die Augen. »Soll ich den Rundgang für einen Moment unterbrechen, Herr …?«

Ich schüttele den Kopf. »Nein, schon gut.«

»Aber Sie sind ja weiß wie 'ne Wand, Chef!«, ruft Norbert Thiele, einer meiner Außendienstler.

»Ist nur das Wetter … die Hitze …«, stöhne ich und wische mir den kalten Schweiß von der Stirn. »Ich werde mich im Hotel etwas hinlegen. Zum Abendessen bin ich sicher wieder fit. Machen Sie ruhig ohne mich weiter, Willi.«

Der Stadtführer nickt. »Gehen Sie rüber in die Lange Straße«, sagt er. »Da ist der nächste Taxistand.«

»Ich weiß«, entgegne ich und würde mir am liebsten die Zunge abbeißen. Dann wanke ich los. Ich spüre die Blicke meiner Angestellten, wie sie mir nachsehen. Ein ganz gewöhnlicher Betriebsausflug? Fast muss ich laut loslachen.

Nur eine Frage der Zeit, bis sie auch oben beim Allergielehrgarten buddeln …

Mein Hemd ist klitschnass. Als ich die Autotür öffne, schlägt mir schwüle, abgestandene Luft entgegen.

»Nach Paderborn«, sage ich und lasse mich auf den Rücksitz sinken. »Zum nächsten Baumarkt.«

Ich sehe das Gesicht des Taxifahrers im Rückspiegel. Er mustert mich, als wäre gerade eine Leiche in seinen Wagen gestiegen. Für einen Moment bilde ich mir ein, er wisse über alles Bescheid.

Das Taxi rast durch die Straßen. So wie ich damals gerast bin. In jener düsteren, nebligen Nacht . Etwa anderthalb Stunden später schließe ich die Tür meines Hotelzimmers auf. Ich stelle den nagelneuen Spaten in die Ecke, reiße mir das klamme Hemd vom Körper und gehe ins Bad. Ich werfe mir eiskaltes Wasser ins Gesicht und starre die blasse Gestalt an, die mir mit glasigen Augen aus dem Spiegel entgegenblickt.

Landesgartenschau in Bad Lippspringe ... ausgerechnet in Bad Lippspringe. Und nur durch puren Zufall erfahre ich davon! Nicht zu fassen. Immer wieder werfe ich mir Wasser ins Gesicht, als würde ich die Vergangenheit damit wegwaschen können.

Die Geschehnisse jener Nacht. Die Verfolgung. Ich außer mir, das Küchenmesser in der Hand. Hinter dieser verfluchten Ratte her.

*

Bis zu diesem Abend vor fünfzehn Jahren hatte ich doch tatsächlich angenommen, dass er mein bester Freund sei. Jemand, dem ich blind vertrauen konnte. Ich dachte mir nichts dabei, dass Joachims dunkelblauer Saab bei uns in der Straße geparkt war, als ich nach Hause kam. Seine olle Karre mit dem *Ich bin Energiesparer*-Aufkleber am Kofferraumdeckel.

Als ich in die Wohnung kam, waren Ulla und er auf der Couch im Wohnzimmer zugange. Ich sagte nichts. Stand bloß im Türrahmen und sah die beiden an. Ulla hatte sich ein Kissen vor die Brust gerissen, so als dürfte ich sie nicht nackt sehen. Joachim kauerte sich ins Polster, zog die Beine an. Seine Stirn glänzte.

Und dann setzte alles in mir aus, ich lief in die Küche und griff nach dem Messer …

*

Ich drehe den Wasserhahn zu, schlurfe aus dem Bad und schaue aus dem Hotelfenster. Die Sonne steht nun um einiges tiefer, aber es wird noch lange nicht dunkel sein.

Wie ein Gefangener, der in seiner Zelle rastlos auf und ab tigert, gehe ich im Zimmer herum. So als warte ich auf meine Begnadigung. Doch in dieser Sache muss ich meinen Kopf selbst aus der Schlinge ziehen.

Schritte und Stimmen auf dem Gang, dann ein Klopfen an der Hotelzimmertür. Ich halte den Atem an und rege mich nicht.

Nach einer Weile höre ich, wie sich die Schritte wieder entfernen. Meine Truppe will wohl so langsam zum Abendessen aufbrechen. Ich werde hierbleiben und auf die Dunkelheit warten. Um für einen Augenblick zur Ruhe zu kommen, lasse ich mich aufs Bett fallen und schlafe sofort ein.

Als ich erwache, ist es düster im Zimmer. Ich knipse die Nachttischlampe an und linse auf meine Armbanduhr. Kurz vor dreiundzwanzig Uhr.

Ich fische ein frisches Oberhemd aus meinem Reisekoffer. Ein dunkelblaues, das ist nicht so auffällig.

Wenig später lasse ich die Zimmertür hinter mir ins Schloss fallen.

»Reisen Sie nicht erst morgen nach dem Frühstück ab?« Die junge Empfangsdame sieht mich überrascht an, als ich mit Koffer und Spaten vor ihr an der Rezeption stehe.

»Bin nachher wieder da«, antworte ich ruhig. »Und falls jemand nach mir fragt, sagen Sie, ich sei auf meinem Zimmer und schlafe. Eine Überraschung, Sie verstehen?«

»Natürlich.«

»Und wenn Sie so freundlich wären, mir jetzt ein Taxi zu rufen …«

Der Fahrer, der die ganze Zeit kein Wort gesprochen hat, lenkt das Taxi in die Burgstraße und bringt es kurz darauf auf dem Schotterparkplatz gegenüber dem Kongresshaus zum Stehen.

»Bitte warten Sie im Wagen auf mich«, sage ich zu dem Schatten am Steuer und steige aus. Dann verschwinde ich im fahlen Schein der Laternen und tauche in die Dunkelheit.

Ich frage mich kurz, warum sich der Taxifahrer nicht über meine doch etwas seltsam anmutende Aktion gewundert und dumme Fragen gestellt hat, aber es soll mir recht sein. So muss ich mir jedenfalls keine Märchen ausdenken.

Am Allergielehrpfad angekommen sondiere ich die kleinen Schilder, die die hier wuchernden Heilpflanzen und Kräuter ausweisen. Vorbei am hüfthohen Rainfarn, an Wermut, Schafgarbe und am Kleinen Odermennig.

Bei der Zypressenwolfsmilch stelle ich den Reisekoffer ab und atme tief durch. Die Luft ist noch immer warm und drückend.

Der Arminiuspark scheint tief zu schlafen. Wie vor all den Jahren, als ich Joachim mit dem Messer verfolgte … durch die Straßen, an der Lippequelle vorbei, in den Park. Wie der Teufel bin ich hinter ihm hergerannt. Zwar war ich nie besonders sportlich gewesen, doch die Wut verlieh mir unglaubliche Kräfte. Trotz der Nebelsuppe ließ ich die Ratte nicht aus den Augen. Einmal verlor ich ihn kurz, als Joachim plötzlich auf Höhe des Friedrich-Wilhelm-Weber-Gedenksteins hinter einem dicken Baum verschwand, doch dann hatte ich den dunklen Schatten wieder im Blick. Er huschte in Richtung Prinzenpalais, hierher, wo ich jetzt stehe.

Was für eine verrückte Geschichte! Hätte meine Firma nicht diesen Ausflug mit Stadtführung gemacht und hätte Willi nicht die Landesgartenschau erwähnt, dann würde ich vermutlich irgendwann aus den Nachrichten von einem schaurigen Fund in Bad Lippspringe erfahren.

Durch die seltsamen Fügungen bekomme ich nun die Gelegenheit, meine Spuren zu verwischen. Beziehungsweise verschwinden zu lassen.

Noch einmal blicke ich mich um. Niemand da. Außer mir. Dann setze ich den Spaten an. Mit einigen festen Hieben steche ich die Zypressenwolfsmilch ab und schaufele sie zur Seite. Das Erdreich ist trocken und leicht. Ich buddele und buddele, ohne Probleme. Wieder spüre ich sie, die ungeahnten Kräfte. Nach den fünfzehn Jahren dürfte nicht allzu viel von ihm übrig sein.

Das Blut pocht in meinem Schädel, wie damals, als ich Joachim schließlich einholte … und zustach. Wenn ich schon mit Ulla nicht glücklich sein konnte, sollte er es auch nicht dürfen.

Es gibt ein leises, stumpfes Knacken, als der Spaten jetzt auf etwas Hartes stößt. Ich lege mein Werkzeug beiseite und klettere mit dem Reisekoffer in die Grube, die sich etwa anderthalb Meter breit und zwei Meter tief vor mir auftut. Dann rutsche ich auf den Knien, pflüge mit schweißnassen Händen durch die Erde und bekomme etwas zu fassen. Eine linke Hand. Ziehe sie an den blanken Fingern aus dem Boden, taste weiter und lege den Arm frei.

Nach all den Jahren besteht Joachim tatsächlich nur noch aus Knochen. Und ich werde sie alle herausholen müssen. Keiner darf gefunden werden … ich brauche den kompletten Joachim.

Und vor allem das Küchenmesser!

Wieder schiebe ich Erdreich zur Seite und dann sehe ich die Wirbelsäule vor mir. Mein Küchenmesser klemmt zwischen zwei Wirbeln und scheint intakt. Selbst der Griff. Qualität made in

Solingen. Das Messer habe ich damals nicht aus der Leiche herausbekommen, nachdem ich sie bei Nacht und Nebel in die Grube gezerrt hatte. Außerdem musste ja alles schnell gehen!

Als ich den Arm vom Schultergelenk löse, gibt es ein hohles Knacken. Ich lasse ihn samt Hand und Küchenmesser im Reisekoffer verschwinden, danach nehme ich mir den rechten Arm vor. Um die Wirbelsäule klein zu kriegen, muss ich mich aufrichten und ein paar Male fest drauftreten. Dabei löst sich Gott sei Dank auch das Küchenmesser.

Das verstaue ich ebenfalls in meinem Koffer. Wohin damit, werde ich mir morgen auf der Heimfahrt in Ruhe überlegen, jetzt muss das Zeug erst einmal von hier weg, bevor es demnächst einem Garten- und Landschaftsbauer in die Hände fällt.

Gerade ziehe ich den Brustkorb aus dem Boden und beginne, ihn für den Reisekoffer zu portionieren, da glaube ich, eine Autotür schlagen zu hören. Wie besessen klettere ich aus der Grube und ergreife den Spaten, um alles provisorisch zuzuschütten, da nähern sich auch schon Schritte.

Ein dunkler Schatten geistert unter der Laterne her und dann steht der Taxifahrer auch schon vor mir.

»Ich … hatte Ihnen doch gesagt, Sie sollen …«, bringe ich heraus, dann versagt meine Stimme.

»Soll ich Ulla von dir grüßen, wenn ich nachher heimkomme?«

Mein Magen zieht sich zusammen, meine Kehle schnürt sich zu.

Joachim!, schießt es mir durch den Kopf. Aber … wie ist das möglich?

»Da staunst du, was?«, höre ich ihn fragen.

Diese Stimme! Ohne Zweifel, er ist es!

»Wen … wen habe ich denn dann umgebracht?«, flüstere ich. Meine Hände sind jetzt eiskalt, klammern sich zitternd um den Griff des Spatens.

»Keine Ahnung«, sagt Joachim und hebt die Schultern. »Ich hatte mich hinter einem Baum versteckt und plötzlich ranntest du hinter jemand anderem her. Dachtest wohl, ich wäre es. War ja auch ein ganz schöner Nebel damals.«

Für einen Moment glaube ich, ohnmächtig zu werden.

»Aber neugierig, wie ich bin, bin ich dir gefolgt«, spricht Joachim weiter. »Ich wollte nachsehen, was los ist, als du nicht zurückkamst.«

»Und dabei hast du beobachtet, wie ich hier jemanden vergrabe …«

Tränen schießen mir in die Augen.

»Keine Sorge«, entgegnet Joachim und macht einen Schritt auf mich zu. »Außer Ulla und mir weiß es niemand.«

Der Spaten fällt mir aus den Händen. Ich taumele rückwärts und verliere das Gleichgewicht. Als ich in die Grube stürze, schlägt mein Kopf gegen den Reisekoffer. Ich schaffe es nicht einmal mehr, zu schreien, als sich die spitzen Rippenknochen der Leiche in meinen Rücken bohren.

Ich spüre den warmen Schmerz, sehe Joachims Umrisse verschwimmen, und dann ist alles dunkel.

Sascha Gutzeit, geb. 1972 in Wuppertal im Zeichen des Steinbock, lebt mit Frau und Hund in Hillesheim in der Vulkaneifel. Mit (oder trotz) seinen 168 cm ist er als Musiker und Literat ein Großer seines Metiers.

1983 gründete er seine erste Band mit dem bezeichnenden Namen *Die Grünspechte.* Erste eigene Songs wurden beim Konzert 1985 gespielt. Er hat eine klassische Ballettausbildung, Auftritte in dem Musical *A Chorus Line.* Als Sänger, Gitarrist und Pianist ist der „Hans-Dampf" seit vielen Jahren auf Tourneen unterwegs.

Sascha arbeitet ferner als Sprecher (u.a. *Die Drei ???*) und komponiert Hörspiel- und Filmmusik. Seit 1993 veröffentlicht Sascha Gutzeit CDs mit eigenen Songs, ist Mitgründer des *Vollplaybacktheaters*, erhielt 1997 den „Bergischen Kabarett- und Satirepreis" und nahm 2009 ein Duett mit Wolfgang Niedecken auf.

Mit seinen Leseshows (z.B. *Leichen, Lieder & Lach-salven)*, Ein-Personen-Komödien, Kabarettprogrammen und Konzerten absolviert er über 100 Auftritte im Jahr. Sein schräger Retro-Ermittler Kommissar Engelmann ist mittlerweile Kult.

Übrigens:
Sein Lied *Der Mörder ist immer der Täter* hat zu ganz neuen Erkenntnissen in der Kriminalistik beigetragen.

Als Wuppertaler hat er seiner (geliebten?) Stadt zwei Musicals gewidmet. Mit seinem Zuzug nach Hillesheim hat er die Bevölkerungszahl auf 3168 ansteigen lassen.

Er liebt Tomate mit Mozzarella und isst nachts heimlich Nutella mit dem Löffel.

www.SaschaGutzeit.de

GABRIELLA WOLLENHAUPT

SEIN LETZTER FALL

Traugott Musebrink kleidet sich sorgfältig an. Sein Leben lang hat er auf gutes Aussehen Wert gelegt. Bei dieser Mission kommt es ihm ganz besonders darauf an, denn sie ist etwas Besonderes. Durch seine Krankheit sind einige Pfunde geschwunden und er passt wieder in den Anzug, den er vor fünfundzwanzig Jahren angeschafft hat. Natürlich ist der Schnitt unmodern, der Wollstoff an manchen Stellen dünn, blankgebügelt und sogar etwas löchrig; die eine oder andere Motte hat hier ihren Nachwuchs aufgezogen, aber das macht nichts. Ein bisschen skurriles Aussehen passt zu dem Job. Er bindet sich die karierte Fliege um und greift nach der Schirmmütze. Im Spiegel überprüft er sein Bild und ist zufrieden. Es kann losgehen.

8.30 Uhr. Nieselregen. Edith Antpöhler und Mimi Kühlborn warten auf einem Parkplatz in Dortmund. Die beiden alten Damen haben ein Schreiben von *Stenzel & Partner, Finanzdienstleis-*

tungen erhalten. Darin die Nachricht, dass sie bei einem Gewinnspiel 946,72 Euro gewonnen haben, die ihnen bei einem Tagesausflug zu einem romantischen Ort persönlich übergeben werden sollen. Den Express-Kaffee-Automaten hatten beide bereits sicher, denn den bekommt jeder Teilnehmer. Wohin die Reise gehen solle, wissen Edith Antpöhler und Mimi Kühlborn nicht.

Endlich kommt der Bus. Beim Einsteigen fragt Edith nach dem Ziel der Fahrt.

»Delbrück im Paderborner Land«, antwortet der Mann und schließt die Türen. Er stoppt noch einige Male und neue Fahrgäste steigen ein. Unter ihnen ist auch Traugott Musebrink.

Edith und Mimi mustern den properen Herrn mit gewissem Wohlgefallen. Musebrink wählt den Sitz genau vor den beiden Frauen und holt ein Buch hervor. Mimi macht einen langen Hals und versucht, den Titel zu erkennen. Doch da gibt es nichts Gedrucktes, sondern nur leere Blätter, auf die der Mann etwas schreibt. Sie kann nicht erkennen, was es ist. Wohl eine Art Tagebuch.

Weitere Gäste kommen hinzu. Musebrink zählt sie durch. Dreißig. Dreißig Opfer. Dreißig Menschen, die glauben, einen schönen Tag vor sich zu haben. Der Bus fährt auf die Autobahn 2 Richtung Bielefeld/Hannover. Der Regen ist stärker geworden.

Das Gastliche Dorf in Delbrück ist eine Ansammlung von Bauernhäusern aus dem 16. und 18.

Jahrhundert, die hier aufgebaut worden sind. Jetzt sind sie eine Touristenattraktion. Jedes Seniorenzentrum im Paderborner Land hat seine Bewohner schon einmal für ein paar Stunden hier abgeladen. Heute hängt das Schild *Geschlossene Gesellschaft* am Tor. *Das Gastliche Dorf* erwartet einen Bus aus Dortmund.

Zwei Besucher sind allerdings schon da. Ben Stenzel und Kevin Kücück. Sie sitzen am Stammtisch im Restaurant. An die Wand hat jemand in schöner Frakturschrift einen Spruch gemalt: *Stammtisch für Jäger, Fischer und andere Lügner.*

Auf einer langen Tafel haben die beiden Männer ihre Angebote des Tages dekoriert: Nahrungsergänzungsmittel, Eierkocher, billige Kaffeemaschinen, Messerblöcke und Rheumadecken.

»Die Rheumadecke ist nicht mehr wirklich aktuell«, erläutert Stenzel. »Vor fünfundzwanzig Jahren waren die Dinger der Renner. Ich nehme allerdings immer welche mit – aber mehr aus sentimentalen Gründen. Manchmal kauft die sogar einer.«

»Und was ist heute der Renner?«, fragt der Azubi.

»Magnetfeldmatratzen. Gegen degenerative Wirbelsäulenbeschwerden. Da fahren die meisten doofen Rentner drauf ab. Die Matratzen haben eine bombastische Gewinnstufe. Sie werden aus billigem Schaumstoff zusammengeklatscht und mit kleinen Magnetplättchen gespickt. Herstellungskosten 50 Euro. Ich verticke die dann für'n glatten Tausender. Gut laufen auch Nahrungsergänzungsprodukte. Die helfen gegen alles. Vom Schnupfen bis zum Hirntumor.«

Die Fahrt im Bus verläuft ohne Probleme. Hinter Kamen wird die Landschaft weit und flach. Sogar die Sonne traut sich heraus. Traugott Musebrink holt eine Flasche Wasser aus der Tasche und nimmt seine Pillen. Es sind viele.

Delbrück. Noch 70 Kilometer. Zehn Jahre ist er nicht mehr dort gewesen. 2005 hat er seinen letzten Fall bearbeitet und ihn nicht gelöst. Ein Ehepaar war in seinem Haus in der Scharmeder Straße in Delbrück-Bentfeld überfallen worden. Unbekannte erschossen die Bewohner, räumten das Haus aus, stahlen Militaria im Millionenwert und steckten das Haus und die Leichen in Brand. Alle Spuren hatten in die Irre geführt. Musebrink hat die Entwicklung des Falles ab und zu im Internet verfolgt. Die Belohnung für Hinweise, die zur Aufklärung des Falles führten, ist inzwischen auf knapp 18 000 Euro angewachsen. Die Beute ist noch immer verschwunden, obwohl die Angehörigen der Opfer auf eine Rückgabe der Gegenstände verzichtet haben, um die Ermittlungen zu fördern. Eine Fahndung in der *XY*-Sendung hat ebenfalls nichts gebracht.

Es wäre schön gewesen, wenn ich mein Arbeitsleben erfolgreicher beendet hätte, denkt Musebrink.

Der Busfahrer erreicht Delbrück und nimmt die Route zum Römerlager Anreppen, das direkt an der Lippe liegt. Viel ist davon nicht mehr zu sehen – nahezu gar nichts. Der Werber hat ihm hundert Faltblätter gegeben, auf denen beschrieben ist, wie das Lager einmal ausgesehen hat. Bei dem Besuch des unsichtbaren Lagers handelt es sich um den in der Gewinnspielbenachrichtigung angepriesenen ›Kulturspaziergang‹.

Traugott Musebrink kennt das Lager. Seit seiner Entdeckung im Jahre 1968 hat es in der archäologischen Welt für Furore gesorgt. Damals ist er ein junger Mann gewesen, knapp dreißig Jahre alt und an historischen Zusammenhängen interessiert. Er erinnert sich, dass die Römer einen langwierigen Krieg gegen die linksrheinischen Germanenstämme geführt und schließlich gewonnen haben.

Die Ausgrabungen machten Delbrück international bekannt. Das Lager wurde vermessen und nachempfunden. Münzen, Brunnen, Scherben, Werkzeuge und Waffen gaben einen guten Einblick ins römische Lagerleben.

Der Bus spuckt seine Gäste aus. Der Fahrer drückt jedem einen Prospekt in die Hand mit der Aufforderung, sich daran zu orientieren.

»Da steht alles drin«, behauptet der Busfahrer. »In einer Stunde wieder am Bus, meine Herrschaften. Ich hab jetzt Pause.« Er schließt die Türen des Busses, legt die Füße hoch und öffnet seine Brotdose.

Einige Senioren murren. Musebrink bekommt Mitleid und nimmt die Sache in die Hand. Das

Lager ist nicht schwer zu erklären, denn es ist ja fast nichts mehr zu sehen. Nur platte Landschaft und einige Markierungspfähle, die anzeigen, wo es einmal Straßen und Gebäude gegeben hat.

»Das Delbrücker Lager wurde um die Zeitenwende errichtet«, ruft Musebrink in den Wind hinein. Es zieht gewaltig, denn kaum ein Baum bremst hier die Luftbewegungen. »Der römische Historiker Velleius Paterculus hat im Jahr 4 nach Christus vom Bau eines Winterlagers am Oberlauf der Lippe berichtet. Dieses Lager stand hier und die Lippe fließt dahinten.« Er deutet nach rechts auf eine leichte Steigung. »Unter der Fußgängerbrücke ist der Fluss«, erklärt Musebrink. »Hier ist die Lippe noch naturbelassen und sauber.«

»Sie kennen sich aber gut aus«, zirpt Edith Antpöhler.

»Ich komme aus Delbrück. Hab bis vor zehn Jahren hier gewohnt.«

»Und was hat Sie ins Ruhrgebiet verschlagen?«, lässt Edith nicht locker.

»Die Liebe, gnädige Frau«, verrät der alte Herr. Er schaut auf seine Uhr. »In einer halben Stunde müssen wir wieder am Bus sein. Zeit genug, um zur Lippe zu gehen. Begleiten Sie mich?«

Edith denkt einen winzigen Augenblick an ihre künstliche Hüfte und fragt sich, ob sie das wohl schaffen wird. Doch der Weg zur Lippe ist eben und hat keine Steigung.

»Aber mit Vergnügen«, lächelt sie.

»Also, in den ersten dreißig Minuten musst du die Alten kriegen«, fährt Stenzel mit seiner Ausbildung fort. »Du musst Vertrauen aufbauen, du brauchst ein paar Lacher. Du wirst bald sehen, wie ich das mache. Und wenn einer gleich am Anfang nach dem Gewinn fragt, erklärst du ihnen, dass sie zwar nominiert sind, ihn aber noch nicht kriegen.« Er lacht. »Genauso wie beim Essen. Auf dem Wisch hier steht: ›Das Essen wird kostenlos vorbereitet.‹ Heißt im Klartext: ›Essen könnt ihr, aber bezahlen müsst ihr selbst.‹ Hast du das kapiert?«

Kevin Kücück hört zwar aufmerksam zu, doch es beschleicht ihn das Gefühl, dass dieser Job nicht der richtige für ihn ist.

»Ist das nicht Verarsche?«, fragt er. »Auf dem Zettel steht doch, dass die schon gewonnen haben.«

»Nominiert«, widerspricht Stenzel. »Steht im Kleingedruckten und das gilt.«

»Und was, wenn jemand stänkert?«, fragt Kücück.

»Zehn Prozent Störer hast du immer. Die quatschen dir in deinen Vortrag, versuchen, Leute gegen dich aufzuhetzen. Schnauzt du die an, hast du die ganze Rentner-Combo gegen dich. Damit du nicht der Böse wirst, macht ein Mitarbeiter, also du, Druck von hinten. Sag dem Störer, wo's langgeht.«

»Und wie geht das?«

»Druck aufbauen. Erzählen, hier kriegt nur der was, der 3000 Euro auf den Tisch legen kann.

Keine Hartz-IV-Empfänger, keine armen Leute. Wer das Geld gerade noch zusammenkratzen kann, will sich nicht die Blöße als Armer geben. Und immer schön die Masche: ›Ihr macht euch hier einen schönen Tag mit tollem Essen für umsonst und ich gucke in die Röhre, weil ihr nichts kauft.‹ Dann kriegen viele ein schlechtes Gewissen und kaufen doch.«

»Aber was ist, wenn die wieder zu Hause sind und den Kauf rückgängig machen?«, fragt Kücück. »Das geht juristisch ja.«

Stenzel lacht. »Du hast dich ja gut informiert, Ali.«

»Ich heiße nicht Ali.«

»Kevin ist auch nicht viel besser«, grinst Stenzel. »Aber zu deiner Frage: Nimm mal diese Fläschchen hier. Das ist unser Nahrungsergänzungsmittel Q10. Das saufen die Leute gleich, wenn sie wieder zu Hause sind. Die reißen die Schachtel auf, das Siegel ist hin, Umtausch ausgeschlossen. Reisen gehen auch gut. Die Leute unterschreiben, dass ich 69 Euro Vermittlungsprovision bekomme – auch wenn sie später stornieren. Mir ist das völlig egal, denn meine 69 Euro hab ich sicher, die sehen die nie wieder.«

»Und wie viel kommt da im Monat so zusammen?«, fragt Kevin.

»Das hängt ganz von dir allein ab, Kleiner. Wenn du abgebrüht bist und die Rentner mehrheitlich doof, kommst du schon auf deine Kosten. Und wenn jemand richtig Zicken macht, besuchst du ihn einfach zu Hause. Oder sie. Da machst du die dann fertig. Die Adressen hast du ja.«

»Und das geht einfach so?«, zweifelt Kevin Kücück.

»Naja, ein paar Beulen holst du dir schon«, gibt Stenzel zu. »Ein paar Mal wurde ich von den Rentnern verklagt. Sieben Mal saß ich im Knast, aber nur kurz. Egal! Ich hab mit 21 rund 500 000 Euro pro Jahr gemacht, da hab ich die paar Nächte im Knast locker weggesteckt.«

Er lacht und Kevin fragt sich, warum er sich für diesen Job gemeldet hat. Am liebsten würde er flüchten, aber das würde Stress mit Stenzel bedeuten und darauf verzichtet er gern. Diesen Tag muss er durchhalten.

»Hast du ein Problem, Kleiner?«, fragt Stenzel lauernd. »Für Weicheier ist dieser Job nichts.«

»Kein Problem«, versichert Kücück.

»Dann ist ja gut«, brummt Stenzel und krempelte sich die Ärmel seines Hemdes nach unten. »Wenn die Rentner-Doofis meine Tattoos sehen, drehen die gleich am Rad. Also lieber weg damit.«

Die Mitarbeiter des Restaurants rücken an und bauen das Buffet auf. Kaffee und Tee in großen Warmhaltekannen, Platten mit Käse-, Mett- und Leberwurstschnittchen. Salzgebäck, Bauernbrot und Pumpernickel. Das Aufgetischte hat nur eine geringe Ähnlichkeit mit den Fotos in der Gewinnspielbenachrichtigung. Da heißt die Schnittchen-Kollektion allerdings ›reichhaltiges rustikales Bauernbuffet‹.

»Das wär's für euch«, sagt Stenzel zum Inhaber. »Ich sag Bescheid, wenn wir fertig sind.«

Als das Personal verschwunden ist, erklärt Stenzel: »Die warten im Hofladen. Der hat zum Glück heute zu. Damit die Alten ihre Kohle nicht schon vorher verpulvern. Apropos Pulver ...« Er holt ein kleines Metallröhrchen aus seiner Hemdtasche, öffnet es, streut ein helles Pulver auf den Handrücken, steckt die Nase hinein und zieht es tief durch die Nasenlöcher.

»Schnupftabak«, erklärt er. »Macht den Kopf frei. Früher war hier Gift drin.«

Traugott Musebrink kennt die Stelle am Fluss. Als Kind hat er hier oft gespielt, obwohl seine Eltern es verboten hatten. Die Lippe hat sich ein ansehnliches Bett gegraben und macht hier eine kleine Biegung. Die Strömung ist stärker als üblich. Umgestürzte Bäume haben allerhand Unrat abgefangen.

»Früher hat ein Verein einmal im Jahr die Lippe von solchem Müll befreit«, erläutert Musebrink.

»Sieht trotzdem schön aus«, sagt Edith Antpöhler. »Darf ich Sie mal was fragen?«

»Aber sicher, Gnädigste.«

»Warum machen Sie diesen Ausflug mit? Sie kennen doch schon alles.«

»Ich hab doch fast tausend Euro gewonnen, die will ich natürlich haben. Außerdem ist es eine Gelegenheit, die alte Heimat wiederzusehen.«

»Das versteh ich gut«, lächelt die alte Dame. »Ich hab schon lange keinen Fluss mehr aus der Nähe gesehen. Jedenfalls so einen nicht. Durch meine Siedlung fließt die Köttelbecke und im Sommer stinkt es.«

Musebrinks Blick verliert sich in der Bewegung des Wassers. Er weiß, dass er die Lippe heute zum letzten Mal sieht, und das macht ihn traurig.

»Lassen Sie uns zurückgehen«, sagt Edith Antpöhler. »Der Bus fährt gleich weiter. Sonst fahren die womöglich noch ohne uns zwei Hübschen.«

Sie erreichen den Bus als Letzte. Mimi Kühlborn hat sich einen anderen Platz gesucht und so setzen sich Traugott Musebrink und Edith Antpöhler nebeneinander. Die Versuche der alten Dame, Musebrink in ein Gespräch zu verwickeln, scheitern jedoch. Er schließt die Augen und reagiert nicht auf sie.

Ein alter Mann eben, denkt sie und ist ein klein wenig enttäuscht.

»Da kommt der Bus. Du setzt dich da hinten hin, dann hast du die Alten im Auge. Ich bleib hier und mach die Präsentation. Wenn einer rumstänkert, gehst du hin und redest ihm gut zu. Er soll nicht stören … und so weiter. Die Sprüche hast du ja wohl drauf. Ansonsten improvisieren wir. Klar?«

Stenzel prüft vor einem von roten Rosen umgebenen Spiegel seine Frisur. Ja, das schüttere Haar sitzt perfekt. Jetzt noch die randlose Brille und er ist von einem harmlosen Buchhalter kaum noch zu unterscheiden.

Auch der Ton seiner Stimme ändert sich, als er die Teilnehmer begrüßt. Sie wird sanft und fast unterwürfig. Kevin Kücück traut seinen Ohren kaum.

Mein Herr, gnädige Frau, gute Frau, verehrte Gäste, ganz herzlich willkommen, Ihre Gesundheit ist für mich heute sehr wichtig, ist ja überhaupt das Wichtigste im Leben, hab ich recht? Schön, dass Sie mir zustimmen, gnädige Frau, ich habe sofort gemerkt, dass Sie Lebenserfahrung haben, mein Herr ...

Irgendwann haben alle einen Platz gefunden und warten.

»Bevor wir das rustikale Buffet stürmen, meine Herrschaften, will ich Ihnen eines unserer Spitzenprodukte vorstellen. Vor dem Vergnügen erst die Arbeit, sagte meine Mutter immer.«

»Was ist mit dem Gewinn?«, fragt ein alter Mann. »Ich bin nur hier ...«

»Nicht so schnell mit den jungen Pferden, mein Herr«, grätscht Stenzel dazwischen und lacht meckernd. »Sie haben doch eine Tagesfahrt mit Kulturprogramm gebucht und die sollen Sie auch kriegen. Sonst behauptet man später, ich würde falsche Versprechungen machen. Und das lass ich mir nicht nachsagen! Aber Kaffee gibt's jetzt schon.«

Stenzel schaut Kevin an. Der steht auf und schleppt die großen Thermoskannen zu den Tischen.

»Wir waren uns ja eben schon einig, dass die Gesundheit das Wichtigste im Leben ist. Besonders als alter Mensch weiß man das ja zu schätzen. Hab ich recht oder hab ich recht?«, macht Stenzel weiter.

Im Publikum zustimmendes Nicken.

»Das hier …«, er hebt einen Karton hoch, » … ist unser Coenzym Q 10 und Selen forte mit dem Wellness und Care Product Medisanus Collagen Hydrolysat. Und wer das jetzt wiederholen kann, der bekommt sofort einen Zehner von mir. Auf den Tisch des Hauses.«

Gelächter.

»Coenzym Q 10 und Selen forte mit dem Wellness und Care Product Medisanus Collagen Hydrolysat«, sagt Traugott Musebrink laut.

Das Gelächter erstirbt. Alle schauen auf Stenzel. Der fühlt sich plötzlich unwohl, überspielt es aber: »Das war spitze! Und jetzt erkläre ich Ihnen erst mal …«

»Ich will die zehn Euro. Jetzt! Auf den Tisch des Hauses!«, fordert Traugott Musebrink.

»Zehn Euro«, kräht Edith Antpöhler. »Sie haben es versprochen!«

»Zehn Euro, zehn Euro, zehn Euro«, kommt es im Chor.

Stenzel schaut zu Kevin. Nun mach doch was, sagt sein Blick. Kevin erhebt sich, holt einen Schein aus seinem Portemonnaie und legt ihn vor Traugott Musebrink auf den Tisch. Die alten Leute applaudieren.

»Nun aber Butter bei die Fische!«, atmet Stenzel auf. »In diesem Karton befindet sich eine sensationelle einmalige Vitalstoffkombination. Sie wirkt vorbeugend gegen Rheuma, stärkt das Herz und steigert die Belastbarkeit des Herzens. Aber das ist noch nicht alles, meine Damen, meine Herren.« Stenzel macht eine Pause und nimmt einen Schluck Wasser. »Coenzym Q 10 und Selen forte mit dem Wellness und Care Product Medisanus Collagen Hydrolysat wirkt auch hohem Blutdruck entgegen, lindert die Symptome von Herzerkrankungen, Herzrhythmusstörungen und Herzmuskelbeschwerden, beugt der Arteriosklerose und damit Herzinfarkt und Schlaganfall vor. Das Immunsystem wird gestärkt und manche Krebserkrankungen entwickeln sich zurück. Und es wirkt dem vorzeitigen Alterungsprozess entgegen. Nicht, dass Sie das nötig hätten, meine Herrschaften. Denn man ist ja so jung, wie man sich fühlt. Hab ich recht oder hab ich recht?«

Zustimmung im Saal. *Ich hab wieder alles im Griff*, denkt Stenzel.

»Eine Kurpackung kostet keine tausend, keine achthundert, sondern nur sechshundert Euro! Und zwar nur heute«, macht Stenzel weiter.

»Kann man mit dem Mittel auch besser kacken?«, fragt Traugott Musebrink laut dazwischen.

»Wie bitte?«

»Kacken. Scheißen. Ganz wie Sie wollen!«, trompetet Musebrink.

Kichern, Lachen, Applaus.

Stenzel wartet. Die Sache läuft doch aus dem Ruder, das ist ihm jetzt klar. Wie kann er den alten, aufmüpfigen Sack ruhigstellen?

»Und jetzt eröffne ich unser rustikales Bauernbuffet«, strahlt er. »Vielleicht bekommt der Herr da drüben auch wieder gute Laune.«

Traugott Musebrink nickt bedächtig.

Soll er sich vollfressen und die Fresse halten, denkt Stenzel. Kalter Schweiß steht auf seiner Stirn. Nach und nach reihen sich die Ausflügler vor dem Buffet auf. Doch auch hier kommt bald verhaltenes Murren auf. Die Schnittchen sehen nicht aus wie im Prospekt und es fehlen das Obst, die Würste und das Bauernbrot mit der schönen Kruste, die auf dem Bild so lecker ausgesehen haben.

Kevin Kücück nähert sich dem Störer, als der mit seinem Teller auf dem Rückweg ist. »Alles zu Ihrer Zufriedenheit?«, fragt er.

»Sie sollten sich einen neuen Job suchen, junger Mann«, rät Musebrink. »Das hier ist nichts für Sie. Und Ihre zehn Euro sehen Sie nie wieder, wetten?«

Stenzel hat den Raum verlassen. Auf der Herrentoilette befeuchtet er sein Gesicht mit einem nassen Papierhandtuch, nimmt eine Prise Schnupftabak und zwei Schluck Wacholder aus einem Flachmann. *Verdammt*, denkt er, *wäre dieser Tag nur schon zu Ende.*

Die Toilettentür öffnet sich, Traugott Musebrink steht dort und lächelt.

»Grins nicht so, du alter Sack«, knallt Stenzel durch und geht einen Schritt auf den alten Mann zu. »Noch ein Wort und ich besuch dich mal zu Hause. Deine Adresse hab ich ja.«

»Ihre Hausbesuche sind ja bekannt«, sagt Musebrink.

»Wie meinst du das denn?«, blafft Stenzel.

Er bekommt keine Antwort, denn der nächste muss aufs Klo. Stenzel verlässt den Raum.

Kevin Kücück versucht derweil zu retten, was zu retten ist. Das Nahrungsergänzungsmittel will niemand bestellen, aber es gibt ja auch preiswertere Produkte, die nicht so schwierige Namen haben. Den Eierkocher zum Beispiel, die Daunendecke und den formschönen Messerblock, die Kaffeemaschinen und weitere Produkte. Er macht die Besucher darauf aufmerksam, doch ohne Erfolg.

»Die Kaffeemaschinen kriegen wir ja sowieso geschenkt«, meint eine Seniorin und hält Kevin die Gewinnbenachrichtigung unter die Nase. Er widerspricht nicht, obwohl er weiß, dass die gewonnenen Maschinen nicht die auf dem Tisch sind, sondern eine Sparversion: eine einfache Tasse mit einem Dauerfilter aus Plastik. Damit kann man genau einen Kaffee brauen.

Stenzel kommt zurück und klopft an sein Glas. »Ich bitte um Aufmerksamkeit«, ruft er. »Will jemand von den Herrschaften unser Coenzym Q 10 und Selen forte mit dem Wellness und Care Product Medisanus Collagen Hydrolysat kaufen?«

Niemand meldet sich.

Stenzel spürt Wut in sich aufsteigen. »Das hab ich gern«, schreit er. »Die Bäuche vollschlagen und dann nichts kaufen! Denkt ihr denn, ich bin zum Vergnügen hier? Ihr kommt hier nicht raus, bis ihr was kauft!«

»Du bist ein verdammtes Stück Scheiße!« Traugott Musebrink geht auf Stenzel zu. »Du hast es nicht verdient zu leben.«

Stenzel schüttelt sich. Hat er richtig gehört?

»Deine Frau hast du beschissen und in den Selbstmord getrieben. Hunderte von Rentnern hast du abgezockt und, was noch viel schlimmer ist, deine eigene Mutter lag zwei Jahre tot in ihrer Wohnung, bevor sie gefunden wurde.«

»Hör auf mit der Scheiße!«, brüllt Stenzel. »Oder es passiert gleich was!«

»Manche deine Opfer hast du auch zu Hause besucht. Zum Beispiel Heidemarie, meine zweite Frau. Hast gewartet, bis sie allein im Haus war und hast sie dann fast totgeschlagen. Danach hast du ihr Bargeld geklaut und den Schmuck. Sie hat mir noch deinen Namen genannt, bevor sie gestorben ist.«

»Die Bullen haben die Ermittlungen eingestellt«, triumphiert Stenzel. »Das ist alles eine bösartige Unterstellung und Rufmord.«

»Man kann nichts morden, was schon tot ist.«

»Ich kenn dich doch!« Stenzel dämmert es. Der alte Mann war öfter auf seinen Veranstaltungen, hat aber anders ausgesehen als jetzt. Ärmer und verlotterter. Hartz-IV-Rentner eben.

Im Saal ist es totenstill, alle verfolgen den spannenden Auftritt.

»Du verfolgst mich, du alter Sack. Aber das nützt dir nichts! Mir kann nichts nachgewiesen werden. Und jetzt raus hier.«

»Nein. Es gibt da nämlich noch was. Aber das sag ich dir nur unter vier Augen.«

»Kevin, schaff alle vor die Tür. Der Herr will mir was mitteilen!«, befiehlt Stenzel.

Kevin zögert.

»Nun mach schon!«

Nach und nach verlassen die Leute den Saal.

»Und?«, fragt Stenzel.

»Dein Schnupftabakdöschen ist mir sofort aufgefallen«, antwortet Musebrink. »Es handelt sich um einen Zyankalibehälter von Tesch und Stabenow aus Hamburg. Mit SS-Zeichen. Ungefähr vier Zentimeter lang. Darin haben die Nazis ihre Selbstmorddosis Zyankali aufbewahrt, um sich ihren Strafen zu entziehen.«

Stenzel ist bleich geworden. »Na und? Ist ja nicht verboten, so ein altes Teil zu besitzen, oder?«

»Grundsätzlich nicht«, räumt Musebrink ein. »Aber dieses Metallröhrchen gehört zu der Beute von Doppelmördern, die hier in Delbrück-Bentfeld vor zehn Jahren einen Militariahändler und seine Frau erschossen und verbrannt haben. Und du hast noch mehr von der Beute. Das kannst du der Polizei bestimmt auch erklären.«

Stille.

»Du hast noch nichts gesagt?«, fragt Stenzel.

»So ist es. Ich wollte erst wissen, ob du nicht doch so etwas wie ein Gewissen hast.«

Stenzels Blick fällt auf den Verkaufstisch. Ja, da ist er. Er geht zum Messerblock und zieht ein Messer heraus.

Musebrink sieht ihn mit großen Augen an. Er wehrt sich nicht, als Stenzel ihm das Messer quer durch die Kehle zieht und sich ein Schwall Blut auf den polierten Holzboden ergießt.

Eine halbe Stunde später ist die Polizei da.

»Das ist ja unser alter Chef«, sagt Kriminalhauptkommissar Liborius Strunz erschüttert. »Sein letzter Fall war der Doppelmord vor zehn Jahren. Den hat er aber nicht mehr gelöst. Und jetzt lässt er sich die Kehle durchschneiden?«

In Traugott Musebrinks Jacke wird das kleine Büchlein gefunden. Dort ist die Adresse eines Anwalts angegeben, der informiert werden soll, falls Musebrink zu Tode kommt. Hauptkommissar Strunz besucht den Anwalt und bekommt dort einen Umschlag mit Papieren. Fotos zeigen Stenzel und einen weiteren Mann, wie sie Militaria an unbekannte Kunden verkaufen. Sofort erkennt Strunz die Beute aus dem Raubmord.

Jetzt hat er seinen letzten Fall doch noch gelöst, denkt Strunz.

*

Eine Woche später gesteht Stenzel den Doppel-
mord und verpfeift auch seinen Mittäter. Der
Rest der Beute wird sichergestellt. Traugott
Musebrink avanciert posthum zum Medienstar.
Bekannt wird auch, dass er unheilbar krank an
Krebs erkrankt war und nicht mehr lange zu le-
ben hatte.

Edith Antpöhler liest das alles in den Zei-
tungen. Mit Kaffeefahrten hat sie danach nichts
mehr zu tun. Sie nimmt stattdessen einmal im
Jahr den Zug von Dortmund nach Delbrück und
legt Blumen auf Traugott Musebrinks Grab. Ein
Taxi fährt sie danach zur Lippebrücke Boke, wo
sie einige Zeit das Wasser beobachtet, was ihr viel
Freude macht.

Kevin Kücück befolgt übrigens Rat des alten
Mannes und hält sich künftig von Verkaufsver-
anstaltungen fern. Er hat vorerst die Dönerbude
seines Onkels Erkan in Bochum-Wattenscheid
übernommen.

Gabriella Wollenhaupt, geb. 1952, war im Alter von 10 von dem heftigen Wunsch beseelt, Nonne zu werden (dauerte aber nur kurz an).

Mit 17 stellte sie ein Drehbuch für ein Fernsehspiel fertig, ab dem 20. Lebensjahr arbeitete sie als Journalistin im Ruhrgebiet.

1985 kam der Einstieg beim Westdeutschen Rundfunk als Redakteurin für Hörfunk und Fernsehen. Seit 2015 ist sie im wohlverdienten Ruhestand

… wenn sie nicht 1993 mit ihrem ersten Krimi Grappas Versuchung mit Maria Grappa eine Ermittlerin erschaffen hätte, die mit Witz, schwarzem Humor und ausgeprägter Ruhrgebietsmentalität bis heute 25 Fälle zu lösen hatte.

Übrigens:

Gabriella Wollenhaupt ist eine begeisterte Malerin (bereitet gerade ihre erste Ausstellung vor) und experimentelle Fotografin. Ihr Lieblingsmotiv sind zurzeit Katzen von vorne, von der Seite ...

www.gabriella-wollenhaupt.de

CHRISTINE DREWS

... UND ERLÖSE UNS VON DEM BÖSEN

Er hatte gewusst, dass er irgendwann mal sterben musste. Jeder musste einmal sterben, das lag in der Natur der Sache. Früher hatten sie immer gescherzt, dass es niemanden auf der Welt gab, der es bisher überlebt hatte. Das Leben. Natürlich nicht, wie auch? Aber es war unfair, dass er jetzt so sterben sollte. Ausgerechnet jetzt. Er war davon ausgegangen, dass er irgendwann in seinem Bett sterben würde, oder zumindest in *einem* Bett. Dass er auf weichen Kissen liegen würde, wenn er seinen letzten Atemzug tat, am besten schmerzfrei und im gesegneten Alter von mindestens neunzig Jahren. Ja, das war der Plan gewesen.

Und wo war er jetzt? Er hatte keine Ahnung. Es war dunkel und kalt und die Schmerzen hatten seinen ganzen Körper erfasst. Es fiel ihm schwer zu atmen, irgendetwas verstopfte seine Nase. Bewegen konnte er sich auch nicht, er war in der Dunkelheit gefangen. Die feuchte Wärme seines Blutes, das unaufhaltsam aus Bauch und Brust lief, hatte etwas Erschreckendes und Tröstliches zugleich. Es war fast so, als kämpften Panik und Gleichgültigkeit gegeneinander an. Je mehr Blut austrat, desto unausweichlicher kam der Tod näher, und damit auch die Angst. Aber desto geringer wurden auch die Schmerzen, und sein Wille, gegen das Sterben anzukämpfen, ließ zum Glück ebenfalls langsam nach. Was konnte er schon ausrichten? Blind, bewegungsunfähig, ohne Luft zum Atmen? Es war anstrengend, gegen etwas zu kämpfen, dass man nicht bekämpfen konnte. Kraft, um nach Hilfe zu rufen, hatte er von Anfang an nicht gehabt, dafür hatte der Stich in den Hals schnell gesorgt.

Er spürte, wie er langsam müde wurde. Es würde nicht mehr lange dauern.

Hatte er diesen Tod verdient? War er so ein schlechter Mensch gewesen, dass er es verdiente, so grausam zu sterben?

Ja, dachte er noch. *Keiner hat es mehr verdient als du.*

Dann spürte er nur noch eine große Erleichterung.

*

Als Bernd Tackentrup auf seinen Trecker stieg, war es noch dunkel. Die Dämmerung hatte zwar schon eingesetzt, aber dunkle Wolken verhinderten, dass die ersten Sonnenstrahlen am Himmel sichtbar wurden. Über der Lippe, die nicht weit von seinem Hof in Liesborn entfernt lag, hing dichter Nebel. Regen lag in der Luft und er wollte unbedingt mit dem Feld fertig sein, bevor es losging. Ungefähr eine Stunde würde er brauchen, um alles gepflügt zu haben.

»Dann woll'n wa mal«, murmelte er und warf den Motor an. In der fünften Generation gehörte der Hof schon seiner Familie und Bernd war Bauer mit Leib und Seele. Klar, manchmal bedauerte er es schon, dass er praktisch nie Urlaub machen konnte und dass das Leben als Landwirt auch nicht gerade einfacher wurde. Die Preise sanken, der Wettbewerb wurde härter. Beim besten Willen war nicht nur alles ländliche Idylle, was ihn umgab. Aber trotzdem wollte er sein Leben auf dem Hof nicht eintauschen.

In der Ferne sah er Helga über den Hof gehen, seine Frau, mit der er seit siebenundzwanzig Jahren verheiratet war. Auf dem Feuerwehrfest in Liesborn hatten sie sich damals kennengelernt. Er musste grinsen, als er daran dachte und winkte ihr zu. Tja, mit dem Nachwuchs war das auch so eine Sache, ging es ihm durch den Kopf. Seine beiden Söhne hatten den Hof verlassen und waren zum Studium nach Münster und Frankfurt gegangen. Ob sie jemals zurück nach Wadersloh kamen, konnte sich Bernd kaum vorstellen.

Er fuhr den Trecker in einer etwas größeren Kurve als sonst, um einen Teil des Feldes mitzupflügen, der bisher als Wiese genutzt wurde. Es waren nur ein paar Quadratmeter, keine zwanzig, schätzte er. Viele Jahre hatten dort zwei Apfelbäume gestanden, von deren Ernte sie das ganze Jahr über essen konnten. Aber vor ein paar Wochen mussten sie gefällt werden. Der Apfelschalenwickler, ein gefürchteter Schädling, hatte ihnen den Garaus gemacht. Die morschen Stumpfe steckten noch in der Erde und er hoffte, dass sie dem Pflug keine Probleme machen würden.

Es ruckelte einmal kurz und Bernd lenkte den Trecker wieder zurück aufs Hauptfeld.

Problemlos kleingemacht, dachte er zufrieden und fuhr weiter. Als er wieder nahe am Hof war, sah er Helga mit einem dampfenden Pott Kaffee in der Hand auf ihn zukommen.

»Willste?«, rief sie lächelnd.

Bernd schaltete den Motor ab und sprang auf den Boden. Dankbar nahm er die Tasse in Empfang.

»Das ist lieb, Schatz. Es ist ganz schön frisch da oben.«

»Denke ich mir.« Mit gerunzelter Stirn blickte sie über seine Schulter hinweg aufs Feld. »Hast du die Brache mitgepflügt?«, fragte sie dann und Bernd nickte. »Guck dir mal die Krähen an«, fügte sie hinzu.

»Nun, Krähenschwärme haben wir hier doch 'ne Menge«, erwiderte Bernd, ohne sich umzudrehen. Er nahm einen Schluck von dem Kaffee und verbrannte sich im nächsten Moment die Zunge. »Mann, ist der heiß.«

»Aber guck doch mal, Schatz«, sagte seine Frau und zeigte irritiert auf das Feld. »Das ist doch nicht normal. So viele Krähen. Und nur auf der ehemaligen Brache.«

Jetzt sah Bernd es auch. Und zu überhören war es ebenfalls nicht mehr, das laute Krähen der Vögel. Bestimmt zwei Dutzend hockten auf einer relativ kleinen Stelle und pickten wie wild im Erdreich herum.

»Vielleicht hast du ein Kitz erwischt«, mutmaßte Helga und fügte noch ein »Hoffentlich nicht« hinzu.

»Ich guck mal nach.«

Gemeinsam mit seiner Frau ging Bernd über das schon fast fertig gepflügte Feld. Immer mehr Krähen kamen und ließen sich auf die kleine Stelle nieder, wurden dabei von den anderen verjagt oder angegriffen. Es war nicht zu übersehen, dass die Tiere einen besonderen Leckerbissen gefunden hatten.

»Weg mit euch! Los! Hoppla! Weg, ihr Viecher!«, rief Bernd mit lauter Stimme, als sie an der ehemaligen Brache angekommen waren. Nur widerwillig ließen sich die Vögel vertreiben und flogen mit lautem Krähen in die Luft.

Plötzlich griff Helga nach seinem Arm und hielt ihn fest. »Bernd …« Ihre Stimme zitterte. »Das ist doch … oh mein Gott …« Entsetzt hielt sie sich die Hand vor den Mund.

Er folgte ihrem Blick und starrte auf den Boden. Jetzt erkannte auch er, was dort im Erdreich lag. Ihm fiel die Tasse aus der Hand und der heiße Kaffee spritzte an seinen Beinen hoch. Doch er bemerkte es nicht. Zu grauenvoll war der Anblick, der sich ihnen bot.

*

Als Kommissar Peter Käfer in Begleitung von Dr. Heer und seinem Assistenten Sascha auf dem Bauernhof ankam, wurden sie von einem freundlichen Polizisten in Uniform begrüßt. Der Mann hatte sympathische Lachfalten um die Augen und trug einen grauen Schnauz, der perfekt zu seinem ebenfalls ergrauten, aber noch vollen Haar passte.

»Moin. Franz Steinhage. Ich bin der Dorfsheriff«, stellte sich der Mann vor. »Schön, dass Sie so schnell aus Münster kommen konnten. Eine Mordkommission haben wir in Wadersloh ja leider nicht.«

Käfer nickte dem Mann freundlich zu. »Man sollte denken, in so einer Idylle brauchen Sie die auch nicht«, sagte er. »Was ist denn genau passiert?«

»Der Bernd hat 'ne Leiche ausgepflügt«, antwortete Franz Steinhage. »So was haben wir nicht oft hier in Liesborn, das kann ich Ihnen sagen.«

Fast hätte Käfer ihm geantwortet, dass ihm so was in Münster auch noch nicht untergekommen war, aber da hatte sich der Mann schon in Bewegung gesetzt und ihnen signalisiert, ihm zu folgen.

»Sie sind von der Gerichtsmedizin?«, fragte der Polizist und blickte Dr. Heer und Sascha fragend an.

»Ja. Und der Kollege ist von der Spurensicherung«, antwortete Heer. Besorgt blickte er auf die zahlreichen Vögel, die sich in der Nähe des Leichenfundorts aufhielten. Franz Steinhage hatte seinen Blick bemerkt.

»Krähen gibt es hier ohne Ende«, sagte er. »Und leider sind die Biester auch Aasfresser. Wir tun unser Bestes, um sie von der Leiche fernzuhalten. Ist aber leider schwierig, denn der Körper ist … sagen wir … etwas kleinteilig.«

Dr. Heer sah den Polizisten erstaunt an. Kurz darauf wusste Käfer, was er damit gemeint hatte. In dem frisch gepflügten Acker lagen bestimmt zwanzig Körperteile, schätzte er.

»Können wir da überhaupt noch eine Todesursache feststellen?«, fragte Käfer seinen Kollegen besorgt.

»Das dürfte hoffentlich kein Problem sein«, antwortete Heer. Er zog sich dünne Handschuhe über und ging neben der Leiche in die Hocke. »Sascha, ich brauche verschiedene Fotos. Nahaufnahmen und eine Gesamtübersicht. Alles.« Dann schaute er noch mal zu Käfer hoch. »Im Vergleich zu Leuten, die unter den Zug gekommen sind, ist das hier noch relativ überschaubar. Machen Sie sich keine Sorgen.«

Käfer nickte nur und betrachtete das, was von dem Menschen übrig geblieben war. Dass es ein

Mann war, konnte man mit einem Blick erkennen. Und auch sein Schädel war einigermaßen unbeschadet geblieben, von den sichtbaren Zeichen der Verwesung mal abgesehen. Würmer und Maden hatten bereits einen Teil des Wangengewebes zersetzt. Der Rest des Gesichtes war bleich, die Augenhöhlen leer und in den Nasenlöchern war Erde zu sehen. Der Kopf war vom Rumpf abgetrennt und auch der Rest des Oberkörpers war in mehrere Teile zerlegt. Der Pflug musste die Leiche einmal komplett erwischt haben.

»Der Verwesungsprozess ist schon relativ weit fortgeschritten. Drei, vier Wochen ist der bestimmt schon tot«, sagte Heer in dem Moment. »Der ganze Körper scheint mir recht blutleer. Eventuell ist der Mann verblutet.« Der Pathologe wies auf eine Stelle am Oberkörper. »Sehen Sie das? Das ist eine Stichverletzung. Hier haben wir noch eine und hier …« Er suchte die Körperteile weiter ab. »Hier auch, denke ich.«

»Er ist erstochen worden?«, fragte Käfer.

»Das habe ich nicht gesagt. Aber jemand hat auf ihn eingestochen, das ist offensichtlich.« Dr. Heer nahm eine Taschenlampe und leuchtete in die Nase des Toten, sagte aber nichts.

Franz Steinhage schüttelte sich. »Mein Gott, das ist ja grauenvoll. Wer macht denn so was?«

Käfer atmete hörbar aus. »Das würde ich auch gerne wissen … Wer hat ihn gefunden?«

Der Polizist wies auf den Feldrand, wo ein sichtlich erschüttertes Paar stand. Die Frau hielt sich ein Taschentuch vor die Nase und der Mann schüttelte immer wieder den Kopf. »Bernd und Helga Tackentrup. Ihnen gehört der Hof.«

Käfer stellte sich dem Ehepaar vor und ließ sich von ihnen erzählen, wie sie die Leiche am frühen Morgen gefunden hatten. Während der Mann sprach, dachte Käfer kurz darüber nach, warum ein Mörder sein Opfer auf einem Feld vergrub, das in den darauffolgenden Wochen gepflügt werden würde.

»Die Stelle habe ich zum ersten Mal gepflügt«, erklärte ihm der Bauer auf seine Nachfrage und erzählte ihm, dass dort eigentlich immer die Apfelbäume gestanden hatten. »Wären die uns nicht kaputt gegangen, hätte die nächsten Jahre kein Mensch den Boden hier bearbeitet. Und hätte ich die Reste von den Bäumen neulich direkt ausgegraben, wäre das heute wahrscheinlich nicht passiert …«

Käfer nickte nachdenklich und blickte auf den Wald, der hinter dem Feld begann. »Ist das da vorne der Nachbarhof?«, fragte er und zeigte auf ein rotes Backsteinhaus, das zwischen den Bäumen zu sehen war.

»Ja«, antwortete die Frau. »Der Hof Schulze-Ehrmann. Aber der wird nicht mehr bewirtschaftet. Die Felder sind verpachtet.«

Käfer notierte sich die Namen der Pächter und bedankte sich bei dem Ehepaar. Während Dr. Heer und Sascha die Leichenteile in Plastiksäcke packten, um sie in die Pathologie nach Münster zu bringen, ging er auf den alten Bauernhof zu, der vielleicht fünfhundert Meter vom Fundort der Leiche entfernt lag.

Das Gebäude machte einen heruntergekommenen Eindruck, einige Dachziegeln fehlten und das Unkraut wucherte auf den Treppenstufen, die zum Haus führten.

Bevor er klingelte, sah er sich noch mal um. Nein, keine Frage, der Täter musste über diesen Hof gekommen sein, um die Leiche dort hinten zu vergraben. Vielleicht hatten die Besitzer ja irgendetwas Ungewöhnliches bemerkt.

Eine weißhaarige kleine Dame öffnete ihm die Tür und sah ihn aus wachen Augen skeptisch an. Käfer schätzte sie auf mindestens siebzig. Man konnte deutlich erkennen, was für eine schöne Frau sie mal gewesen sein musste, wenngleich sie jetzt vom Leben gezeichnet war. Der Rücken war gebeugt, an ihrem linken Arm, der aus einer kurzärmligen Bluse hervorschaute, konnte er eine große Narbe sehen und unter ihren Augen lagen tiefe Schatten. Sie sah so aus, wie viele alte Menschen auf dem Land aussahen, die ihr Leben lang hart gearbeitet hatten. Dennoch war dieses faltige Gesicht mit den hohen Wangenknochen und den fein geschwungenen Lippen schön.

Käfer zeigte ihr seinen Ausweis und wollte dann wissen, wer vor ihm stand.

»Ich bin Elisabeth Schulze-Ehrmann«, sagte die Frau. »Was wollen Sie?«

Käfer erzählte ihr, dass eine Leiche gefunden worden sei. »An der Grenze zum Hof von Tackentrup«, erklärte er. »Auch wenn wir noch nichts Genaues wissen, würde mich interessieren, ob Sie in den letzten Wochen irgendetwas Ungewöhnliches beobachtet haben. Ist vielleicht ein Auto über ihr Grundstück gefahren, dass Sie nicht kannten? Oder haben Sie eine Person gesehen, die etwas durch den angrenzenden Wald getragen hat?«

Die Frau sah ihn ratlos an. »Also ich kann mich an nichts erinnern. Ich weiß aber auch gar nicht, wann ich das letzte Mal jemand Fremdes auf dem Hof hatte«, sagte Elisabeth Schulze-Ehrmann. »Wissen Sie, obwohl er verpachtet ist, macht der Hof noch eine Menge Arbeit. Eigentlich bin ich von morgens bis abends beschäftigt. Es ist also nicht so, als würde ich auf der Terrasse sitzen und bei einer Tasse Kaffee die Liesborner Landschaft beobachten.«

»Ich verstehe.«

»Außerdem bin ich immer früh zu Bett. Wenn also jemand in der Nacht über das Gelände gehen würde, würde das niemand merken.«

Das Klingeln von Käfers Handy unterbrach das Gespräch. Dr. Heer war am Apparat. »Wir sind jetzt soweit. Wollen Sie hierbleiben oder kommen Sie mit zurück nach Münster?«

Aber Käfer hatte das Gefühl, dass es nicht schaden konnte, die Nacht in Wadersloh zu verbringen.

»Können Sie mir ein Hotel im Ort empfehlen?«, fragte er, als er das Handy wieder ausgeschaltet hatte.

»Gehen Sie zu *Miss Elly*«, sagte Elisabeth Schulze-Ehrmann. »Das ist ein kleines Hotel mit Restaurant, direkt am Kirchplatz in Wadersloh. Die machen einen guten Kaffee.«

Nachdem Käfer die Aussage der alten Dame und vom Ehepaar Tackentrup aufgenommen hatte, lud er den Dorfsheriff Franz Steinhage zu *Miss Elly* zum Essen ein. Er hoffte, in einem Gespräch mehr über die Dorfbewohner zu erfahren. Vielleicht war der Tote ja einer von ihnen, jemand, der schon seit einer Weile vermisst wurde oder nicht mehr gesehen worden war.

»Die Pizzen sind nicht schlecht«, sagte der Polizist und schaute hungrig in die Speisekarte. »Schnitzel kann ich auch empfehlen.«

Käfer entschied sich für ein Rumpsteak und Franz Steinhage bestellte eine Pizza Frutti di Mare.

»Ist schon 'ne Weile nichts mehr passiert hier«, sagte der Polizist und nahm einen großen Schluck von seiner Apfelschorle. »Dabei hat Wadersloh durchaus eine düstere Vergangenheit.«

»Ach ja?«

»Ja. Eickelborn ist doch direkt um die Ecke. Und immer, wenn ein Hubschrauber über dieses Gebiet fliegt, haben die Leute hier Angst. Ist doch klar, hätte doch jeder. Dafür sind schon viel zu viele da rausgekommen.«

Käfer wurde hellhörig. Eickelborn, natürlich, das hatte er gar nicht mit Wadersloh in Verbindung gebracht. In Eickelborn stand eine der größten forensischen Psychiatrien des Landes. Gefährliche Sexualstraftäter waren dort genauso untergebracht wie Mörder und andere Gewaltverbrecher, die psychisch auffällig waren. Vor einigen Jahren hatte ihn ein Fall mal nach Eickelborn gebracht. Er erinnerte sich noch genau an das helle Gebäude mit dem roten Dach und den vergitterten Fenstern, das von einem riesigen Zaun umgeben war. Schon lange war von dort niemand mehr ausgebrochen und er konnte sich auch nicht vorstellen, wie man diese Sicherheitsmaßnahmen überwinden sollte.

Steinhage stimmte ihm zu. »Klar, das Gebäude ist relativ sicher. Aber die Insassen haben zum Teil ja auch Freigang. Um sie auf das Leben draußen vorzubereiten.«

»Aber findet das nicht ausschließlich in einer Eins-zu-eins-Begleitung statt?«

»Schon. Aber so ein begleitender Beamter kann doch mal überwältigt werden, oder? Die Kerle, die dort sitzen, sind schließlich nicht ohne. Wussten Sie, dass Bartsch dort gesessen hat?«

Käfer lief ein Schauer den Rücken herunter, wenn er an Jürgen Bartsch dachte. Vermutlich gab es keinen Polizisten in diesem Land, der noch nie etwas von dem pädosexuellen Serienmörder gehört hatte, der in den 1960er-Jahren vier Jungen auf bestialische Art ermordet hatte.

»Der Arzt, der ihn damals kastriert hat, kam übrigens aus Wadersloh«, sagte Franz Steinhage und grinste. »Zum Glück ist dieser Kinderschlächter bei der Operation gestorben.«

»Sind Sie hier aufgewachsen?«, fragte Käfer und der Polizist nickte.

»Ja, in Liesborn, aber das gehört ja zur Gemeinde Wadersloh. Ich kenn hier wirklich jeden.«

»Auch wenn die Leiche in keinem guten Zustand war, haben Sie doch das Gesicht des Mannes gesehen, oder? Kam er Ihnen irgendwie bekannt vor?«

»Nein, leider nicht. Sonst hätte ich natürlich auch sofort was gesagt. Ich glaube nicht, dass er von hier kommt. Ich bin Jahrgang 1961 und habe die Gegend hier praktisch nie verlassen – außer, als ich zur Ausbildung auf der Polizeischule war. Also, ich würde mal behaupten, dass ich jeden kenne, der seit mindestens dreißig Jahren hier in Wadersloh lebt. Entweder war der Tote die letzten Jahrzehnte weg oder er kommt nicht von hier.«

Als Käfer am nächsten Morgen wach wurde, brauchte er einen Moment, um zu begreifen, wo er war. Dann streckte er sich in den dicken Daunendecken und gähnte herzhaft. Es musste noch recht früh sein, draußen wurde es erst langsam hell. Er liebte diese Ruhe. In Münster wohnte er im Kreuzviertel, der Autoverkehr auf der Straße vor seiner Wohnung weckte ihn auch am Wochenende manchmal recht früh. Aber hier in Wadersloh war das was anderes. Auch wenn *Miss Elly* mitten im Ortskern lag, war es immer noch vergleichsweise ruhig.

Das Klingeln seines Handys zerstörte die morgendliche Ruhe. Mit einem Blick auf sein Display erkannte Käfer, wer am anderen Ende der Leitung war.

»Der Tote heißt Hannes Paul«, sagte Dr. Heer ohne Umschweife. »Er ist ein verurteilter Sexualstraftäter und erst seit sechs Wochen wieder draußen. Er hat über zwanzig Jahre in Eickelborn gesessen.«

»So lange? Wegen Vergewaltigung?«

»Na ja, Vergewaltigung trifft es nicht ganz. Er hat seine Opfer fast zu Tode gequält, die meisten haben nur knapp überlebt und eines ist sogar gestorben. Die Gutachter haben damals einen krankhaften Hang zum Sadismus bei ihm festgestellt. Haben Sie einen Internetzugang in dem Dorf?«

»Das Netz ist hier überraschend gut.«

»Dann maile ich Ihnen die Akte rüber.«

»Gut. Können Sie mir schon was zur Todesursache sagen?«, fragte Käfer.

»Ja. Die toxikologischen Untersuchungen dauern natürlich noch. Aber wie ich schon vermutet hatte, ist der Mann vor drei bis vier Wochen ermordet worden. Er konnte seine Freiheit also nicht lange genießen«, sagte Dr. Heer. »Wir haben insgesamt zweiundvierzig Einstiche an seinem Körper zählen können. Es könnten aber noch mehr sein. Sie haben ja gesehen, in welchem Zustand die Leiche war; kann sein, dass einige Einstiche durch den Pflug zerstört wurden.«

»Wow.« Käfer fuhr sich mit der Hand durchs Haar. »Das war ja ein regelrechtes Massaker.«

»Ja. Viele der Stichverletzungen sind aber nur oberflächlich. Der Mann hat zwar eine Menge Blut verloren, aber trotzdem ist er an den Verletzungen nicht gestorben. Ist Ihnen die Erde in den Nasenlöchern aufgefallen?«

»Kann das nicht durch die lange Liegezeit kommen?«

»Dann wäre es nur vorne in den Nasenlöchern«, erklärte Heer. »Wir haben aber auch Erde in den hinteren Atemwegen gefunden.«

Käfer schüttelte sich, als ihm klar wurde, was das bedeutete. »Das heißt, er hat noch geatmet, als er begraben wurde?«

»So ist es. Der Kerl ist lebendig begraben worden.«

Käfer bedankte sich und drückte das Handy aus. Nachdenklich legte er sich in seine Kissen zurück. Eickelborn. Davon hatte der Dorfsheriff ihm gestern noch erzählt. Die Angst, dass einer der Insassen irgendwann doch einmal die hohe Schutzmauer überwand und hier in der Gegend sein Unwesen trieb, schien tief in den Bewohnern verwurzelt zu sein. Und nun war einer von ihnen vom Pflug zerhackt in einem Feld gefunden worden.

Käfer stand auf, duschte und zog sich an. Bevor er in den Gastraum von *Miss Elly* runtergehen und frühstücken wollte, schaute er noch mal auf sein Handy. Die Akte von Dr. Heer war bereits in seinem Mailpostfach. Er klickte sie an und versuchte, sie auf seinem Handydisplay so zu vergrößern, dass er etwas erkennen konnte. Bald würde er sich doch eine Brille anschaffen müssen, dachte er. Aufmerksam las er Zeile für Zeile der gut fünfzig Seiten langen Akte. Als er sie durch hatte, war ihm der Appetit aufs Frühstück vergangen.

Hätten die Gerichtsgutachter in den 1970er-Jahren schon etwas von einer modernen Tatort-Analyse verstanden, wäre Hannes Paul vielleicht nicht zu dem Verbrecher geworden, der er war. So aber blieb den Experten seine sadistische Neigung, die sich schon im ersten Verbrechen äußerte, lange verborgen. Der Handwerker aus Westfalen kam erst Jahre später nach Eickelborn, zu spät, wie man heute wusste. 1970, als er gerade das Jungeninternat Schloss Crassenstein in Diestedde verlassen hatte, überfiel der damals 18-Jährige eine Joggerin, die an der Lippe entlanglief und versuchte, sie zu vergewaltigen. Dann stach er auf sie ein. Das Opfer überlebte, Hannes Paul wurde wegen versuchter Vergewaltigung und versuchten Mordes zu sieben Jahren Haft verurteilt. Er saß in einem ganz normalen Gefängnis ein, das Gericht ordnete keine anschließende Unterbringung in einem psychiatrischen Krankenhaus an. Niemand erkannte damals die sadistische Ausprägung der Tat und somit auch nicht die tickende Zeitbombe, die der Mann war. Man hielt den Überfall auf die

Joggerin für eine *normale* Vergewaltigung. Aber das war sie nicht.

Schon nach viereinhalb Jahren kam Hannes Paul wegen guter Führung auf Bewährung frei. In der Zelle, sagte er später, habe er immer wieder von Sexualmorden geträumt, von Vergewaltigungen und Bluträuschen. Drei Tage nach seiner Entlassung aus dem Gefängnis ermordete er eine Prostituierte, mit 81 Messerstichen, wie es im Polizeibericht hieß. Hannes Paul sagte, er habe ihr am Schluss die Halsschlagader aufgeschnitten, um sich an ihren Qualen zu weiden. Ihr langsamer Tod habe ihn glücklich gemacht. Erst im Sommer 1997, nach einem Speicheltest, wurde Hannes Paul der Tat überführt. Da wurde er schon acht Jahre lang in Eickelborn behandelt. Ein Gericht hatte ihn Ende der 1980er-Jahre wegen neuer Fälle von sexueller Nötigung und Exhibitionismus verurteilt und in die Forensische Psychiatrie eingewiesen.

Ein genaues Studium der ersten Vergewaltigung, so hatte Dr. Heer es in den Akten notiert, hätte die Besonderheiten der Tat und die schwere Persönlichkeitsstörung von Hannes Paul zutage fördern können – weiteres Leid wäre vielleicht verhindert worden. Die Joggerin hatte schon damals ausgesagt, dass es dem Mann in erster Linie nicht um die Ausübung des Geschlechtsverkehrs gegangen sei, sondern dass er versucht habe, ihr möglichst starke Schmerzen zuzufügen. Die Verletzungen im Genitalbereich der Frau waren gravierend gewesen. Die Aussagen der Joggerin, der Ablauf des Geschehens und die Fotos zeigten, dass er schon sein erstes Opfer vor allen Dingen leiden sehen wollte.

Die Joggerin und die ermordete Prostituierte mit eingerechnet, hatte sich Hannes Paul an mindestens acht Frauen vergangen. Vor sechs Wochen war er als *geheilt* aus Eickelborn entlassen worden. Er nahm regelmäßig Medikamente ein, die seinen Sexualtrieb unterdrückten, hatte sich also einer sogenannten chemischen Kastration unterzogen und galt jetzt als *ungefährlich*.

Käfer atmete tief durch. Die Akte war harter Tobak. War es denkbar, dass eines der früheren Opfer sich nach der Entlassung von Hannes Paul gerächt hatte? Sofort wählte Käfer die Nummer von Dr. Heer.

»Ich wusste, dass Sie das denken«, antwortete der Pathologe. »Ich hab das heute Morgen sofort an Ihre Kollegin Charlotte Schneidmann weitergegeben.«

»Und?«

»Leider muss ich Sie enttäuschen. Die Joggerin ist an den Spätfolgen des Überfalls verstorben, zwei weitere Opfer sind ebenfalls tot, eines natürlichen Todes gestorben. Von den vier noch lebenden Frauen sind zwei ins Ausland verzogen, eine wohnt in Berlin und die andere in München. Charlotte Schneidmann überprüft gerade die Alibis der Frauen, aber es sieht nicht so aus, als würden sie als Täterinnen in Frage kommen. Die meisten wussten wohl gar nicht, dass ihr früherer Peiniger wieder draußen war.«

»Verdammt.« Käfer atmete hörbar aus und dachte angestrengt nach. »Sagen Sie«, überlegte er dann laut, »ein Mann mit so einer sadistischen Neigung wie Paul ... Wann merken solche Täter zum ersten Mal von ihren Vorlieben?«

»Nun, das fängt in der Regel recht früh an, meist mit Beginn der Pubertät und dem einsetzenden Sexualtrieb.«

»Also so mit zwölf, dreizehn?«

»Ja. Da wird es jedenfalls mit dem Geschlechtstrieb in Verbindung gebracht. Sprich: Es gibt Onaniefantasien, die stark an Gewaltszenen gekoppelt sind«, erklärte Heer und Käfer war froh über den nüchternen Tonfall des Gerichtsmediziners. »Aber viele leben ihre Gewaltfantasien auch schon als kleinere Kinder aus, Tiere quälen ist da zum Beispiel ganz typisch.«

Ja, die Berichte darüber kannte Käfer nur zu gut. Aber er dachte noch an etwas anderes. »Unser Toter ...«, fuhr er fort.

»... hatte einen ausgeprägten Hang zum Sadismus«, unterbrach Dr. Heer.

»Ja, aber das meine ich nicht. In seiner Akte steht, dass er hier in Diestedde auf Schloss Crassenstein zur Schule gegangen ist. Das war ein reines Jungeninternat. Was bedeutet das für einen Jugendlichen, der die ganze Zeit von diesen düsteren Fantasien heimgesucht wird, wenn er ausschließlich unter Männern und Jungs ist?«

Für eine Weile war es still in der Leitung. »Das ist ein interessanter Punkt«, sagte Dr. Heer dann. »Offensichtlich hatte sich ja viel in Hannes Paul angestaut, die Joggerin hat er ja direkt nach seiner Entlassung aus dem Internat überfallen. Tatsächlich hätte er den Tod der Frau billigend in Kauf genommen. Und wie wir wissen, ist ein Mord ja immer das Ende einer Karriereleiter …«

Käfer brummte zustimmend. Das war genau das, was er gedacht hatte. Die meisten Mörder durchliefen eine regelrechte kriminelle Karriere, fingen klein an mit Diebstählen oder Überfällen, steigerten sich dann und wurden immer gewalttätiger, bis der Schritt zum Mord nur noch ein kleiner war.

»Es ist durchaus möglich«, fuhr Dr. Heer fort, »dass sich der Mann schon im Internat an jemanden vergangen hat. Allerdings gebe ich zu Bedenken, dass Hannes Paul stark auf Frauen fixiert war. Eine Neigung zu Männern ist nicht dokumentiert. Gab es auch Mädchen auf der Schule?«

»Soviel ich weiß nicht«, antwortete Käfer. »Aber ich werde mich da trotzdem mal umschauen.«

Eine gute Stunde später stand Käfer vor Schloss Crassenstein. Das hellgelbe gepflegte Wasserschlösschen sollte in den letzten Jahren zu einem Schulungszentrum umgebaut werden und stand nun zum Verkauf. Der Verwalter des Schlosses, ein Herr Sommerkorn, ließ ihn herein. Käfer war vor allen Dingen an der Internatsvergangenheit des Hauses interessiert.

»Da sind Sie bei mir genau richtig«, sagte Herr Sommerkorn fröhlich. »Ich weiß alles über diese alten Gemäuer. Wenn Sie wollen, kann ich Sie ein bisschen rumführen, während wir uns unterhalten.«

Er führte Käfer in ein großes Kaminzimmer und wies ihn auf die beeindruckende Deckenmalerei hin. Der alte Charme vergangener Zeiten war immer noch deutlich in den Räumen zu spüren.

»Erzählen Sie mir etwas über das Internatsleben«, unterbrach Käfer den Mann.

»Bis zu vierhundert Jungen haben hier gelebt«, erklärte Herr Sommerkorn daraufhin. »Das Dachgeschoss wurde extra dafür ausgebaut, dort waren die Schlafsäle. Tja, in ihrer Freizeit konnten die Bengels hier natürlich nicht viel machen. Außer Sport und Lernen gab es ja nichts. Das war manchmal bestimmt nicht einfach.«

»Gab es auch Frauen im Internat? Lehrerinnen?«, fragte Käfer, doch zu seinem Bedauern schüttelte Herr Sommerkorn den Kopf.

»Nein. Es gab nur männlicher Erzieher und auch nur Lehrer. Die Schule wurde in den 1950er-Jahren gegründet, damals ging es noch sehr streng hier zu. Im Internat gab es praktisch keine Frauen. Abgesehen vom Keller natürlich.« Käfer sah ihn erstaunt an und der Mann lachte. »Dort war die Küche! Und das war tatsächlich der einzige Bereich, in dem die Frauen das Kommando hatten. Ich kann mich noch erinnern, als ich ein Kind war, da wurde immer von den drei schönen Schwestern geschwärmt, die dort unten im Keller für das leibliche Wohl der Schüler sorgten. Die schönen Schulze-Ehrmann-Mädchen.«

Käfer wurde hellhörig. »Von dem Bauernhof?«

»Ganz genau.«

»Und es sind drei Schwestern?«, hakte er nach.

»Ja, sie leben immer noch zusammen auf dem elterlichen Hof. Und damals haben sie hier gearbeitet. Drei junge Schwestern unter hunderten junger Männer. Leute, Leute, wie die das ausgehalten haben … hey!«

Herr Sommerkorn brach mitten im Satz ab und sah Käfer erstaunt hinterher, der eiligen Schrittes die Treppe des Schlosses heruntergeilt war und grußlos verschwand.

Wenig später stand er vor dem Bauernhof. Elisabeth Schulze-Ehrmann sagte nichts, als sie ihm die Tür aufmachte. »Warum haben Sie mir nichts von Ihren Schwestern erzählt?«, fragte Käfer direkt.

»Sie haben mich nicht gefragt«, antwortete die Frau und ging zurück in den Wohnraum. Käfer folgte ihr in die Küche, in der zwei weitere Frauen am Tisch saßen und Kartoffeln und Gemüse kleinschnitten. Sie waren vielleicht etwas jünger als Elisabeth Schulze-Ehrmann, aber die Ähnlichkeit unter den Schwestern war nicht zu übersehen. *Auch sie müssen in ihrer Jugend mal Schönheiten gewesen sein*, dachte Käfer.

»Helmtrud, Ursula, der Mann von der Polizei ist wieder da.«

Helmtrud Schulze-Ehrmann ließ ihr Messer sinken und seufzte. »Möchten Sie einen Kaffee? Oder einen Kloster-Kräuter?«, fragte sie und stand auf, um eine Flasche Schnaps aus dem Regal zu holen. »Der wird hier im Ort gebraut.«

Käfer schüttelte abwehrend den Kopf. »Nein, danke. Aber einen Kaffee nehme ich gerne.«

Ursula Schulze-Ehrmann holte eine Tasse aus dem Schrank und schenkte ihm aus einer beigen Thermoskanne etwas ein. Für eine Weile saßen sie schweigend da. Käfer wusste, was Schweigen bewirken konnte. Die Wenigsten hielten die Stille lange aus.

»Warum sind Sie hier?«, fragte Elisabeth Schulze-Ehrmann nach einem Moment und er konnte ihrer Stimme anhören, dass sie genau wusste, warum er gekommen war. Er entschied sich für die direkte Konfrontation.

»Warum haben Sie Hannes Paul umgebracht?«, fragte er und ließ die drei alten Damen dabei nicht eine Sekunde aus den Augen.

Mit regungsloser Miene setzte sich Elisabeth Schulze-Ehrmann zu ihren Schwestern an den Tisch und knetete ihre Hände. Käfer war überrascht, wie lange die alten Frauen das Schweigen aushielten. Offenbar hatten sie es über Jahrzehnte geübt.

»Erzählen Sie mir von Schloss Crassenstein«, sagte er dann und hoffte, die Frauen so zum Reden zu bringen. »Sie haben die Küche geleitet, richtig?«

Helmtrud nickte. »Ja. Unser Vater wollte uns nicht so viel auf dem Hof haben.« Sie sprach leise, aber Käfer merkte, dass sie bereit war zu reden. »Damals durften einige Insassen aus Eickelborn noch auf den Höfen in der Umgebung arbeiten. Dadurch wollte man ihnen die Wiedereingliederung ins Leben erleichtern. Vater hatte auch so einen bei uns auf dem Hof und er wollte nicht, dass der Kerl uns junge Mädchen jeden Tag sah ...« Sie lachte bitter auf. »Er konnte ja nicht ahnen, dass er uns auf Crassenstein direkt in die Arme von diesem Monster trieb ...«

»Ist Hannes Paul Ihnen gegenüber übergriffig geworden?«

»Übergriffig ...« Auch Ursula Schulze-Ehrmann klang bitter. »Das trifft es wohl kaum. Der Kerl war einfach ...« Sie schüttelte den Kopf und schwieg.

Elisabeth Schulze-Ehrmann atmete hörbar aus. »Sie können sich das heute vielleicht nicht mehr vorstellen, wie das damals war. Crassenstein war ein reines Jungeninternat, sehr streng und sehr konservativ. Ende der 1960er-Jahre mag es in den Städten vielleicht so was wie Hippies und freie Liebe gegeben haben, aber hier auf dem Land war das ganz anders. Und auf Crassenstein erst recht. Vierhundert Jungs, von Männern erzogen und unterrichtet. Und wir waren die einzigen Frauen im Schloss ...«

»Früh morgens, wenn wir das Frühstück vorbereiteten, schliefen noch alle«, fuhr Helmtrud fort. »Meistens war es noch dunkel und wir drei waren die einzigen, die schon arbeiteten. Und dann kam er …«

»Ich weiß noch, wie ich ihn das erste Mal sah«, sagte Ursula und wischte sich über die Augen. »Ich war alleine in der Küche, meine Schwestern waren draußen im Gemüsegarten. Zuerst habe ich ihn gar nicht ernst genommen, ein sechzehnjähriger Bengel, was sollte der mir schon tun? Ich war ja deutlich älter als er. Aber …«

»Er hatte eine unheimliche Kraft«, unterbrach Elisabeth ihre Schwester. »Er war stark und durchtrainiert. Und er hatte diesen unglaublichen Willen … etwas Böses zu tun.«

Ursula nickte bekümmert. »Er drängte mich in die dunkle Abstellkammer. Ich versuchte zu schreien, aber er hielt mir die Hand vor den Mund. Und dann … Es war merkwürdig. Er machte das Licht an und … Ich hatte damit gerechnet, dass er mich betatschen würde, aber darum ging es ihm gar nicht.«

»Zuerst jedenfalls nicht«, flüsterte Helmtrud.

»Es ging ihm um Schmerzen. Und um Angst.« Ursula nahm das Gemüsemesser wieder in die Hand und sah es traurig an. »Es war ihm immer wichtig, dass er mich sehen konnte, dass er mir in die Augen schauen konnte, während er mir mit dem Messer …« Sie musste schlucken und schwieg.

Für eine Weile sagte niemand ein Wort.

»Aber Sie müssen doch verletzt gewesen sein. Hat Sie niemand auf Ihre Verletzungen angesprochen?«, fragte Käfer dann.

Die alte Dame lachte kurz auf, spöttisch und traurig. »Wissen Sie, wo er uns mit seinem Messer verletzt hat? Sie können sich gar nicht vorstellen, wie wir uns geschämt haben. Wem hätten wir es denn sagen sollen? Dem Direktor des Internats? Undenkbar. Unserem Vater? Völlig ausgeschlossen.«

»Und Mutter war damals schon lange tot«, sagte Helmtrud. »Es gab einfach niemandem, dem wir uns hätten anvertrauen können.«

»Also versuchten wir, uns selbst zu helfen«, sagte Elisabeth. »Wir passten auf, dass keine von uns mehr alleine in der Küche war und dass die Türen immer gut abgeschlossen waren. Manchmal ging es so für ein paar Wochen gut ...«

»Aber manchmal schaffte er es dann doch ...«

Wieder schwiegen die drei und starrten auf die Gemüsemesser vor ihnen. Käfer empfand großes Mitgefühl mit den Frauen. Er wusste, dass Sexualverbrechen viele Jahre lang stigmatisiert wurden, dass nur wenige Frauen vor vierzig, fünfzig Jahren diese Taten überhaupt zur Anzeige brachten. Wenn er daran dachte, dass Vergewaltigung in der Ehe erst seit 1997 strafbar war, konnte er sich gut vorstellen, wie wenig früher bei vergleichbaren Verbrechen unternommen wurde. Bei nichtehelichen Übergriffen war es in den 1960er-Jahren nicht selten vorgekommen, dass den Frauen eine Art Teilschuld zugeschoben wurde. Die Hemmschwelle, die auch heute noch viele Opfer haben, so eine Tat zur Anzeige zu bringen, dürfte Ende der 60er-Jahre noch viel höher gewesen sein. Und hier auf dem Land, wo jeder jeden kannte, war das vermutlich noch schwieriger gewesen als in der Stadt.

»Die Verletzungen, die wir davontrugen, haben uns unfruchtbar gemacht«, sagte Elisabeth leise. »Keine von uns konnte je eine eigene Familie gründen ... wir hatten nur noch uns.«

»Wir kamen ganz gut zurecht ...«

»Doch plötzlich, nach so vielen Jahren, stand er wieder vor uns.« Helmtrud Schulze-Ehrmanns Stimme bebte. »Er habe uns nicht vergessen können, hatte er gesagt, wir wären seine ersten Frauen gewesen ...« Sie schluchzte auf.

»Damals haben wir genauso hier gesessen wie heute. Wir hatten Gemüse geschnitten und alle unsere Messer in der Hand ...« Ursula betrachtete das Schälmesser. Dann hob sie den Blick und sah Käfer aus ihren traurigen, wasserblauen Augen an. »Und dann war es einfach passiert.«

Käfer nickte verstehend und zog sein Handy aus der Tasche. Für einen Moment überlegte er, ob er die Frauen nicht einfach laufen lassen sollte. Sie hatten so Grauenvolles mitgemacht und hatten ihr Leben lang unter den Folgen leiden müssen. Auch wenn er sich als Polizist von solchen Gedanken frei machen sollte und sich eigentlich sagen musste, dass Hannes Paul vermutlich ein sehr kranker Mensch war, so fand er doch, dass der Mann den Tod verdient hatte.

Vielleicht sollte er die Frauen einfach in Ruhe lassen, sie von seinen Ermittlungen ausschließen und den Fall irgendwann zu den Akten legen. Ihnen noch ein paar schöne Jahre auf dem väterlichen Hof gönnen, anstatt dafür zu sorgen, dass sie den Rest ihres Lebens in einer kargen Zelle verbringen mussten. Zögernd blickte er von einer Schwester zur anderen. Dann atmete er hörbar aus.

»Es tut mir leid«, sagte er leise und wählte die Nummer des Präsidiums.

Christine Drews, geboren und aufgewachsen in Osnabrück.

Schon während ihres Germanistik- und Psychologiestudiums arbeitete sie für diverse TV-Produktionen. Nach ihrem Magisterabschluss schrieb sie als feste Autorin für verschiedene Comedy-Serien.

2002 machte sie sich selbstständig. Seitdem hat sie Drehbücher für Filme (*Am Kap der Liebe*, Co-Autor Jens Jendrich), Familien- und Comedyserien geschrieben (*Weibsbilder, Er sagt, sie sagt, Die Bräuteschule 1958* uvm.).

Als Autorin hat sie auch für zahlreiche Showformate gearbeitet: *Achtung! Hartwich, Das NRW-Duell* u.a.)

Nach der Geburt ihres ersten Sohnes hat sie mit dem Schreiben von Romanen begonnen. In ihrem ersten Buch *Schattenfreundin*, mit ihren Kommissaren Charlotte Schneidmann und Peter Käfer, ist sie in Münster auf Gangsterjagd gegangen. Es folgten, ebenfalls sehr erfolgreich, *Phönixkinder* und *Tod nach Schulschluss*.

Mit dem Thriller *Killerjagd* ist sie weiterhin ganz vorne in der Riege der Krimiautorinnen.

Übrigens:

Christine Drews hat schon als Schülerin gerne geschrieben. Manchmal hat sie die Strafarbeiten ihrer Mitschülerinnen übernommen, z.B. *Warum ich im Unterricht kein Kaugummi kauen darf!*

Als Kommissarin bei der Polizei möchte sie nicht arbeiten. Wenn sie fünf bis sechs Stunden am Tag geschrieben hat, möchte sie als Familienmensch lieber zuhause sein.

www.christinedrews.de

Heinrich Peuckmann

Der Schuss nach dem Schuss

BLUTIGE LIPPE

1.

Der Wald war eine schwarze, undurchdringliche Wand. Lediglich auf der Lichtung waren schemenhaft Büsche und junge Bäume zu erkennen, aber auch das nur, wenn man den Augen Zeit ließ, sich an das trübe Mondlicht zu gewöhnen. Für die drei auf dem Hochsitz war es aber nicht wichtig, jedes Detail zu sehen. Sie mussten nur darauf achten, ob sich ein Tier bewegte oder ob es sich durch ein Geräusch verriet. Deshalb war es notwendig, sich ruhig zu verhalten, um nur ja kein Stück Wild zu vertreiben. Pinke vermied jedes überflüssige Geräusch, denn er wollte unbedingt Erfolg haben, aber Korbmeier und Knierbein flüsterten dauernd miteinander.

»Pssst«, machte er ein ums andere Mal, aber die beiden reagierten nicht darauf.

»Sollen wir noch einen *Ruggen* trinken?«, flüsterte Knierbein und Korbmeier stimmte sofort freudig zu. »Warum sonst sitzen wir hier?«

»Um ein Stück Wild zu erlegen«, widersprach Pinke, aber das nahmen die beiden nicht zur Kenntnis.

»Eins, zwei, drei und hopp!« Das war Korbmeiers üblicher Spruch, wenn er das Pinnchen an die Lippen führte. Normalerweise trank Pinke den Kräuterschnaps selber gerne, allerdings nicht wenn er auf der Jagd war.

Ob die beiden überhaupt noch zu einem präzisen Schuss in der Lage waren? Pinke bezweifelte es. Vor gut einer Stunde, als sie drei, vier Schnäpse weniger getrunken hatten, hatten sie beide schon mal einen Schuss abgegeben, aber nichts getroffen. Zielsicherer dürften sie in der Zwischenzeit nicht geworden sein.

»Warum gibt es bei uns in Lippetal Wildschweine eigentlich nur nördlich der Lippe?«, wollte Korbmeier plötzlich wissen. »Warum nur in der Nähe von Haus Assen? Können die nicht schwimmen?«

Pinke wurde immer ärgerlicher. »Quatsch«, zischte er, »die gehören zum Bistum Münster und wollen nicht ins Erzbistum Paderborn wechseln.«

Das fanden die beiden lustig, viel zu laut lachten sie los.

»In Haus Assen gibt es übrigens einen neuen Direktor«, sagte Knierbaum, »der sperrt die Internatsschüler nicht mehr so streng ein wie sein Vorgänger. Man darf nun sogar den Hof betreten.«

»Wer lernen will, braucht eben Ruhe!« Pinke merkte, dass er diesen Satz jetzt selber viel zu laut gesagt hatte. »Genau wie der, der ein Stück Wild erlegen will. Und nun haltet endlich die Klappe, ich will zum Schuss kommen.«

»Das willst du doch immer, zum Schuss kommen«, witzelte Knierbein.

Jetzt konnte sich Korbmeier überhaupt nicht mehr einkriegen. Sein unterdrücktes Lachen klang wie das Gackern eines Huhnes nach dem Eierlegen. Pinke war endgültig eingeschnappt, demonstrativ schwieg er. Knierbein merkte es und schwieg ebenfalls, nur Korbmeier setzte sein dämliches Gackern noch eine Zeit lang fort. Endlich hörte auch er auf, Pinke war erleichtert. Für eine Weile sagte keiner ein Wort.

»Schön, hier zu sitzen«, flüsterte Korbmeier endlich, wohl um das Gespräch wieder in Gang zu bringen. »Hier auf dem Ansitz kann ich all meine Sorgen vergessen.«

»Das solltest du besser nicht«, zischte Pinke. »Probleme, die man hat, sollte man nicht vergessen, sondern lösen.«

Korbmeier antwortete nicht, was hätte er auch darauf sagen sollen? An dem leisen Gluckern aus der Flasche merkte Pinke, dass er sich stattdessen einen weiteren *Ruggen* einschenkte. Sollte er doch, wenn er wenigstens die Klappe hielte.

Plötzlich bewegte sich etwas auf der Lichtung. Pinke bemerkte es als erster und starrte wie gebannt hinunter. Im nächsten Moment hatte es auch Knierbein bemerkt, denn er stieß ihn sanft an.

Ist ja gut, ich sehe es doch, dachte Pinke. *Und haltet ihr beiden euch zurück, das ist meine Beute.*

Einen Moment lang bewegte sich der Schatten nicht, Pinke kannte das. Das Tier prüfte, ob die Luft rein war, bevor es auf die Lichtung trat. Ja, es war ein Rehbock, sah er, als er weiterlief, genau wie er es erhofft hatte. Rehbraten war das Richtige für lange Herbstabende, Rehbraten mit gutem Rotwein und von ihm aus auch mit einem *Ruggen* zwischendurch.

Ganz vorsichtig griff er nach dem Gewehr und legte an. Durch das Zielfernrohr konnte er den Bock noch deutlicher sehen. Er zeigte sich ihm von der Seite, genau richtig für einen Schuss. Pinke zielte auf eine Stelle kurz über dem Vorderlauf.

Blattschuss, dachte er. Es würde ein Blattschuss werden, der das Herz des Tieres zerriss und ihm längere Qualen ersparte.

Er drückte ab, der Schuss donnerte durch die Stille der Nacht. Wie in Wellen schien er sich im Wald fortzusetzen, bis sich der Nachhall in der Ferne verlor.

Das Reh, wo war das Reh geblieben? Pinke sah es im ersten Moment nicht.

»Blattschuss«, behauptete er trotzdem.

»Und warum ist es dann noch weggelaufen?«, fragte Korbmeier, der ihm den Erfolg nicht gönnte.

»Weil die Blutsäule bis zum Gehirn dafür ausreicht, dass es noch ein paar Gänge machen kann.

Wenn du ein richtiger Jäger wärst, würdest du es wissen.«

Korbmeier schwieg.

»Komm, lass uns auf deinen Erfolg einen *Ruggen* trinken«, sagte Knierbein, »warum wollt ihr euch streiten? Irgendwo am Rand der Lichtung wird es schon liegen. Einen Erfolg soll man immer begießen.«

Pinke nickte, ja diesmal war er einverstanden. Der Schnaps war eine Bestätigung für seinen Erfolg, aber nicht nur deshalb tat er ihm gut. Er spürte, wie er sich im Magen verteilte und wärmte.

»Also dann«, sagte er und stand auf. »Dann wollen wir uns das gute Stück mal holen.«

Langsam, um in der Dunkelheit keinen Fehltritt zu riskieren, kletterte er die Leiter hinunter und blickte sich um. Ja, da hinten, im Schatten der Bäume musste der Bock liegen. Sehen konnte er ihn nicht, aber er ging einfach in die Richtung, in der er ihn vermutete. Als er die Mitte der Lichtung erreicht hatte, vernahm er plötzlich noch einen Schuss, lauter als der, den er selber abgegeben hatte, jedenfalls kam es ihm so vor. Erstaunt nahm er ihn wahr. Was hatte das denn zu bedeuten? Im nächsten Moment spürte er einen brennenden Schmerz im Oberkörper und fühlte gleichzeitig, wie ihm die Kraft schwand, weiterzugehen. Ein, zwei Schritte schaffte er noch, dann brach er vornüber zusammen. Mit weit aufgerissenen Augen lag er auf dem Waldboden. Da, nur wenige Schritte weiter entdeckte er das Reh. Wie zum Greifen nahe lag es vor ihm, aber so sehr er sich auch danach streckte, er konnte es nicht erreichen, denn es gelang ihm nicht, seine Beine zu bewegen. Er konnte sich überhaupt nicht mehr rühren, selbst das Atmen fiel ihm schwer. Gleichzeitig bemerkte er, wie das Mondlicht über der Lichtung zu erlöschen begann, wie alles dunkler wurde, bis ihn nur noch Schwärze umgab. Tiefe, nie gekannte Schwärze.

2.

Hauptkommissar Täuber war mürrisch, als er bei Haus Assen ankam. Er glaubte, dass er den Weg zu diesem Ort trotz Navi niemals gefunden hätte, wenn er bei seinen Irrfahrten durch den Wald nicht irgendwann auf einer schmalen Straße einen aufgeblendeten Streifenwagen entdeckt hätte. Er parkte auf einem Wiesenstreifen neben dem Waldweg in Richtung des kleinen Schlosses, von dem nur noch ein Fenster erleuchtet war.

Kein Wunder, dass es dort so finster war. Es war kurz nach Mitternacht, also schon früher Samstagmorgen, und er selber war vor einer knappen Stunde auf dem Weg ins Schlafzimmer gewesen, mit der richtigen Bettschwere nach zwei Glas Rotwein. Genau in dem Moment hatte ihn der Anruf von der Soester Wache erreicht.

Im Wald von Lippetal hätte es einen Toten bei der Jagd gegeben, hatte ihm der wachhabende Polizist mitgeteilt.

Ist doch gar nicht so schlimm, hatte Täuber im ersten Moment gedacht. Warum sollten bei einer

Jagd immer die Tiere verlieren, da war es nur zu gerecht, wenn die Sache mal anders ausgeht. Außerdem war es nicht gut, nach zwei Glas Rotwein Auto zu fahren, was sollte er also dort? Seit der Trennung von seiner Frau und dem Umzug in die kleine Apartmentwohnung hatte er sich angewöhnt, abends etwas Gutes zu trinken. Erst als er hörte, dass ein Mann erschossen worden war, begriff er, dass es sich um einen Fall für ihn handelte. Tiere schießen nicht, so viel wusste selbst Täuber von der Jagd, obwohl er sich nicht dafür interessierte.

Er war müde, als er aus dem Auto stieg. Neben dem erleuchteten Streifenwagen wartete eine Polizistin auf ihn.

»Herr Täuber?«, fragte sie. »Kommen Sie, ich bringe Sie zum Tatort.« Täuber folgte ihr wortlos. »Es sieht nach einem Jagdunfall im Berkenkamp aus«, erklärte sie. »Berkenkamp, so heißt der Wald hier.«

Sie sah ihn erwartungsfroh an, aber als ihr sein strenger Blick auffiel, unterließ sie weitere Erklärungen. Sie kamen zu einer Lichtung, auch dort parkte ein aufgeblendeter Streifenwagen. Drei Schatten standen daneben, wie Täuber bemerkte. Es waren Polizisten, zwei Männer und eine Frau. Sie hatten den Streifenwagen so geparkt, dass die Leiche genau im Scheinwerferlicht lag. Täuber hob zur Begrüßung nur kurz die Hand und ging sofort zu ihr.

Der Tote war ein etwa vierzigjähriger Mann, der auf dem Bauch lag, den Blick aus weit aufgerissenen Augen nach vorn gerichtet, als würde er dort im letzten Moment seines Lebens etwas Wichtiges sehen. Täuber folgte dem Blick, tatsächlich, da lag ein Reh. Offensichtlich hatte der Mann zuerst ein Reh geschossen, dann war er, als er sich die Beute holen wollte, selber getötet worden.

Täuber hob den Kopf und sah in das aufgeblendete Licht.

»Ist die Spurensicherung verständigt?«

»Die kommt aus Dortmund und braucht noch etwas«, kam eine Stimme aus der stechender Helligkeit. Täuber senkte schnell wieder seinen Blick, vor seinen Augen tanzten rote Punkte. Erst als sie verschwanden, konnte er die Untersuchung der Leiche fortsetzen.

Der Schuss hatte den Mann von hinten getroffen, er war aber nicht einfach in den Rücken eingedrungen, sondern hatte auch den Arm verletzt. Er trug wetterfeste Kleidung und festes Schuhwerk. Der feine Duft von Rasierwasser vermischte sich mit dem Modergeruch des Waldbodens. Die Haare waren kurz geschnitten, der Dreitagebart war gepflegt. Ein Typ, der Wert gelegt hatte auf sein Äußeres, stellte Täuber fest. Er blickte sich um, hinter ihm, im Schatten der Bäume, entdeckte er einen Hochsitz. Er winkte einen der Polizisten heran.

»Was ist passiert?«, fragte er.

»Es waren drei Freunde, die zur Jagd gegangen sind«, erklärte der Polizist, »wir haben ihre Gewehre gesichert. Alles Kaliber 7,64, die übliche Waffe für größeres Wild. Der Ermordete ist Rainer Pinke, Abteilungsleiter bei einer Bank in Lippborg. Ein bekannter Mann im Ort. Geschossen wurde vermutlich vom Hochsitz aus. Wenn Sie mich fragen, war es ein Unfall, Herr Hauptkommissar.«

»Ich frage Sie aber nicht. Wo sind die beiden anderen?«

»Kommen Sie mal mit.«

Er führte ihn zu dem Streifenwagen. Tatsächlich, da lagen zwei Männer auf dem Rücksitz und pennten. Täuber brauchte einen Augenblick, bis er seinen Augen traute. Was hatte das denn zu bedeuten, wo war er hier nur gelandet?

»Das sind die wichtigsten Zeugen«, rief er, »wieso können die hier so einfach pennen?«

Dann roch er den Alkohol. Die Typen pennten gar nicht, das waren Schnapsleichen. Als er die drei Polizisten ansah, merkte er, dass sie grinsten.

»Das sind Siegfried Korbmeier und Ansgar Knierbein«, erklärte der Polizist, der sich offensichtlich als Sprecher des Einsatzes verstand. »Die Leute vom Rettungswagen wollten sie schon mitnehmen. Bei Rainer Pinke war ja nichts mehr zu machen, aber bei den beiden vermuteten sie eine Alkoholvergiftung. Aber das geht ja nicht. Die beiden sind Zeugen und die werden hier gebraucht. Außerdem trinken sie gerne mal bei der Jagd. Ja, hier kennt jeder jeden. Entschuldigen Sie, ich habe mich noch gar nicht vorgestellt.

Eduard Böcker, genannt Eddi. Ich bin hier der Dorfsheriff, deshalb kenne ich die drei, wie auch die meisten anderen in der Gemeinde. Die drei sind Freunde und gehen meistens gemeinsam zur Jagd. Dass dabei der eine den anderen absichtlich erschießt, kann ich mir nicht vorstellen.«

»Ein Unglücksfall, ich habe es schon gehört.« Täuber merkte selber, wie rau seine Stimme klang. Hier schien nicht nur jeder jeden zu kennen, hier wollte wohl auch jeder jeden verteidigen. »Und wo sind die Gewehre?«

»Im Kofferraum, die haben wir sichergestellt.«

Täuber überlegte. Mit den beiden Typen auf dem Rücksitz war im Moment nichts anzufangen. Und bei der Spurensicherung musste er nicht unbedingt dabei sein.

»Zwei von Ihnen warten hier auf die Spusi und geben denen meine Karte. Sobald sie was gefunden haben, sollen sie sich bei mir melden.« Dabei reichte er Böcker seine Karte.

»Haben Sie eine Zelle in der Wache?«

»Wir haben einen Kellerraum, wo Leute über Nacht bleiben können.«

»Bringen Sie die beiden dorthin, auf keinen Fall dürfen die nach Hause. Ich werde sie morgen vernehmen. Und die Gewehre geben Sie sofort der Spusi, die sollen sie zuerst untersuchen. Vielleicht sind wir danach schon ein großes Stück weiter.«

3.

Als Täuber am Samstagmorgen gegen kurz vor neun die kleine Polizeiwache in Hovestadt betrat, hingen dort in einem Nebenraum zwei völlig übernächtigte Typen am Tisch, die ihren schweren Kopf mit der Hand abstützten. Der eine, den Böcker als Korbmeier vorstellte, hatte blutunterlaufene Augen, der andere, Knierbein, rieb sich mit der freien Hand die Stirn. Vor jedem stand eine Tasse Kaffee, dazu ein Glas, halbvoll mit Wasser. Vermutlich hatte Böcker jedem eine Aspirin verabreicht. So wie die hier zusammenhielten, gehörte nicht viel dazu, um darauf zu kommen.

Natürlich war es ein Fehler gewesen, die beiden zusammen an einen Tisch zu setzen. Wenn sie sich nicht schon längst abgesprochen hatten, konnten sie es jetzt in aller Ruhe tun. Aber was nutzte es, Böcker darauf hinzuweisen, die Sache war längst gelaufen.

»Kann ich auch eine Tasse Kaffee haben?«, fragte er und setzte sich den beiden Typen gegenüber an den Tisch. So wie die Sache stand, würde sie sich schnell aufklären lassen, hoffte er. Dann könnte er gegen Mittag wieder in Soest sein, in Ruhe etwas essen und am Nachmittag im Fernsehen das Spiel von Borussia Dortmund sehen. Gefrühstückt hatte er nämlich noch nicht. Eddi Böcker beeilte sich mit dem Bedienen. *Schade, dass Kellner nicht immer so schnell sind*, dachte Täuber. Er trank einen Schluck.

»Na los, dann erzählen Sie mal«, forderte er die beiden auf.

Sie schauten sich an, offensichtlich unsicher, wer von ihnen antworten sollte. Schließlich begann Knierbein zu reden. Sie wären zur Jagd gegangen, alle drei, wie sie das regelmäßig täten, erzählte er. Auch diesmal hätten sie, neben den Gewehren, ihren *Ruggen* mitgenommen.

Täuber schaute Böcker fragend an.

»*Ruggen* ist ein Kräuterschnaps«, erklärte er, »eine Spezialität, die in Lippetal gebrannt wird.«

Täuber überlegte. Schnaps am Abend, sollte er sich den auch mal gönnen? Nee, dachte er dann, welche Wirkung der entfaltete, hatte er ja mit eigenen Augen gesehen. Sein Rotwein reichte ihm völlig.

Knierbein fuhr fort, dass Korbmeier und er, anders als sonst, dem *Ruggen* kräftig zugesprochen hätten, während Pinke sich zurückgehalten hätte. Wahrscheinlich wäre das auch der Grund dafür gewesen, dass sie beim ersten Schussversuch, als Schwarzwild auf der Lichtung stand, danebengeballert hätten.

»Hat jeder von Ihnen beiden geschossen?«, unterbrach ihn Täuber.

»Ja, jeder einen Schuss.«

Klar, dachte Täuber, *jeder einen Schuss.* Nur wann und bei welcher Gelegenheit sie den abgefeuert hatten, ließ sich erst mal nicht nachweisen, die beiden arbeiteten also zusammen. Der eine hatte geschossen und der andere deckte ihn. *Na wartet,* dachte er, *ich kriege euch trotzdem. Oder nicht euch, sondern den einen. Den, der den entscheidenden Schuss abgegeben hatte.*

Knierbein fuhr fort, dass der Fehlschuss ihnen aber nicht die Laune verdorben hätte. Im Gegenteil, sie hätten danach noch mehr *Ruggen* getrunken. Nach diesem Satz stieß er grinsend Korbmeier an, der ebenfalls grinste. Was war das denn für ein Verhalten, und vor allem, wie passte es zu ihrer Trauer? Immerhin war es ihr Freund gewesen, der erschossen worden war. Aber wer weiß, vielleicht war er das ja gar nicht gewesen, ihr Freund.

»Und dann«, drängte Täuber, »was geschah dann?«

»Dann trat irgendwann der Rehbock auf die Lichtung, und weil wir uns nicht mehr sicher fühlten, haben wir Rainer den Schuss überlassen. Der hat ihn ja auch getroffen. Und dann …«

Los jetzt, dachte Täuber, *was dann? Jetzt kommt die entscheidende Situation.*

»… dann haben wir erst mal wieder einen *Ruggen* getrunken. Auch Rainer.«

Korbmeier nickte und grinste wieder.

Täuber wurde wütend. Also, das war doch … frech war das, nein, dreist! Wollten die ihn verarschen? Knierbein schien seinen Ärger zu bemerken.

»Nach ein paar Minuten ist Rainer dann runtergeklettert, um den Rehbock zu sichern. Danach, glaube ich, hätten wir den Ansitz beendet, denn Rainer hatte ja sein Ziel erreicht. Und wir auch.«

»Kommt drauf an, welches Ziel Sie meinen«, wandte Täuber ein. Knierbein sah ihn irritiert an. Hatte er nicht verstanden oder konnte er besonders gut schauspielern? Täuber tat ihm nicht den Gefallen, noch etwas zu erklären, sondern behielt ihn fest im Auge.

»Rainer ist dann auf die Lichtung gelaufen und kurz bevor er das Reh erreichte, hat es plötzlich gekracht.«

»Ja, gekracht«, mischte sich jetzt auch Korbmeier ein. »Ich hab noch gedacht, was ist das denn für ein Krach, aber dann habe ich gemerkt, dass es ein Schuss war. Zuerst habe ich geglaubt, Rainer hätte noch mal geschossen, weil der Bock noch nicht tot war, bis ich dann gesehen habe, dass er ausgestreckt auf der Lichtung lag.«

»Wir waren zuerst wie gelähmt vor Schreck«, fuhr Knierbein fort, »dann sind wir schnell die Leiter runtergeklettert, wobei ich mir noch an einem Splitter die Hand verletzt habe.« Er hob die rechte Hand und zeigte eine etwa drei Zentimeter lange verkrustete Risswunde vor.

Tarnung, dachte Täuber, *alles Tarnung. Aber ihr könnt so clever sein, wie ihr wollt, ich kriege euch trotzdem.*

»Als wir sahen, dass Rainer … also, dass er sich nicht mehr rührte, haben wir die Polizei angerufen. Ja, so war es.« Er blickte Korbmeier an, der nickte.

»Ja, genau so.«

»Und jemanden, der geschossen hat, haben Sie nicht bemerkt?«

»Nein, niemand.«

»Der große Unbekannte also«, fasste Täuber zusammen und schüttelte den Kopf. Wie oft hatte er solche Erklärungen schon gehört?

Die beiden sahen sich an. »Ja, so war das. Glauben Sie etwa, dass wir unseren Freund …«

Täuber überlegte. Es war aussichtslos, sie weiter hier zu befragen. Wenn, dann müsste er sie nach Soest bringen lassen, sie einzeln verhören und versuchen, sie in Widersprüche zu verwickeln. Sollte er das tun oder nicht besser die Ergebnisse der Spurensicherung abwarten? Wenn sie vorlägen, würde sowieso alles leichter. Er ließ sich Adressen und Handynummern der beiden geben.

»Und wo wohnt Pinke?«, fragte er dann.

»Der hat eine eigene Wohnung in Hovestadt, getrennt vor seiner Frau, die in Herzfeld wohnt«, erklärte Böcker. »Ich habe sie noch nicht über den Tod ihres Mannes informiert, weil ich gar nicht weiß, ob man sie noch als Ehefrau betrachten kann.«

»Aber die Frauen der beiden hier haben Sie doch informiert, oder?«

»Frau Knierbein hat von sich aus angerufen. Ob ich wüsste, wo ihr Mann steckt. Sie hatte von Pinkes Tod erfahren und machte sich natürlich Sorgen. Hier spricht sich alles schnell rum. Ich habe ihr gesagt, dass ihr Mann bei uns ist, was hätte ich sonst tun sollen? Ist ja ein Wunder, dass Frau Korbmeier sich noch nicht gemeldet hat.«

»Ich bin manchmal länger des Nachts unterwegs«, nuschelte Korbmeier.

Täuber ließ sich die Adressen von Pinke und dessen Frau geben, dann sagte er beiden, dass sie nach Hause könnten, aber jederzeit für Nachfragen zur Verfügung stehen müssten. Die beiden erhoben sich mühsam, ein Wort der Erleichterung oder gar des Dankes fiel ihnen nicht ein.

Als Täuber kurz drauf vor der Wache stand, spürte er, dass sein Magen knurrte. Höchste Zeit für ein Frühstück. Er stieg in seinen Astra und fuhr einfach drauflos. Irgendwo würde er schon ein Café finden. Nach ein paar hundert Metern überquerte er die Lippe. Er fuhr langsam über die Brücke, denn gerade eben hatte er ein Schloss am Straßenrand bemerkt. Es sah schön aus, kein bisschen verfallen, sondern gut restauriert. Vielleicht sollte er es sich mal aus der Nähe ansehen, überlegte er. Kurz danach kam er zu einem Kreisverkehr und dort befand sich tatsächlich ein Café mit Außenstühlen. Im Sonnenschein war es warm genug, um noch draußen zu sitzen. Als er Platz genommen hatte, bemerkte er die Kirche gegenüber.

»Das ist ja eine schöne kleine Kirche«, sagte er, als die Kellnerin Kaffee und Brötchen brachte.

»Das ist eine Basilika«, antwortete sie.

Was ist das denn, wollte Täuber gerade fragen, aber da gab die Kellnerin schon von sich aus die Antwort.

»Eine Basilika ist eine bedeutende Wallfahrtskirche, die vom Papst diesen besonderen Ehrentitel verliehen bekam. Hier liegen in einem Schrein die Reliquien der heiligen Ida, deshalb enden hier viele Wallfahrten.«

Reliquien, dachte Täuber, waren *die Zeiten für so was nicht längst vorbei? Na, wohl doch noch nicht.*

4.

Frau Pinke weinte nicht, als Täuber ihr kurze Zeit später in ihrem Wohnzimmer gegenübersaß. Sie war eine etwa vierzigjährige, schwarzhaarige Frau mit einer schlanken, attraktiven Figur.

Ja, sie habe schon von dem Unglück gehört, erklärte sie, im Dorf bleibe nichts lange geheim. Deshalb hätte sie sich auch schon gewundert, dass noch keine Polizei gekommen sei.

»Aber das war mir auch lieber so«, fuhr sie fort. »Da hatte ich Zeit, meine Tochter in Ruhe zu informieren, sie ist erst acht und schläft hoffentlich jetzt.«

»Erzählen Sie mir etwas über ihren Mann. Sie sind geschieden, stimmt's?«

»Wir leben getrennt, aber das macht keinen Unterschied. Rainer hat sich sehr verändert in den letzten Jahren, deshalb wollte ich die Trennung.« Ihre Stimme klang etwas belegt, aber trotzdem fest, während sie das sagte. »Früher, da war er aufmerksam, besonders mir gegenüber. Davon ist nichts mehr übrig geblieben.«

»Und warum, meinen Sie, hat er sich verändert? Gibt es dafür einen Grund?«

»Als ich ihn kennenlernte, war er ein normaler Angestellter bei der Bank. Da war er freundlich, nicht nur geschäftsmäßig, wie man das Kunden gegenüber ist, sondern wirklich von Herzen. Aber dann ist er Leiter der Kreditabteilung geworden und bekam plötzlich großen Einfluss, weil so ein Pöstchen schon was ist in unserem Dorf. Wer Kredite verteilen kann, hat Macht über Menschen, jedenfalls über die, die klamm sind.« Sie schwieg einen Moment lang und sah Täuber an. »Es ist schon komisch, wie so ein blöder Job einen Menschen verändern kann.«

»Wie hat sich das denn in seinem Handeln gezeigt?«

»Nun ja, er ist arrogant geworden, großspurig, und vor allem hart, auch gegen beste Freunde. Denen hat er auch Kredite abgelehnt.«

»Hatte er deshalb Feinde?«

Sie zuckte mit den Schultern. »Weiß ich nicht, wahrscheinlich. Es ist ja nicht jeder glücklich über seine Entscheidungen gewesen. Selbst seinem Jugendfreund Korbmeier hat er einen Kredit verweigert. Damit hat er sich sogar gebrüstet und überall erzählt, wie objektiv er angeblich wäre. Nur die Zahlen würden bei ihm zählen, die harten Fakten und sonst nichts.«

Korbmeier also auch. Täuber nickte unmerklich.

»Und wie hat der darauf reagiert?«

Wieder zuckte sie mit den Schultern. »Der braucht das Geld, denn sein Hof, den er von seinem Vater übernommen hat, ist verschuldet. Der muss da was Neues anfangen, wenn er ihn retten will. Glücklich wird er nicht gewesen sein über Rainers Ablehnung.«

»Haben Sie sich deshalb getrennt, weil er so hart geworden ist?«

»Nein, das allein war es nicht. Aber Rainer hat irgendwann gemerkt, dass er mit seinem großspurigen Auftreten bei Frauen gut ankam. Er hatte sich früher schon mal Seitensprünge erlaubt, aber dann wurde es richtig schlimm. Rainer fühlte sich als toller Hecht. Das habe ich nicht ausgehalten.«

»Haben Sie einen Verdacht, wer auf ihn geschossen haben könnte?«

»Nein, woher sollte ich? Ich hatte zuletzt ganz bewusst keinen Anteil an seinem Leben genommen und mich auf unsere Tochter konzentriert, zu der Rainer, das muss ich zugeben, immer ein gutes Verhältnis hatte.«

»Und Korbmeier? Der hätte doch jeden Grund, sauer auf ihn zu sein.«

Sie schüttelte den Kopf. »Glaub ich nicht, das sind Freunde seit der Schulzeit. Aber das muss auch nichts heißen. Es passiert so viel, was man sich …«

5.

Korbmeier, dachte Täuber, *den muss ich mir unbedingt noch einmal vorknüpfen*. Er schaute auf die
Uhr, es war kurz vor zwölf. *Mist*, dachte er, nur
noch dreieinhalb Stunden, bis Borussia spielt. Bis dahin würde er wohl kaum in seiner Stammkneipe in
Soest sitzen, um das Spiel im Fernsehen zu sehen.

Korbmeiers Hof lag kurz vor Oestinghausen,
Täuber hatte überraschend wenig Mühe, ihn zu
finden. Er parkte auf dem Randstreifen des Ver-
bindungsweges zwischen Straße und Hof. Als er
auf den Hof zuging, merkte er, dass er etwas he-
runtergekommen war. Das Mauerwerk war rissig,
auf dem Stalldach fehlten Platten, einige Wände
schienen feucht zu sein. Ja, hier musste unbedingt
repariert werden.

Er entdeckte Korbmeier sofort im Hof. In Stie-
feln und mit einem Blaumann bekleidet brachte
er gerade in einer Schubkarre irgendetwas zum
Stall hinüber. Wer saufen kann, der kann auch
arbeiten, schien er zu denken, Täuber nickte beeindruckt. Korbmeier wunderte sich keinen Moment lang, dass Täuber bei ihm auftauchte und
zeigte gleich auf eine kleine Sitzecke vor der Eingangstür zum Wohnhaus. Sie setzten sich dorthin, Korbmeier roch stark nach Mist.

»Sie brauchen Geld, man sieht es Ihrem Hof
an«, sagte Täuber ohne große Einleitung. Korbmeier nickte.

»Ja, mit der Schweinezucht, die mein Vater
angefangen hat, kann man nicht mehr viel verdie-

nen. Wir machen sowieso nur die beiden ersten Etappen bei der Zucht. Für die letzte Mast gehen die Schweine zu anderen Bauern.«

Dass es bei der Schweinemast mehrere Etappen gab, hatte Täuber nicht gewusst. Er glaubte, Korbmeiers Erklärung halbwegs verstanden zu haben.

»Und womit wollen Sie stattdessen Ihr Geld verdienen?«

»Mit Putenfleisch. Aber ich will nicht diese Hybridputen halten, die nach ein paar Monaten ihr eigenes Fleisch nicht mehr tragen können und im Stall zusammenbrechen. Ich will eine normale Putenzucht, ökologisch sauber, das gefällt mir besser. Dann ist das Fleisch zwar teurer, aber es hat trotzdem seinen Markt.«

»Aber für die Umstellung brauchen Sie Geld.«

Korbmeier nickte. »Klar, bis die Sache läuft, kostet das erst mal was.«

»Und als Sie sich das bei Pinke leihen wollten, hat der abgelehnt. Ist ja klar, dass Sie deshalb wütend auf ihn waren.«

Korbmeier winkte erschrocken ab. »Nene, so ist das nicht. Was würde es mir helfen, wütend auf meinen Freund zu sein, davon kriege ich auch keinen Kredit. Der Rainer war von meinem Plan nicht überzeugt, deshalb hat er abgelehnt. Aber ich bin sicher, dass ich mir bei einer anderen Bank Geld leihen kann. Mein Konzept ist gut, das werden die schon merken. Und wenn ich es erst mal habe, geht es wieder aufwärts mit dem Hof.«

Täuber blickte sich um. »Viel Zeit scheinen Sie mir dafür aber nicht zu haben.«

»Das täuscht, so schlimm ist das alles nicht.«

»Erzählen Sie doch mal, was Pinke für ein Typ war.«

Korbmeier rieb sich die Stirn. »Ja, der Rainer, wie soll ich das sagen? Der ist … also der war ein Machertyp. Gradlinig, direkt, wie das wohl alle sind in seinem Job oder wie die das sein müssen. Ich kenne mich in diesen Kreisen nicht so aus. Aber trotzdem …«, plötzlich strahlten seine Augen, »… obwohl er so erfolgreich war in seinem Beruf und in ganz anderen Kreisen verkehrte, hat er die Freundschaft zu uns niemals aufgegeben. Ja, zu uns hat er den Kontakt gehalten, obwohl er doch viel zu tun hatte. Alle paar Monate sind wir zur Jagd gegangen, wie wir das schon seit vielen Jahren tun.«

Täuber sah ihn ungläubig an. Was war das denn für eine Erklärung? Da hatte der Tote ihm eine Bitte abgeschlagen, bei der es um seine Existenz ging, hatte ihn im wahrsten Sinne des Wortes im Dreck stecken lassen, und der Typ war auch noch stolz auf ihn! Alles nach dem Motto: Wie toll, dass ich so einen Typen wie Pinke überhaupt kennen darf. Das konnte doch nur ein plumper Trick sein, um jeden Verdacht von sich abzulenken! Glaubte er wirklich, Täuber damit reinlegen zu können?

Täuber fixierte ihn genau. Nein, an den strahlenden Augen merkte er, dass der Typ das wirklich ernst zu meinen schien. Ein simpler Bankangestellter war ein Star für ihn. Gut, er war dort Leiter einer wichtigen Abteilung, aber das änderte doch nichts. Täuber war verwirrt; hier, das merkte er, kam er erst mal nicht weiter.

6.

Knierbein lebte in Lippborg, wie er beim Nachlesen auf seinem Zettel feststellte. Mann, hier kam er noch ganz durcheinander mit all den Ortsteilnamen. Zur Vorsicht rief er ihn an, Knierbein war zu Hause. Wieder musste er mit seinem Astra eine einsame Landstraße fahren, wieder kam er an vielen Höfen vorbei, an Wiesen, auf denen Kühe hinter dem Zaun standen und auf die Straße glotzten, wieder durchquerte er einen kleinen Wald. *Schön ist es hier*, dachte Täuber, *aber einsam. Ob ich hier leben könnte?*

Plötzlich hatte er das Gefühl, sich verfahren zu haben, blöderweise konnte er nirgendwo ein Hinweisschild entdecken. Verdammt, er wollte nicht das gesamte Wochenende in diesem Gewirr an Ortsteilen verbringen. Gerade in dem Moment kam ihm ein Trecker entgegen. Täuber stellte seinen Wagen quer auf die Straße und stieg aus. Der Treckerfahrer bremste und streckte seinen Kopf nach draußen. Es war ein knapp fünfzigjähriger Mann, schwarzhaarig, schlank, sein Gesicht war schmal, die Wangen leicht gerötet. Gar nicht so, wie sich Täuber einen plumpen Bauern vorstellte. *Vorurteile,* dachte Täuber, *ich habe Vorurteile, die ich nicht haben sollte. Weshalb sonst wundere ich mich über sein Äußeres.*

»Was ist los?«, rief er.

Täuber war froh, dass der Mann ihn nicht sofort anmeckerte. Er fragte ihn nach der Kampstraße in Lippborg. Der Bauer erklärte ihm den Weg etwas lautstark und umständlich, aber er verstand ihn trotzdem gut.

»Sind Sie von der Polizei?«, fragte der Bauer genau in dem Moment, als Täuber ihm danken und sich von ihm verabschieden wollte.

Täuber war verblüfft. »Ja, wie kommen Sie darauf?«

Der Mann schaute ihn einen Moment lang an. »Nur so«, sagte er dann, »ich hörte, dass ein Kommissar bei uns ermittelt.« Dann gab er Gas und fuhr auf dem Seitenstreifen an Täubers Wagen vorbei.

Knierbein wohnte in einem kleinen, Efeu bewachsenen Haus. Er bat Täuber gleich in sein Arbeitszimmer, zwei Jungen, beide nicht älter als zehn Jahre, schickte er ins Kinderzimmer.

»Meine Frau ist nicht da, die ist einkaufen.« Er sagte es in einem Tonfall, der lässig klingen sollte, aber bedrückt wirkte. Irgendwas stimmte da nicht, dachte Täuber. Ob die Frau sauer war wegen der Eskapade und deshalb der Polizei ausweichen wollte? Immerhin hatte ihr Mann sich die halbe Nacht mit Alkohol um die Ohren geschlagen und einen Toten hatte es auch noch gegeben. Oder war Pinkes Tod und dabei vor allem die Angst vor der Aufdeckung der Anlass?

In dem Zimmer, in das er Täuber führte, befand sich rechts neben der Tür ein großes Regal, vollgepackt mit Büchern. Ein großer Schreibtisch stand schräg vor dem Fenster, auf dem ebenfalls Bücher, vor allem aber Hefte lagen. An einer Wand hingen Fotos, die urweltliche Rinder und graue, mittelgroße Pferde zeigten. Knierbein bat Täuber, auf einem Stuhl am Fenster Platz zu nehmen. Er hatte sich noch nicht richtig hingesetzt, da fing Knierbein von sich aus an. Er sei Lehrer an einem Gymnasium in Hamm, erklärte er, und unterrichte hauptsächlich Biologie. Die Hefte auf dem Schreibtisch seien Bioklausuren.

»Was haben denn die Bilder von den Rindern und Pferden zu bedeuten?«

Hatte Knierbein eben noch etwas bedrückt gewirkt, so fing er jetzt Feuer. »Seit meiner Kindheit interessiere ich mich für Tiere und Pflanzen, daher habe ich auch Bio studiert. Die Rinder auf dem einen Bild sind Taurusrinder, die verwandt sind mit den Urrindern, die mal durch unsere Wälder streiften. Und bei den Pferden handelt es sich um Konikpferde, eine alte Rasse aus dem Osten. Wir von der *Arbeitsgemeinschaft Biologischer Umweltschutz* haben sie in den Lippeauen angesiedelt, da halten sie jetzt die Landschaft offen. Anfangs gab es Widerstand gegen die halbwilden Tiere, manchen waren sie nicht geheuer. Aber heute sind sie die Attraktion in Lippetal. Es gibt Leute, die kommen extra ihretwegen her.«

Täuber nickte beeindruckt. Doch, das klang gut, sehr gut sogar. Die Tiere sahen wirklich nach alten Rassen aus.

»Haben Sie bei der Aktion mitgewirkt?«

»Ich bin der Sprecher des *ABU*.« Stolz klang in seiner Antwort mit. Täuber hatte plötzlich eine Idee.

»Wer zahlt das denn?«, fragte er. »Ich meine, so was kostet doch Geld.«

»Fördergelder.«

»Reicht das denn?«

»Naja, Spenden haben wir auch gebraucht.«

»Von Pinkes Bank?«

»Nee, Rainer kann mit so was nichts anfangen. Naturschutz, das ist nichts für ihn. Wenn er die Tiere nicht jagen kann, dann …« Er brach abrupt ab, offensichtlich hatte er Täubers Absicht durchschaut. Einen Moment lang schwiegen sie beide, dann fing Knierbein wieder von sich aus an zu erzählen. Er könne sich das auch nicht erklären, was in der Nacht passiert sei, sagte er, obwohl er seit dem Aufwachen nichts anderes tue, als darüber nachzudenken. Er sei noch ganz betroffen von dem Ereignis. Ja, sie hätten *Ruggen* getrunken, das machten sie manchmal bei der Jagd. Nicht alle Jäger täten das, sagte er, sondern sie. Er solle da nichts Falsches denken. Pinke hätte aber nur zwei Pinnchen getrunken, weil er unbedingt ein Reh erlegen wollte. Den Fehlschuss von

Korbmeier und ihm gut eine Stunde, bevor Pinke das Reh erlegte, führte er selber auf den Alkoholkonsum zurück.

»Ja, und dann trat der Bock auf die Lichtung, Rainer zielte und traf. Einen Moment haben wir noch gewartet, um zu sehen, ob das Tier nur verletzt war und noch irgendwohin rannte. Dann ist Rainer vom Ansitz geklettert, und als er die Lichtung betrat, da gab es plötzlich … Ich weiß auch nicht, woher er so plötzlich kam, dieser Schuss … nach dem Schuss. Korbmeier war genauso gelähmt vor Schreck wie ich. Ich denke auch immer wieder darüber nach, ob wir etwas gehört haben, irgendwelche Schritte oder andere Geräusche, aber da war nichts. Da war nur dieser Schuss und dann wieder Stille, Todesstille.«

Er blickte an Täuber vorbei aus dem Fenster, seine Betroffenheit schien echt zu sein. Was nun? Was hatten ihm die getrennten Befragungen gebracht? Täuber überlegte. Korbmeier hatte ein Motiv, wenn auch kein besonders starkes. Aber gut, es war schon aus nichtigerem Anlass gemordet worden. Knierbein hatte ebenfalls eines, das aber noch schwächer war. *Ich muss nachdenken*, überlegte Täuber. *Ich muss mich irgendwohin zurückziehen, wo ich eine Idee entwickeln kann. So wie bisher kann ich nicht weitermachen, da komme ich nie auf einen grünen Zweig.*

»Eine Frage habe ich noch«, sagte er, als er aufstand. Knierbein sah ihn gespannt an. »Wie passt das zusammen, Tier- und Naturschutz und die Jagd?«

»Eine Jagd, richtig durchgeführt, ist Naturschutz. Sie regelt die Wildbestände.« Er winkte ab. »Aber das wollen die Leute einfach nicht verstehen.«

7.

Täuber war zum Schloss an der Lippe gefahren, das sein Interesse geweckt hatte. Er schlenderte durch das Eingangstor auf das Wasserschloss zu, dann sah er, dass daneben ein Park lag, dessen Wege von hohen Hecken umgeben waren. Genau der richtige Ort, um nachzudenken, denn dort war er allein. Eine Zeit lang lief er die Wege entlang, bemüht, nicht an seinen Fall zu denken. Wenn er Abstand gewann, so hatte er das in vielen Dienstjahren erfahren, kamen ihm die besten Ideen. Schließlich setzte er sich so auf eine weiß gestrichene Bank, dass ihm die Septembersonne ins Gesicht schien, und beobachtete durch die Lücken in der Hecke gegenüber zwei Reitpferde, die auf einer Wiese grasten. Die Pferde der Schlossbesitzer vermutlich. Zwischendurch blickte er kurz zur Uhr, nur noch eine Stunde, dann würde in Dortmund das Spiel angepfiffen. Er seufzte. Diesmal würde er das Spiel nicht verfolgen können, er hatte es schon vorher befürchtet. Plötzlich merkte er, dass etwas anders geworden war. Irgendetwas war geschehen, das die Situation verändert hatte. Er blickte sich um, tatsächlich, da stand keine zwanzig Meter von ihm entfernt eine junge Frau, die ihn anschaute. Im ersten Moment erschrak er.

Was war das für eine Frau, was wollte sie von ihm? Stellte sie eine Gefahr für ihn da, immerhin war er auf der Suche nach einem Mörder. Aber dann sah er ihre nachdenklichen, melancholischen Augen und es kamen ihm ganz andere Assoziationen. Als wäre sie wie in einem Märchen in den verwunschenen Garten getreten, so erschien sie ihm plötzlich. Sie war noch keine zwanzig Jahre alt, schätzte Täuber, trug eine enge Jeans und eine dunkelgelbe Jacke. Ein hübsches Mädchen, das ihm mit ihren blonden Haaren einen Moment lang wirklich wie eine Prinzessin vorkam, die auf einen Prinzen gewartet hatte. Also konnte er nicht gemeint sein, dachte er dann und musste innerlich lachen über seine romantischen Altmännerfantasien. Erwartungsfroh blickte er sie an, aber die Prinzessin machte keinerlei Anstalten, näher an ihn heranzutreten.

»Hallo«, sagte er, »ist etwas?«

Die junge Frau antwortete nicht.

Verdammt, was war los mit ihr? So lief das doch nicht in den normalen Märchen, da sprachen Prinzessin oder Fee wenigstens mit den Menschen, denen sie begegneten! Er stand auf und wollte auf sie zugehen, aber in dem Moment drehte sie sich um und ging den Weg hinunter in Richtung Schloss. Was hatte das denn zu bedeuten? Er ging hinter ihr her, sie bemerkte es und beschleunigte ihre Schritte. Als er ebenfalls schneller ging, erhöhte sich noch mal ihr Tempo, was wiederum ihn anspornte. Das sah blöd aus, merkte er. Wenn sie jemand sehen würde, was sollte man von ihm denken? Sittenstrolche konnten auch bei der Polizei sein, da würde ihm sein Beruf wenig nützen, wenn ihm so was unterstellt würde. Trotzdem wollte er nicht aufgeben, sie einzuholen. Irgendwie hatte er das Gefühl, dass die Frau etwas mit seinem Fall zu tun haben könnte.

»He, bleiben Sie doch stehen!« Aber die Frau hörte nicht auf ihn. Sie lief noch ein Stück geradeaus, dann verschwand sie hinter einer Hecke. Täuber rannte so schnell er konnte hinterher, aber als er die Abzweigung erreicht hatte, sah er, dass das Mädchen immer noch weit vor ihm war. Also war sie ebenfalls gerannt, seit er sie nicht mehr im Blick gehabt hatte. Jetzt lief sie auf eine Brücke zu, überquerte den Wassergraben, rannte am Schloss vorbei und war verschwunden, noch ehe Täuber die Brücke erreicht hatte. *Mist!* Warum war die Frau nicht stehen geblieben? Warum hatte sie ihm keine Chance gegeben, herauszufinden, was ihr Auftauchen bedeuten sollte?

Er atmete schwer und lehnte sich, um sich zu erholen, gegen das Brückengeländer. Als sich sein Puls beruhigt hatte, beugte er sich darüber und starrte auf das algengrüne Wasser im Schlossgraben. Nach einiger Zeit entdeckte er die dunklen Rücken zweier Karpfen und versuchte, sie so lange wie möglich im Auge zu behalten, bis sie dann doch im brackigen Wasser verschwanden.

Die Jagd, dachte er, *ich muss mehr über die Jagd wissen, vielleicht komme ich dann weiter.*

Irgendwo da muss der Schlüssel liegen, mit dem ich das Geheimnis knacken kann. Er rief in der Polizeiwache an, Eddi Böcker war am Apparat. *So ein Dorfsheriff hat wohl immer Dienst,* dachte Täuber, *selbst an einem Samstagnachmittag.*

Täuber erklärte ihm, dass er jemanden kennenlernen möchte, der Ahnung von der Jagd habe. Er kenne doch jeden in der Gemeinde, da wisse er sicher Rat. So war es, Böcker wusste Rat, wie nicht anders zu erwarten. Er empfahl ihm einen Mann, der erst seit einem Jahr im Ort lebte. Johannes Wanner, ein pensionierter Bundeswehroffizier, der in Heintrop wohne, direkt an der Heintroper Straße. Böcker wusste natürlich auch die Hausnummer. Täuber seufzte. Der nächste Ortsteil, den er suchen musste.

8.

Wanner wohnte in einem Altbau, an den ein Neubau angebaut worden war. Der Neubau grenzte an die Heintroper Straße, einer Hauptstraße, die viel befahren wurde, wie Täuber feststellte. Aber hier, an dem dahinterliegenden Altbau, war es erheblich ruhiger. Der Mann saß in T-Shirt und kurzer Hose, die Sonne im Rücken, an einem Tischchen im Hof und hatte ein paar Bücher vor sich liegen. Er hatte ein braungebranntes Gesicht, wahrscheinlich hatte er es sich den ganzen Sommer über in diesem Hof gemütlich gemacht. Neben ihm, auf einem Campingstuhl, saß ein alter, aber rüstiger Mann. Auf mindestens achtzig

Jahre schätzte er ihn, während Wanner noch keine sechzig Jahre alt war. Wanner erhob sich, als Täuber den Hof betrat.

»Ich weiß schon Bescheid«, sagte er, »Böcker hat angerufen. Sie wollen sich informieren, wie eine Jagd abläuft.«

Täuber schaute auf den alten Mann, er störte ihn, denn er wollte allein mit Wanner sprechen. Der Mann merkte es, erhob sich und wollte sich gerade verabschieden, da stellte Wanner ihn vor.

»Das ist Herr Schleekamp, der Vorsitzende der Bürgerinitiative *Freiheit für Heintrop*.«

»*Freiheit für Heintrop*, was soll das heißen?«

»Die heißt so, weil ich dagegen bin, dass unser schönes Dörfchen nach Lippetal eingemeindet wurde«, erklärte Schleekamp. »Weil ich dafür kämpfe, dass es wieder selbständig wird.«

»Und wann war die Eingemeindung?«

»Ende der 60er-Jahre im letzten Jahrhundert.«

Täuber merkte selbst, dass er ziemlich geistlos dreinschaute. »Also vor gut fünfzig Jahren, habe ich das richtig verstanden?«

»Unrecht verjährt nicht«, erklärte Schleekamp trotzig, »jedenfalls war damals alles besser.« Er nickte zum Abschied und verließ den Hof.

Wanner forderte Täuber auf, sich auf den freigewordenen Platz zu setzen.

»Ist ja eine tolle Bürgerinitiative«, sagte Täuber, »wie viele Leute sind denn da aktiv?«

»Nur noch einer, nämlich Schleekamp selber. Seit ich hierhergezogen bin, versucht er, mich als

Zweiten zu gewinnen.« Sie mussten beide lachen. *Der einsame Kampf eines einsamen Wolfes*, dachte Täuber, *irgendwie hat das was.*

Dann blickte er sich um. »Mit der Bundeswehr sind Sie doch weit in der Welt herumgekommen, waren in allen möglichen Ländern«, sagte er. »Fühlen Sie sich da wohl in diesem kleinen Örtchen?«

Wanner nickte. »Ich habe hier meine Ruhe. Ich kann lesen, auf die Jagd gehen, meine beiden Töchter aus der geschiedenen Ehe besuchen mich regelmäßig und dann kann ich hier …«

»Lassen Sie mich raten: *Ruggen* trinken, wollen Sie sagen, das können Sie hier auch.«

Wanner grinste. »Sie kennen sich ja schon gut aus. Aber eines muss ich noch hinzufügen. Glauben Sie nicht, dass die Leute hier hinterwäldlerisch wären. Ganz im Gegenteil, hier gibt es prima Typen, die sich auskennen in der Welt. Nicht nur solche wie Schleekamp. Obwohl …«, er grinste, »… irgendwie ist der auch eine tolle Nummer, oder? Wer bleibt schon seinen Überzeugungen so lange treu in einer Zeit, in der manche ihre Überzeugungen schneller wechseln als ihr Hemd?«

Von dem Toten, den er nur flüchtig gekannt habe, hätte er schon gehört, erklärte Wanner dann holte er ohne Aufforderung sein Jagdgewehr raus und zeigte Täuber, wie man auf Niederwild, Schwarz- oder Rehwild schoss. Auch dass die Tiere selbst nach einem Blattschuss noch ein paar Schritte laufen können, erklärte er ihm.

Täuber hörte aufmerksam zu, dann erzählte er ihm von dem Schuss, den die beiden Begleiter des Toten gehört haben wollten und den sich keiner von ihnen erklären könnte.

»Ich weiß nicht …« Wanner rieb sich das Kinn. »Mit einem normalen Ansitz kann das eigentlich nichts zu tun haben. Aber wenn ich mir den Ort mal angucken könnte …«

9.

Nicht mal eine halbe Stunde später waren sie am Hochsitz. Wanner hatte sein Gewehr mitgenommen und hielt es in der Hand. Eigentlich dürfe er das nicht so frei rumtragen, sagte er, da gäbe es unter den Jägern klare Bestimmungen. Aber weil es um einen Todesfall ginge, mache er mal eine Ausnahme. Täuber schaute auf die Uhr, das Spiel in Dortmund lief längst, gleich würde Halbzeit sein. Jetzt, da er den Tatort bei Tageslicht sah, kam er ihm seltsam fremd vor. Er hätte längst hierhergehen müssen, dachte er. Aber gut, es war noch nicht zu spät. Am Rand der Lichtung waren Reifenspuren zu sehen, auf der Lichtung selbst konnte er nur mit Mühen Fußspuren entdecken. Seine Kollegen von der Spurensicherung hatten wie immer sehr vorsichtig gearbeitet.

Vor Wanner her lief er auf die Lichtung. »Hier ungefähr hat die Leiche gelegen«, erklärte er schließlich. »Und dort drüben …«, er zeigte in die Richtung weg vom Hochsitz, » … lag das erlegte Reh.«

Wanner blickte sich um zum Hochsitz und prüfte die Richtung von dort zu dem Toten und anschließend zum Reh.

»Der Schuss hat den Toten am Arm gestreift und von hinten in den Oberkörper getroffen«, sagte Täuber.

Wanner sah ihn erstaunt. »Wie genau hat er gelegen, könnten Sie mir das vormachen?«

»Sie meinen, ich soll mich …«

»Warum nicht? Das Laub ist trocken, sie werden schon nicht dreckig werden.«

Vorsichtig ließ Täuber sich zu Boden gleiten, der Modergeruch des Laubs stieg ihm in die Nase, aber er empfand ihn nicht als unangenehm. Dann versuchte er, genau die Position des Toten einzunehmen, selbst den Kopf streckte er ein Stückchen nach vorn, denn der Tote hatte, wie er sich erinnerte, im letzten Augenblick seines Lebens nach dem Reh geschaut.

»So hat er gelegen, meinen Sie?«

Täuber schielte aus den Augenwinkeln nach oben. Über ihm stand Wanner, noch immer das Gewehr in der Hand. Für einen kurzen Moment fuhr ihm der Schreck in die Glieder. Um Gottes Willen, wenn der jetzt … Der Mörder war noch nicht gefangen.

»Ja, genau so«, sagte er schnell.

Wanner nickte, dann ging er weg. Täuber wandte den Kopf und versuchte, ihn im Auge zu behalten. Er sah, dass Wanner sich genau zwischen Hochsitz und ihn stellte. Immer wieder kontrollierte er die gerade Linie dazwischen, hob zwischendurch sogar das Gewehr und tat so, als ob er zielte.

»Welchen Arm hat die Kugel getroffen?«

Täuber hob seinen linken, er sah, wie Wanner nickte und noch einmal die Linie zwischen ihm und Hochsitz prüfte. Kurze Zeit später stand er neben ihm.

»Sie können aufstehen«, sagte er. Täuber erhob sich mühsam. »Also, wenn der Schuss den linken Arm gesteift hat und von dort in den Oberkörper eindrang, kann er nicht vom Hochsitz gekommen sein. Es sei denn, es gibt inzwischen Gewehre, die um die Ecke schießen, aber davon müsste ich gehört haben.«

Täuber war perplex. Dass er nicht selber daran gedacht hatte, das zu überprüfen! Gut, dass es hier keinen Zeugen gab, der von seinem Fehler berichten konnte.

Wanner blickte sich suchend um. »Da, das Gebüsch dort drüben, da könnte der Schütze gestanden haben.« Er lief hinüber, hob wieder das Gewehr und nahm Täuber ins Visier. »Genau, hier hat er gestanden. Wenn ich von hier aus ziele, treffe ich bei einem Schuss in den Oberkörper auch ihren Arm.«

»Sind Sie sicher?«

»Absolut.«

Täuber nickte. Er war erleichtert, als Wanner sein Gewehr wieder senkte, obwohl es keinerlei Anlass gab, ihm zu misstrauen. Der Mann hatte ihm geholfen, und wie er ihm geholfen hatte! Aber ein Gewehr auf sich gerichtet zu sehen, war ein komisches Gefühl. Wanner hatte seine Erleichterung bemerkt.

»Keine Sorge, das Gewehr ist nicht geladen«, rief er.

Korbmeiner und Knierbein waren also raus, dachte Täuber. Von denen hat keiner geschossen, es sei denn, sie hätten genau das verabredet. Einer von ihnen geht runter, wenn Pinke das erlegte Wild sichert und schießt von einer anderen Position aus. Aber wie sollten sie das so schnell schaffen, ohne dass es Pinke aufgefallen wäre? Derjenige von ihnen, der das vorhatte, hätte ja fast gleichzeitig mit Pinke vom Hochsitz klettern müssen. Nein, er musste einer anderen Spur folgen. *Aber welcher? Verdammt noch mal, welcher?*

»Kommen Sie, ich bringe Sie wieder nach Hause«, sagte er. »Sie haben mir sehr geholfen.«

10.

Nachdem er Wanner zu Hause abgeliefert hatte, fuhr er ein paar Kilometer die Heintroper Straße entlang, kam an einer Mühle vorbei, dann bog er ab in einen Feldweg, hielt am Wegrand und dachte nach. Der Versuchung, zwischendurch *WDR 2* einzuschalten und zu hören, wie Borussia spielte, widerstand er. Es würde ihn ablenken, fürchtete er, und dann käme er gar nicht weiter. Er brauchte einen Tipp, dachte er. Wer weiß was von Pinke? Wo gibt es jemand, der ihn so hasste, dass er ihn ermordet hatte? Eine Person vielleicht, der er einen Kredit verweigerte, so dass sie Bankrott ging. Einen anderen Typen also als Korbmeier, der ja immer noch Hoffnung hatte. Ja, das wäre vielleicht eine Lösung. Er wollte schon zum Handy greifen, um den Dorfsheriff anzurufen und sich von ihm die Nummer des Bankdirektors zu erbeten. Die hatte dieser Eddi doch bestimmt auch, so wie der hier seinen Ort und all die Einwohner kannte. Da kam ihm im letzten Moment eine ganz andere Idee. Die junge Frau! Was wäre, wenn die Lösung des Falles sich selber bei ihm gemeldet hätte? Ein komischer Gedanke, Täuber wusste das selber, aber irgendeine Bedeutung musste die Begegnung mit ihr doch gehabt haben! Sie war es gewesen, die den Kontakt zu ihm gesucht hatte, einen abgebrochenen Kontakt, das stimmte. Aber was sprach gegen die Überlegung, dass sie ihm etwas mitteilen wollte, etwas, das mit dem Mord zu tun hatte, wozu ihr aber im letzten Moment, aus welchen Gründen auch immer, der Mut gefehlt hatte? Es war klar, dass sie etwas vorgehabt hatte, weshalb sonst sollte eine hübsche junge Frau wie sie seine Nähe gesucht haben?

Wer konnte etwas wissen über Pinkes Kontakt zu dieser Frau? Böcker klammerte er diesmal aus seinen Überlegungen aus. Dass der auch über die allerprivatesten Dinge Bescheid wusste, war nicht anzunehmen. Und wenn doch, würde er sie ihm vermutlich nicht sagen, weil er sich ja mit niemandem in der Gemeinde überwerfen wollte.

Pinkes Frau? Nein, entschied Täuber, die hatte ihm ja gesagt, dass sie nichts mehr von ihrem Ex-Partner wissen wollte. Aber die beiden anderen, Pinkes Freunde! Wer stundenlang auf einem Hochsitz zusammensitzt und nichts anderes tut, als *Ruggen* zu trinken und zu warten, der erzählt sich auch was. Bestimmt auch das eine oder andere Geheimnis.

Es war gar nicht so einfach, Korbmeier an den Hörer zu bekommen. Er sei bei den Schweinen, erklärte ihm seine Frau und wenn er da arbeite, wolle er nicht gestört werden. Schließlich holte sie ihn aber doch. Nein, von einer jungen Frau in Pinkes Nähe wisse er nichts, sagte er. Es seien dauernd Frauen in seiner Nähe gewesen, wie solle er sich da an eine einzelne erinnern? Außerdem hätte er genug zu tun mit seinen … Schweinen, hatte er offensichtlich sagen wollen, brach aber im letzten Moment ab.

Knierbein, den er danach anrief, musste kurz überlegen. »Doch«, sagte er dann, »da war eine junge Frau. Etwas ganz Besonderes, hat Rainer gesagt. Aber er dürfe sie noch nicht öffentlich vorzeigen, eine Zeit lang müsse er sie noch verstecken.«

»Hat er einen Grund dafür genannt?«

»Nein, hat er nicht. Aber mir hat er sie trotzdem mal gezeigt.«

»Beschreiben Sie, wie sie aussieht.«

Mit jedem Detail, das Knierbein nannte, war es Täuber so, als würde die junge Frau aus dem

Park vor seinem inneren Auge erstehen. Der gut gebaute, schlanke Körper, die blonden Haare, der etwas melancholische Blick, genau, das war sie.

»Wie eine Märchenfee«, sagte Täuber, als Knierbein seine Beschreibung beendet hatte.

»Wie eine ... was?«

»Vergessen Sie es. Sagen Sie mir einfach ihren Namen.«

»Den Namen kenne ich nicht, den hat Rainer mir nicht gesagt. Ich weiß nur, dass sie von einem Bauernhof stammt, gar nicht weit entfernt vom Berkenkamp. Da, wo wir gestern Abend ...«

Verdammt. Täuber brach das Gespräch einfach ab, ohne sich bei Knierbein für die Auskunft zu bedanken. Was sollte er jetzt tun? Sollte er alle Bauernhöfe abklappern. Ja, dachte er dann, genau das musste er jetzt machen. Was anderes blieb ihm gar nicht übrig. Und außerdem, so viel konnten es gar nicht sein rund um den Berkenkamp.

Zwei Höfe hatte er schon abgeklappert, auf dem einen gab es keine Kinder, auf dem anderen waren sie längst ausgezogen, da sah er plötzlich, als er sich dem nächsten Hof näherte, eine junge Frau, die auf einem Fahrrad über den Zufahrtsweg zur Straße fuhr. Einen Moment lang starrte er wie gebannt zu ihr hinüber, dann sah er es. Ja, sie war es, sie war es tatsächlich! Täuber bog in hohem Tempo in den Weg ein, denn diesmal sollte sie ihm nicht entwischen. Als ihr das Auto entgegenkam, fuhr sie langsamer, dann drehte sie plötzlich um und fuhr zurück zum Hof. Offensichtlich hatte sie ihn erkannt. Täuber stoppte den Wagen kurz vor dem Tor, sprang heraus und rannte hinterher. Genau in dem Moment, als er durch das Hoftor laufen wollte, versperrte ihm jemand den Weg. Ein schwarzhaariger, knapp fünfzigjähriger Mann war das, der sich ihm in den Weg stellte. Mensch, den kannte er doch! Genau, das war genau jener Bauer, den er nach dem Weg gefragt hatte, und der von ihm wissen wollte, ob er bei der Polizei arbeite. In dem Moment wusste Täuber, dass er hier richtig war.

»Lassen Sie mich durch, es hilft Ihnen sowieso nicht, mir den Weg zu versperren. Wenn Sie es doch versuchen, rufe ich Verstärkung. Dann steht Ihr Hof bald voller Streifenwagen.«

11.

Als sie kurze Zeit später zu dritt am Küchentisch saßen, die junge Frau und der Bauer mit gesenktem Kopf, schaute Täuber die beiden eine Zeit lang schweigend an. Schweigen, das wusste er aus Erfahrung, erzeugte Druck. Druck auf denjenigen, der wusste, dass er etwas aussagen musste, selbst wenn er sich noch so sehr dagegen wehrte. Dabei hatte er die Hoffnung, dass gar nicht so viel davon nötig sein würde. Die junge Frau war kreidebleich, ihre Hände zitterten, der Bauer hing so schlaff auf seinem Stuhl, als sei jegliche Kraft aus ihm gewichen. So sahen keine Leute aus, die lange darum kämpfen wollten, die Wahrheit zu verleugnen. Vor allem auf den Bauern schien das nicht zuzutreffen, dachte Täuber, denn wie ein geborener Verbrecher sah er wirklich nicht aus.

»Sie waren die Geliebte von Rainer Pinke, stimmt's«, sagte Täuber dann unvermittelt und bewusst laut in die Stille hinein. Die junge Frau zuckte zusammen, ihre Lippen begannen zu zittern, der Kopf des Bauern sackte noch weiter nach unten. Wieder folgte ein langes Schweigen. In der Ferne kläffte ein Hund, es war das einzige Geräusch, das Täuber vernahm. Schließlich riss sich der Bauer zusammen. Man konnte ihm ansehen, wie er sich zwang, eine straffe Haltung einzunehmen und Täubers Blick standzuhalten.

»Der Typ wollte sich einschleichen in meine Familie«, sagte er dann. Wieder eine Pause, jetzt begannen auch seine Lippen zu zucken. »Dies ist ein gut geführter Hof, da ist was zu holen. Das war es, was ihn angelockt hat. Und du«, dabei sah er kurz seiner Tochter hinüber, »du hast geglaubt, dass er dich liebt. Aber das hat er nicht, verdammt noch mal, das hat er nicht.«

»Doch hat er das.« Die Stimme der jungen Frau war kaum zu vernehmen. »Und ich habe ihn auch …«

»Ja, ich weiß, das hast du geglaubt.« Mit festem Blick sah der Bauer jetzt Täuber an. »Sehen Sie, sie ist noch so jung. Gerade mal achtzehn geworden. Der Typ hat das ausgenutzt, ihre Unerfahrenheit, ihre Gutgläubigkeit. Sie ist doch meine einzige.« Seine Stimme bekam plötzlich einen weinerlichen Tonfall. Wieder sah er seine

Tochter an. »Wie oft habe ich dich gebeten, die Finger von dem Kerl zu lassen, immer und immer wieder? Aber du wolltest ja nicht, du wolltest auf keinen Fall auf mich hören. Wenn ihre Mutter nicht so früh gestorben wäre«, wandte er sich wieder an Täuber, »ja, dann hätten wir es vielleicht zusammen geschafft, sie von dem Kerl zu trennen. Die Mutter fehlt ihr so sehr, ich habe sie ihr nicht ersetzen können.«

»Wieso waren Sie sich so sicher, dass es Pinke auf Ihren Hof abgesehen hatte?«

»Weil er es mir selber gesagt hat. Ja, das hat er tatsächlich, denn ich habe ihn zur Rede gestellt, einmal, im Garten neben dem Schloss. Damals ging es mir nur darum, dass er doch viel zu alt ist für Kerstin. Fast fünfundzwanzig Jahre ist er älter, was soll sie in ein paar Jahren mit so einem alten Mann anfangen? Aber da hat er mich nur ausgelacht. So eine Perle, hat er gerufen, die gebe ich doch nicht freiwillig her. Bildhübsch ist sie und die einzige Erbin eines lukrativen Hofes. Ja, genau das hat er gesagt. Die einzige Erbin eines lukrativen Hofes. Unseres Hofes hat er damit gemeint! Und dann hat er noch lauter gelacht, ja, ausgelacht hat er mich.«

Täuber beobachtete das Mädchen, während ihr Vater das erzählte. Sie schüttelte immer wieder den Kopf. »Nein, nein, er hat mich doch …«

»Als ich ihn zum zweiten Mal ansprach, irgendwo auf einem Waldweg im Berkenkamp, da hat er nur gesagt: Wenn du es bei ihr nicht schaffst, sie von mir zu trennen, wieso versuchst du es dann bei mir? Sie ist ein schönes Mädchen, mir kann doch gar nichts Besseres passieren. Sie tut mir gut, in mehrfacher Hinsicht.« Wieder sah er zu seiner Tochter hinüber, sprach aber nicht sie, sondern Täuber an. »Auch das habe ich ihr gesagt. Wortwörtlich habe ich wiederholt, was der Kerl gesagt hat, aber sie hat es mir nicht abgenommen. Sie hat es einfach nicht glauben wollen.«

Jetzt klang seine Stimme so weinerlich, dass Täuber befürchtete, er würde jeden Moment anfangen zu heulen. Aber er riss sich zusammen. Gott sei Dank, Täuber atmete auf. Es wäre ihm peinlich gewesen, so einen kräftigen Mann vor seiner eigenen Tochter und auch vor sich selbst weinen zu sehen. Jetzt wurde es endgültig Zeit, dass der entscheidende Satz fiel.

»Und da haben Sie nur noch den Ausweg gesehen, einen Jagdunfall vorzutäuschen, stimmt's?«

Der Bauer schwieg. *Komm schon*, dachte Täuber, *lass mich nicht so lange hängen, ist doch sowieso alles klar.* Endlich nickte der Mann.

»Ich war so wütend auf den Kerl, so unglaublich wütend, dass ich keinen Ausweg mehr gesehen habe. So einem hintertriebenen Kerl sollte ich das Beste geben, was ich habe? Meine eigene Tochter! Und den Hof, den schon meine Urgroßeltern bewirtschaftet haben, noch als Zugabe? Nein!« Er schüttelte den Kopf. »Nein, das konnte ich nicht zulassen.«

»Deshalb haben Sie gewartet, bis Pinke wieder mit Knierbein und Korbmeier zur Jagd ging.«

In diesem Moment hob das Mädchen den Kopf. *Mädchen*, dachte Täuber, *seit ihr Vater gesagt hatte, dass sie gerade erst achtzehn geworden war, kann ich sie in Gedanken nur noch Mädchen nennen.* Irgendwie, merkte er, nahm er dadurch ein bisschen die Position ihres Vaters ein.

»Ich wusste doch, dass die drei regelmäßig zur Jagd gehen. Ich musste nur abwarten, bis sie es wieder taten. Ja, und dann … dann bin ich ihnen gefolgt.«

»Dann haben Sie sich in der Nähe des Hochsitzes versteckt, und als sich die Gelegenheit ergab …« Der Mann nickte.

Endlich, dachte Täuber.

»Es war aber nicht ganz die Richtung des Hochsitzes, aus der Sie geschossen haben. Wenn Sie zu nahe am Hochsitz gestanden hätten, wäre den dreien aufgefallen, dass da noch jemand war. Sie standen im Gebüsch daneben. Und genau deshalb habe ich ausgeschlossen, dass einer von Pinkes Freunden geschossen haben kann, weil der Schuss aus einer anderen Richtung kam.«

Der Mann starrte vor sich auf die Tischplatte, im selben Moment fing das Mädchen an zu weinen. Laut schluchzte sie los, denn jetzt war ihr endgültig klar geworden, dass sie nicht nur ihren Geliebten, sondern auch ihren Vater verloren hatte. Den für ein paar Jahre.

»Wo ist Ihr Gewehr?«

Der Bauer gab Täuber einen Schlüssel und wies mit der Hand in Richtung eines Schranks. Täuber nahm es sofort an sich, wer wusste, was sonst noch passieren konnte.

»Kaliber?«, fragte er, als er sich wieder an den Tisch setzte und ahnte schon die Antwort.

»7,64.«

Klar, genau wie die Gewehre von Knierbein und Korbmeier. Nicht schlecht geplant.

Das Mädchen wollte sich nicht beruhigen. Die Hände vor dem Gesicht schluchzte sie noch immer, ihre Schultern zuckten. Täuber beugte sich vor und legte ihr kurz eine Hand auf ihre Schulter, aber das Mädchen zuckte erschreckt zurück. Ihr Vater saß hilflos daneben, unfähig, irgendwas zu tun.

»Du hast geahnt, dass es dein Vater gewesen war, der geschossen hat, nicht wahr?« Das Mädchen reagierte nicht. »Du hast vorgehabt, mir deinen Verdacht mitzuteilen, im Park neben dem Schloss, aber dann hast du dich doch nicht getraut. Im letzten Moment hast du gezögert, weil du deinen Vater nicht ans Messer liefern wolltest.«

Jetzt endlich hörte sie auf zu schluchzen und nahm die Hände vom Gesicht. Ihre Augen waren rot verquollen. »Papa, was hast du getan … Ich habe ihn doch …«

Täuber griff nach seinem Handy und rief die Hovestädter Polizei an. Diesmal aber war es aber nicht Böcker, sondern ein anderer Polizist, der sich meldete. Also hatte auch Böcker irgendwann mal Feierabend, fast war Täuber erleichtert darüber. Er bestellte einen Streifenwagen zum Hof, der den Bauern abholen sollte. Erst jetzt, wo er die Anweisung gab, fiel ihm auf, dass er noch immer nicht den Namen des Bauern kannte. Er sah ihn fragend an.

»Holtfuß«, antwortete der Mann, »dies ist der Holtfuß-Hof.«

Eine knappe Stunde später saß Täuber in seinem Astra und fuhr zurück nach Hause, das Gewehr auf dem Rücksitz.

Holtfuß hatte sich willenlos festnehmen lassen, nein, ein geborener Verbrecher war er wirklich nicht. Nur ein verzweifelter, ein tief verzweifelter Mann! Das Mädchen hatte bis zuletzt jede Berührung durch ihren Vater abgelehnt, ihm dann aber, als er zum Streifenwagen geführt wurde, mit tieftraurigen Augen nachgeschaut.

»Ruf Tante Klara an«, hatte der Bauer ihr zugerufen, »die soll dich in den nächsten Tagen betreuen. Und wenn du dann mal Zeit hast … wenn du dann mal kommen würdest …«

Täuber hatte sie in diesem Moment genau angeschaut. Nein, sie hatte nicht mit dem Kopf geschüttelt, wenigstens das nicht.

Neben seinem Auto zog an Täuber noch mal die Landschaft von Lippetal vorbei, jetzt schon in ein Dämmerlicht getaucht. Wälder, Wiesen, aus denen da und dort der Nebel aufstieg, ein schöner, beruhigender Anblick. Täuber stellte das Radio ein, *WDR 2*. Es war genau der richtige Moment, denn es wurden gerade die Bundesligaergebnisse vorgelesen. Borussia hatte zu Täubers Freude gewonnen, ganz klar sogar. Also hatte der Tag doch noch einen guten Abschluss gefunden, dachte er.

Heinrich Peuckmann, geb. 1949 in Kamen, wo er mit seiner Frau und seinen drei Söhnen immer noch lebt.

Aufgewachsen in einer Bergmannsfamilie, ist er durch und durch ein Kind des Ruhrgebiets geworden. Nach dem Studium der Germanistik, evangelischen Theologie und Geschichte war er in Kamen bis zum Eintritt in den Unruhestand am Gymnasium in Bergkamen tätig.

In seiner vielfältigen, literarischen Arbeit ist er in keine Schublade zu packen. Er schreibt Krimis, Romane, Erzählungen, Gedichte, Hörspiele, Essays, Theaterstücke, Glossen … und nicht zu vergessen sind seine Fußballgeschichten. Seine Fälle von Kommissar Anselm Becker sind Krimifans ein Begriff.

Er ist Mitglied im Präsidium des deutschen PEN, im Verband deutscher Schriftsteller, in der Krimiautorenvereinigung *Das Syndikat* und in der internationalen Autorenvereinigung *Die Kogge*.

Übrigens:
Heinrich Peuckmann ist leidenschaftlicher Anhänger von Borussia Dortmund und ein begeisternder Erzähler von Anekdoten rund um das Fußballgeschehen.
www.heinrich-peuckmann.de

Regula Venske

Hauptsache Hamm

Der Sekt war billig gewesen, ein Sonderange-bot noch dazu, aber immerhin knallte der Korken und schoss, wie es sich gehörte, gegen die Zimmerdecke. So musste es sein. Jadwiga warf einen Blick auf die Spuren, die seine Vorgänger in der Styroporverkleidung hinterlassen hatten, und schenkte sich ein. Während sie darauf wartete, dass der Schaum im Glas zerstob, gönnte sie sich einen Vorgeschmack auf den Genuss und leckte sich über die Finger. Eines Tages würde alles besser werden, dann würde sie nur mehr Champagner trinken. Sie würde in einer Villa an der Ostenallee wohnen und von einem sie anbetenden Mann auf Händen getragen werden. Auch sie würde alles für diesen Mann tun und stets treu für ihn sorgen. Manchmal – zugegeben, in jüngster Zeit immer öfter – fragte sie sich, wieso sie ihm in all den Jahren noch immer nicht begegnet war. Es musste ihn einfach geben! Wenn man die Spielregeln der Wahrscheinlichkeitsrechnung bedachte – Gustav war ein Statistiker vor dem Herrn gewesen und hatte ihr manches erklärt –, so hätte sie ihren Traummann längst treffen müssen. Sie hatte doch schließlich was vorzuzeigen, war durchaus gebildet. Und allzu wählerisch war sie eigentlich nicht. Nur zwei Vorbedingungen hatte sie, um zu wissen, ob der Nächste der Richtige wäre. Nämlich diese beiden: An der Ostenallee musste er wohnen. Und: Nicht nur wohlhabend, auch wohlbeleibt musste er sein. *Lasst wohlbeleibte Männer um mich sein, mit glatten Köpfen und die nachts gut schlafen ...* Ansonsten würde sie ihn nehmen, wie er war, und ihn bedingungslos lieben.

Sie füllte das Glas auf und trank einen kräftigen Schluck. Der Sekt war zu warm, aber das machte ihr nichts. Im Gegenteil, es war gut, denn sie wollte eine schnelle Wirkung verspüren. Dafür war der billige aus dem Supermarkt gerade richtig. Wenn sie erst Champagner trank, würde er natürlich stets vorschriftsmäßig gekühlt sein. Dafür würde ihr Mann schon sorgen. Oder – das Personal? Jadwiga kicherte und leckte sich über die Lippen. Wer weiß, vielleicht würde sie sogar eine ... Putze haben? Eine ... Reine ... eine Rei-ni-gungs-kraft. Der Witz war gut. Sie kippte einen Schluck nach, dann war das Glas leer. Sie schenkte nach und prostete ihrem späteren Ich zu. Hemmungslos würde sie sich auf dem Sofa fläzen – ein großes, breites, mit amerikanischem Blümchenmuster musste es sein – und zuschauen, wie die andere putzte. Den Schrubber schwang, den

Wischlappen auswrang. Auf dem nassen Parkett herumrutschte. Zu Weihnachten würde sie ihr eine … Grafi … Graffiti … eine … Gra-ti-fi-ka-tion zustecken und vielleicht sogar noch eine Flasche Sekt schenken. Vorausgesetzt, sie wäre mit deren Arbeit zufrieden. Sie selbst aber würde in der *Welt der Frau* oder Shakespeares *Gesammel-ten Werken* lesen oder auch die neueste Folge von *Wer wird Millionär* gucken. Ja, sie würde sich weiterbilden und auf Partys mitreden können.

War es eigentlich Einbildung oder eine wissenschaftliche Tatsache, dass Gläser mit lauwarmem Sekt schneller ausgetrunken waren als Gläser mit wohltempo … temporeich … wohl-tem-pe-rier-tem? Vielleicht dehnte sich das warme Getränk wie warme Butter mehr aus, so dass rein objektiv betrachtet nicht so viel davon ins Glas passte? Kein Problem, in der Flasche war noch reichlich vorhanden. Jadwiga goss sich nach und streckte die Beine aus. Dann griff sie zur Fernbedienung. Wer einen interessanten Mann suchte, musste auf dem Laufenden bleiben.

*

»Okay, Männer, so machen wir's.« Jürgen Buddeberg klappte den Laptop zu, schob seine Papiere zusammen und stopfte alles in seine Tasche. »Wie isses, trinken wir noch ein Bier?«

Unmöglich konnte er jetzt direkt nach Hause fahren, denn es hieß eben nicht ›nach Hause‹, sondern in sein ödes Hotelzimmer gegenüber vom Busbahnhof, in dem er fürs Erste untergekommen war, seit Mona ihn aus rausgeworfen hatte. Die Kinder müssten in ihrer vertrauten Umgebung bleiben, so hatte sie argumentiert, und da sie sich schon immer mehr um die Kinder gekümmert hatte als er, würde natürlich sie bei den Kindern bleiben. In ihrem gemeinsamen Haus. Dass die Kinder schon 18 und 20 Jahre alt waren, spielte in ihrer Argumentation keine Rolle. Peu à peu hatte sie ihn erst aus dem Schlafzimmer und dann ganz aus ihrem gemeinsamen Leben herausgedrängt, und Trottel, der er war, mit seinem schlechten Gewissen, hatte er nachgegeben und noch vier Monate im Partykeller kampiert, bevor er begriffen hatte, wie ihm geschah. Bis zuletzt hatte er noch der Hoffnung angehangen, dass dies nicht ihr letztes Wort wäre. Mein Gott, jeder hatte doch mal eine Affäre. Oder auch zwei. Wer konnte denn ahnen, dass Mona sich so aufregen würde? Aber sie war unerbittlich gewesen und erbarmungslos prinzipiell. Erst im Nachhinein hatte er sich gefragt, ob ihre ›maßlose Enttäuschung‹ nicht in Wirklichkeit eine einzigartige Inszenierung darstellte. Hatte vielleicht in Wahrheit Mona die ganze Sache geschickt eingefädelt? Hatte vielleicht gar sie selbst ihn …?

Nein, ausgeschlossen, einen Kerl wie ihn betrog man doch nicht.

In einem allerdings hatte Mona ihn sehr geschickt hintergangen. Während Jürgen noch versucht hatte, seine aus der Spur geratene Ehe zu retten, war sie längst bei sämtlichen Scheidungsanwälten der Stadt vorstellig geworden und hatte allen und jedem bedenkenlos ein Mandat erteilt. Und als er endlich selbst den Weg zu einem Anwalt gefunden hatte, hatte der ihn nicht übernehmen können – nicht übernehmen dürfen, genauer gesagt –, weil er angeblich bereits die Interessen der Gegenseite vertrat. Und so war es ihm auch beim nächsten Anwalt ergangen und bei der übernächsten, speziell empfohlenen Kollegin darauf. Erst bei der vierzehnten Adresse hatte man ihn ausreden lassen, wenngleich wohl nur, weil die hinter ihrem großen Schreibtisch kauernde Dame bereits um zwei Uhr nachmittags schon so stark alkoholisiert war, dass sie nicht mehr die Worte fand, mit denen sie ihn hätte stoppen können. Ob die Frau ihm wirklich zugehört, geschweige denn die wichtigsten Punkte seiner Darstellung begriffen hatte, war eine andere Frage. Eine Frage, die er sich freilich nicht ernsthaft gestellt hatte, denn die Antwort war nur allzu offensichtlich. Dieser Schnapsdrossel waren seine Ehe, sein Vermögen, das Wohl seiner Kinder, kurzum, sein Leben von Herzen egal.

Leider schien Mona zurzeit in allen wichtigen Belangen und Lebensbereichen besser aufgestellt zu sein als er. Aber er würde schon dafür sorgen, dass sich das Blatt wieder wendete. Und deshalb hatte er sofort zugestimmt, als seine Parteifreunde und Kollegen diesen verrückten Plan ausgeheckt hatten. Es war klar, dass er von ihnen der derzeit am leichtesten Abkömmliche war. Dieses Abenteuer kam genau zum richtigen Zeitpunkt. Und deshalb, nichts wie weg! Adieu Ibbentrop, Adieu Zeche Glückauf dazu. Auf nach Hamm! Aber erst morgen. Heute Abend stand nur noch Feierabend auf dem Programm. Die Kehle mit ein, zwei Bierchen benetzen. Und dann auch noch: Packen. Aber das war der Vorteil jetzt, wo er Single war. Er reiste mit leichtem Gepäck.

Kurz darauf erhob er sein Glas und prostete seinem Spiegelbild hinter dem Bartresen zu. Er war allein. Früher wären die Kollegen und er jetzt noch gemeinsam auf ein Bier eingekehrt oder auch zwei und später noch auf einen weiteren Absacker im Ibbentroper Bürgerkeller. Gemeinsam hätten sie sich noch ein wenig vor der Rückkehr ins traute Heim gedrückt und vor den Anforderungen, die das Familienleben an einen Mann stellte. Jetzt aber, wo er allein dastand, kehrten sie ihm gegenüber plötzlich die Familienväter heraus. Spielten sich als fürsorgliche Ehemänner auf, kauften Blumen für ihre Frauen und grinsten ihn verlegen – oder mitleidig? – an, wenn er sich mit ihnen verabreden wollte. Das war schon seltsam. Hatte Monas und seine Trennung ihnen einen Warnschuss verpasst? Oder steckte etwas anderes dahinter? Hatte man ihm jetzt einen Stempel als Loser verpasst, wurde er gerade abgeschrieben? Er musste aufpassen, dass man ihn jetzt nicht auch im Stadtrat und in der

Partei, bildlich gesprochen, zum Schlafen in den Keller schickte. Ihn marginalisierte. Nein, nicht mit ihm! Und deshalb: Ja, die Mission in Hamm war ganz in seinem Sinne. Aber er würde sie für sich zu nutzen wissen, würde seine eigenen Karrierepläne damit verfolgen und ganz gewiss nicht für die Herren Kollegen den Laufburschen spielen. Diese grässliche Gleichstellungstussi von Kleefeld nicht zu vergessen!

Der Plan war im Prinzip gut, denn es stimmte: Wenn – nach Bottrop und Ibbenbüren – mit der Ibbentroper Zeche in ein paar Jahren die endgültig letzte Zeche Deutschlands stillgelegt werden würde, mussten sie eine interessante Alternative haben. Eine neue Einrichtung, die Arbeitsplätze im Ort garantierte und möglichst viele Besucher anzog. Die Entscheidung, auf dem ehemaligen Zechengelände einen Wellnesstempel zu errichten, war nicht verkehrt.

»Freunde, das wird nicht nur eine Erlebnistherme. Das wird die ultimative Freizeitentsorgungsanlage«, hatte der Bürgermeister gesagt. Sie hatten die Entscheidung fast einstimmig, bei nur einer Enthaltung, mit den Stimmen der Opposition im Stadtrat getroffen. Das *Maximare* in Hamm, nahe der Lippe gelegen, war ihr Vorbild. Aber gleichzeitig war es leider auch Ibbentrops größte Konkurrenz. Denn das war das einzige Gegenargument gewesen, ein Gegenargument, das allerdings so erschlagend war, dass der einzige, der gewagt hatte, es zu vorzubringen, von allen niedergebrüllt worden war: Wie gegen das *Maximare* anstinken? Ein Ding der Unmöglichkeit. Zumal Ibbentrop schon seit Urzeiten ein PR-Problem hatte. Man hatte es schon vor einiger Zeit, im Dezember 2015, anlässlich der Schließung der Zeche *Auguste Victoria* in Marl wieder gesehen. Ibbentrop existierte praktisch gar nicht. Kam im Bewusstsein der Journalisten – und also im Bewusstsein der Deutschen – nicht auf der Landkarte vor. Das war ein ernstzunehmender Punkt, keine bloße Koketterie wie bei Bielefeld, wo man bundesweit inzwischen einen Witz daraus machte, Bielefeld gäbe es nicht. Mit dem Erfolg, dass jeder Bielefeld kannte, auch wenn er weder wusste, wo der Teutoburger Wald lag, noch je vom Oberstufenkolleg oder Niklas Luhmanns Systemtheorie auch nur das Geringste gehört hatte. Er selber wusste auch nur davon, weil Mona aus Bielefeld kam und sich gern einmal damit aufspielte.

In Ibbentrop, das war klar, würden sie mittel- bis langfristig mehrgleisig fahren müssen. Erstens EU-Gelder auftreiben, zweitens Sponsoren finden. Das Zechengelände sanieren, ihre Luxusanlage bauen. Und dann die Werbemaschinerie anwerfen, damit die zahlende Klientel aus dem Umland – Münsterland und darüber hinaus –, die jetzt noch im *Maximare* in Hamm verkehrte, den Weg nach Ibbentrop fand. Und schließlich müssten sie – das war die perfide Idee der Kleefeld-Tussi gewesen – dem Ruf des *Maximare*, wo irgend möglich, schaden. Dann würden die Leute ganz von selbst nach Ibbentrop finden, so hatte sie argumentiert. Frauen waren einfach fieser drauf, hier sah man's ja wieder. Und dann hatte sie sich auch noch mit dem von ihr vorgeschlagenen Namen *Ibbentropical Island* durchgesetzt und Begeisterungsstürme geerntet. Die Frau kam seiner Sphäre, seinem Posten inzwischen zu nah.

Und deshalb würde er selbst doppelgleisig fahren. Vor Ort im *Maximare* recherchieren, gewiss, das war okay. Wenngleich nicht ›wallraffmäßig‹ als Aushilfsgärtner auf 450,-Euro-Basis, wie von der Kleefeld'schen allen Ernstes vorgeschlagen, versteht sich. Wie hätte er sich denn auch als Aushilfsgärtner bewerben sollen mit einer Anschrift in Ibbentrop und einem Hotelzimmer als Adresse? Nein, nein, er würde sich als Journalist ausgeben, vielleicht auch als Buchautor, der an einem größeren Projekt arbeitete. Einer Studie über Freizeitentsorgung in Deutschland oder dergleichen. Ein passender Titel fiele ihm morgen auf der Fahrt sicher noch ein. Vor Ort aber würde er Augen und Ohren aufsperren. Vermutlich hatten sie auf einen wie ihn in Hamm nur gewartet. Das *Maximare* war doch ein dermaßen florierendes Unternehmen – da war doch sicher der eine oder andere Posten vakant? Schließlich gab es überall im Dienstleistungssektor inzwischen Probleme, wenn es darum ging, gute Leute zu finden. Und er war schließlich nicht irgendwer. Mal sehen. Vielleicht würde er Hamm sehen – und bleiben.

*

So sehr Jadwiga die Flasche auch auf den Kopf stellte und auf den Flaschenboden klopfte, es kam beim besten Willen kein Tropfen mehr raus. Zeit für ihr Nachtgebet und dann Zeit, ins Bett zu gehen. Jadwiga holte die Hutschachtel heraus, kippte den Inhalt auf ihre Bettdecke und begann mit dem Zählen. Seit sie vor nunmehr bald zehn Jahren mit dem Sparen begonnen hatte, war schon ein ganz schöner Batzen zusammengekommen. Damals hatte sie eine depressive Zeit durchgemacht, aus der sie sich mittels eines ehrgeizigen Mehrpunkteplans peu à peu herausgearbeitet hatte. Zunächst einmal hatte sie beschlossen, für den Fall, dass es mit dem Traummann wider Erwarten doch nicht klappte, selbst vorzusorgen. Selbst wenn sie ihn träfe, bestand doch die Gefahr, dass er schon gebunden wäre. Es war ratsam, sich nicht nur auf diesen einen Plan, einen einzigen Glücksfall im Leben zu verlassen, sondern sich vom Schicksal unabhängig zu machen. Noch reichten ihre Ersparnisse nicht ganz für ein Eigenheim an der Ostenallee. Aber sie war ihrem Traumziel schon näher gekommen. Und wie man gemeinhin wusste, fand Geld gern zu Geld. Reiche Männer suchten nicht immer ein Aschenputtel. In gewisser Weise kam sie auch mit Hilfe ihrer Rücklagen dem angestrebten Ziel *Mann* womöglich ein wenig näher.

Natürlich reichte ihr Job als Putzkraft nicht aus, um ihr hochgestecktes Ziel zu erreichen. Daher hatte sie sich nach einem Nebenerwerb umgesehen. Damals hatte sie noch in der Erotikwelt vis-à-vis vom *Mercure*-Hotel in der Neuen Bahnhofsstraße sauber gemacht. Nach der Arbeit hatte sie sich gelegentlich ein belebendes Erfrischungsgetränk an der Hotelbar gegönnt und war immer wieder mal mit einem netten Geschäftsmann ins Gespräch gekommen. Wie von selbst hatte sich das eine zum anderen gefügt, ohne dass sie groß hätte nachhelfen müssen. Schon bald hatte sie ihre Nebentätigkeit im Sinne einer Selbsttherapie begriffen. In der *Apothekenumschau* hatte sie nämlich gelesen, dass Küssen aus wissenschaftlicher Sicht sehr gesund sei, vor allem wegen der ganzen Keime und Bakterien, da ständiger Keimaustausch das Immunsystem stärke. Es gab praktisch kein besseres Impfungsprogramm. Selbst ein Schwein oder ein Pferd zu küssen, sei überhaupt kein Problem, hatte der Wissenschaftler behauptet. Aber soweit wollte Jadwiga mit ihren Zungenküssen dann doch nicht gehen. Die Männer an der Bar aber küsste sie gern. Sie wusste wohl, dass Profit ... Profs ... also dass pro-fes-sio-nelle Frauen nicht küssten. Sie war doch aber gar keine Professionelle. Es war nur ein Nebenverdienst. Das war der Unterschied. Und so stärkte sie ihre Körperabwehr und tankte nebenbei noch jede Menge Enden ... Endomorphi ... Endorphine, mit denen die Natur eine küssende Frau noch zusätzlich zur Immunstärkung belohnte. Und diese Endorphine, so wusste sie jetzt, wirkten nicht nur schmerzlindernd, sondern stärkten außerdem noch das Herz-Kreislauf-System. So viele Fliegen mit einer Klappe zu schlagen, das war doch einfach fantastisch.

Noch in einer anderen Disziplin hatte Jadwiga im Laufe der Zeit eine gewisse Meisterschaft entwickelt, sehr zur Freude der Kundschaft. Mit Hilfe eines anderen Artikels in der *Apothekenumschau* hatte sie sich über den Anti … den Anti-Affen … Elef … Unsinn, den Anti-Aging-Effekt der männlichen Samenflüssigkeit weitergebildet. Sicher, man konnte auch Sojabohnen oder Weizenkeime futtern und sich Zitrusfrüchte mit frischem grünen Pfeffer würzen, um dieses Sperr … Sperrmüll … dieses Sper-mi-din zu sich zu nehmen. Aber in höchster Konzentration war dieser wertvolle Stoff im Sperma enthalten, und zudem kam man auf diese Weise sogar gratis daran, beziehungsweise sie verdiente noch daran, dass sie es schluckte. In dem Artikel hatte auch gestanden, dass Niki … Ni-kotin den Geschmack von Sperma verschlechtere, während Ananas ihn angeblich verbessern sollte. Was das Nikotin anging, so stimmte es wohl. Auch nicht jeder Kuss, der nach Zigarettenqualm schmeckte, löste höchste Glücksgefühle in ihr aus. Aber sie konnte die Herren schlecht vorher mit Ananas füttern oder ihnen das Rauchen verbieten. So war sie zum Sekt übergegangen, nicht vorher, sondern danach, und spülte den Mund abends einmal kräftig aus. Lag es am Spermidin, dass sich ihre Stressresi … Re-sis-tenz im Laufe der Jahre erheblich gesteigert hatte? Oder verdankte sich der tiefere Seelenfrieden doch eher dem Geld? Jadwiga wusste es nicht, aber sie war bester Laune, als sie ihre Geldbündel zurück in die Hutschachtel legte. Alles in allem hatte sie schon etwas über elftausend Euro zusammengeschrappt.

Der zweite Teil ihres Nachtgebets bestand auch im Zählen. Jadwiga trug zwei Kreuzchen auf der Strichliste ein, die sie an der Wand hinter der Schlafzimmertür führte. Ein Strich bedeutete eine schnelle, halbherzige Nummer, ein Kreuzchen das volle Programm. Da sie über die Zahl ihrer Kontakte von Anfang an Buch geführt hatte, hätte sie schon allerlei Aussagen über konjunkturelle Schwankungen in Hamm zu Protokoll geben können. Eine wissenschaftliche Studie darüber erstellen. Feldstudie, nannte man das. Teilnehmende Beobachtung, ein wissenschaftliches Verfahren, sie kannte sich aus. Aber niemand von den Herren Professoren, mit deren Vorlieben sie es gelegentlich zu tun bekam, und niemand von den Leuten, die in der *Tagesschau* schlau daherredeten, hatte sie je befragt. Immerhin verlor sie auf diese Weise nicht selbst die Übersicht und wusste am Ende eines Tages, eines Monats, eines Jahres genau, was sie geleistet hatte.

*

Während sich Jadwiga in ihrer Zweizimmerwohnung in der Hammer Albertstraße die Zähne putzte und Jürgen im fernen Ibbentrop allein über das Leben im Allgemeinen nachdachte und sein zweites Bier im Besonderen betrachtete, erhob im *Alten Fährhaus* in Hamm-Uentrop, nicht weit vom *Maximare* entfernt, Sandra Hüsken ihre Tasse Verbenentee und schenkte ihrem Gegenüber ihr schönstes Lächeln. Es war nicht ehrlich gemeint, aber das sah dieser Idiot vom *Hammer Tageblatt* hoffentlich nicht. Ihr Vorgänger hatte sie schon vor Oliver Jankowski gewarnt. Sie solle sich vor der Journaille und der schreibenden Zunft überhaupt hüten, da gäbe es Leute, die würden hinter allem und jedem sofort Korruption und irgendwelche Skandale wittern und schreckten auch nicht vor Rufmord zurück, wenn sie einen Stich machen konnten. Oder was diese Schreiberlinge für einen Stich hielten, von echtem Geld hatten diese Leute doch meist gar keine Ahnung. Am schlimmsten seien freilich die Krimiautoren, denen der Stoff ausgegangen sei und die deshalb an allen möglichen – und unmöglichen – Ecken und Enden nach Leichen suchten. Erst neulich noch habe sich da eine Dame in Hamm herumgetrieben – Marthe Flachsmann: Wenn die sich noch mal meldete, täte sie gut daran, sich zu verleugnen oder der Frau am besten gleich Hausverbot zu erteilen. Diese Flachsmann hätte ihren Vorgänger allen Ernstes gefragt, wo er im *Maximare* eine Leiche verstecken würde, bzw. wo er seine Leichen versteckt hätte, so hatte sie gefragt. Eine Unverschämtheit; er hatte sie rausgeschmissen!

Leider hatte sich diese Marthe Flachsmann bei ihr, Sandra, noch nicht gemeldet. Schade eigentlich, sicher wäre ein Treffen mit einer echten Schriftstellerin amüsanter gewesen als das Abendessen mit diesem Tropf von Lokalreporter. Erst hatte er versucht, sie über ihren Vorgänger auszufragen, dem er ganz offensichtlich nur allzu gern eine ›große Enthüllungsstory‹ in den Ruhestand hinterhergeschickt hätte. Dabei war der nicht nur ein grundsolider, äußerst witziger Mann, sondern auch ein absolut erfolgreicher Geschäftsführer gewesen. Einerseits war es einfach, dessen Nachfolgerin zu werden. Der Betrieb war gut aufgestellt und sie hatte hier quasi ein Schlaraffenland auf dem Silbertablett präsentiert bekommen. Andererseits war eine solche Nachfolge anzutreten das Schwerste, was es überhaupt gab. Würde sie den Erfolg halten können? Oder würde sie womöglich alles versemmeln? Nicht auszudenken, sie setzte diesen gut geführten Betrieb hier in den Sand. 150 Mitarbeiter, die von ihr abhingen und auf sie vertrauten. Allein um derentwillen musste sie gucken, wie sie diesen Jankowski ausbremsen konnte.

Er hatte sich nicht entblödet, ihr zu gestehen, dass er einer Spukgeschichte auf der Spur sei. Vermutlich hatte sie ihn selbst durch den letzten Themenabend, den sie veranstaltet hatten, dazu inspiriert. Bei dem großen Grusel-Wasser-Spaß zu Halloween hatten sich jede Menge Geister und Vampire im *Maximare* herumgetrieben, mit gar abscheulichen Fratzen, verstümmelten Gliedmaßen und blutigen Lippen. Angeblich hatte es in der Fegefeuer-Sauna und auf dem Außengelände wirklich gespukt. Und Oliver Jankowski höchstpersönlich wollte den Geist gesehen haben und auch wissen, wer da sein Unwesen trieb. Er hatte einen Informanten aus Bergkamen kennengelernt, dessen Urgroßeltern – fromme westfälische Bauern – die Vorbesitzer des Geländes gewesen waren, auf dem sich das *Maximare* befand. Leider hatte eine Großtante, genauer gesagt, deren nichtsnutziger Mann, den Hof binnen weniger Jahre versoffen. So weit, so bekannt, eine alte Geschichte, wie sie an vielen Orten, in vielen Familien geschah. Jetzt aber sollte ein Dokument aufgetaucht sein, dem zufolge ein Teil des Geländes in Wahrheit immer noch jener Familie gehörte. Er hatte ihr eine etwas wirre Geschichte aufgetischt, die Sandra nicht wirklich verstand. Aber was auch immer dahintersteckte, die Folgen konnten durchaus unangenehm sein. Schlechte Presse, moralische Empörung in der Bevölkerung, vielleicht gar ein Irrer, der das *Maximare* verklagte … Nein, soweit wollte sie nicht denken. Sie wollte auch nicht denken, dass Jankowski vorhatte, mit irgendwelchen dubiosen Beweisstücken von Anno Dunnemals Geld zu erpressen. Er war nur ein sich langweilender Journalist, der keine Themen hatte, weil ihn vorsichtshalber niemand, der Macht in der Presse hatte, an die wirklichen Korruptionsaffären, die es im Lande wohl gab, heranließ. Aber seine Langeweile reichte völlig aus, um ihr auf die Nerven zu gehen. Sie musste diesen

Mann so schnell wie möglich kaltstellen. Oder ihn kaltlächeln, vielleicht klappte das ja auch.

»Darf ich Ihnen noch einen Schnaps bestellen, Herr Jankowski?«, fragte Sandra und nippte an ihrem Tee. In der Beantwortung dieser Frage zeigte sich stets der Charakter. Oliver Jankowski gab die Antwort, die sie von ihm erwartete hatte. Er sagte nicht nein.

*

Sie erkannten sich sofort. Zwei Männer, die beide ein Ziel hatten und sich nicht davon würden abbringen lassen, es zu verfolgen, koste es, was es wolle. Zweie, die keine Mühe scheuten, Brüder im Geiste. Und auch dies vereinte sie und sie erkannten es augenblicklich: Zwei Männer, die einen Kater hatten. *Sugar in the morning* … Oder war es schon Afternoon? Immerhin hatten sie es schon einmal bis hierher geschafft und saßen nun, jeder mit Badehose, Badelatschen und Bademantel bekleidet, jeder an seinem Tischchen im Pool-Restaurant des *Maximare* und versuchten, die fröhlichen Juchzer zu überhören, die von der Kindergeburtstagsgesellschaft drei Tische weiter herübertönten. Die Kinder waren schuld, dass Jürgen Buddeberg sich in einer nostalgischen Anwandlung eine grüne Waldmeisterbrause und ein Apple-Crumble-Küchlein gegönnt hatte, dem er jetzt mit einer kleinen Spangabel den Garaus machte. Ein wenig neidisch blickte er zu dem anderen Mann hinüber, der ein

Gedeck für echte Männer vor sich stehen hatte. Dennoch erkannte Jürgen sofort, dass der andere nicht zum Vergnügen hier war. Er beschloss, hier und jetzt mit seiner Recherche zu starten. Nachdem er seinen Kuchen verputzt hatte, wischte er sich die Krümel mit dem Handrücken ab, ergriff sein Glas und erhob sich.

»Da ist noch frei, ja?« Schon saß er dem anderen gegenüber. »Journalist?«

Ein Achselzucken war die Antwort.

»Wer trinkt sonst schon um diese Uhrzeit im Schwimmbad ein Bier …?«

»Na, hör mal, das tun …«

»… und macht dabei ein Gesicht, als würde er schwer nachdenken, wollte ich sagen.«

»Okay, okay. Jankowski, *Hammer Tageblatt*. Aber hör mal, Weizenbier, das ist ein isotonisches Getränk. Bin schließlich in der Fegefeuer-Sauna gewesen. Gib zu, du möchtest auch eins. Dein grünes Blubberzeug da, das ist doch nur Tarnung.«

Sie grinsten sich an.

»Und selber?«, fragte der andere.

»Buddeberg.« Mist, das war ihm rausgerutscht. Er hatte sich doch einen Decknamen zulegen wollen. Aber nun war es passiert. »*Ibbentroper Postillon*«, ergänzte er.

»Nie gehört.«

Jetzt war es für Jürgen an der Reihe, mit den Achseln zu zucken.

Eine Putzfrau näherte sich ihrem Tisch, mit einem Eimer, Schrubber und Wischmopp bewaffnet. Während sie um den Nachbartisch herumwischte, warf sie einen interessierten Blick zu ihnen herüber. Jürgen zog automatisch die Füße an, falls die Frau auch unter ihrem Tisch aufwischen wollte. Aber sie lächelte nur und zog ihre Bahnen in gebührendem Abstand um sie herum. Nach einer Weile merkte er, dass er immer noch völlig verkrampft da saß, obwohl die Frau längst weitergezogen war. Die Muskeln in den Waden schmerzten. Er gab sich den Befehl zu entspannen und ließ die Füße sinken. Verdammt, einmal Ehemann, immer Ehemann, dachte er. Der andere hatte ihn offenbar beobachtet und sich auch sein Teil gedacht, er grinste.

»Und? Was ist so los in der Stadt?«, fragte Jürgen, um von sich abzulenken. »Irgendwas, was man wissen müsste?«

»Die Alte da drüben hat 'ne gute Technik drauf«, sagte sein Gegenüber.

Jürgen folgte seinem Blick und sah der Frau hinterher. »Beim Wischen?« Wovon redete der?

»Die Buchstaben stimmen.« Jankowski schob sich genüsslich sein letztes Pommes-Stäbchen in den Mund und fuhr sich, während er noch kaute, mit dem Ärmel des Bademantels über die fettigen Lippen. »Musst nur die Reihenfolge ein bisschen vertauschen. Aber quatsch sie nicht hier drinnen an. Das sieht die Geschäftsleitung nicht gern. Der frühere nicht, aber die neue auch nicht. Ist eh 'ne verklemmte Zicke.«

Jürgen spürte plötzlich eine Regung unter seinem Bademantel, die die Geschäftsleitung sicher auch nicht gern sah, jedenfalls nicht hier, in der Öffentlichkeit, wenn nebenan ein Kindergeburtstag tobte. Dass die Frau – als hätte sie seinen Blick im Rücken gespürt – sich in diesem Moment zu ihm umdrehte, machte die Sache nicht besser. Ertappt! Kurz trafen sich ihre Blicke, dann drehte er den Kopf zur Seite und wandte sich ab. Hoffentlich sah er nicht zu schuldbewusst aus. Himmel noch mal, was war nur aus ihm geworden! Anders gefragt: Was hatte Mona nur im Laufe der Jahre aus ihm gemacht!

»Ich dreh noch mal 'ne Runde im Solobecken«, hörte er Jankowskis Stimme. Sicher hatte der andere in Wahrheit Solebecken gesagt. Jürgen legte den Kopf schief, damit das Wasser endlich aus dem linken Ohr laufen konnte.

»Wie isses, kommste mit?«, fragte Jankowski.

»Ne, lass mal.« Jürgen zog den Bademantelgürtel strammer. »Ich hab noch was zu erledigen.«

»Alles klar.« Jankowski grinste ihn wissend an. *Als könnte er durch die Tischplatte gucken*, dachte Jürgen. »Na, dann frohes Verrichten. Man sieht sich.«

»Jau«, sagte Jürgen. »Bis die Tage.«

»Halt dich steif.«

»Sollte gelingen.«

Er sah dem Einheimischen nach, der – soweit es die Badelatschen erlaubten – zielstrebig Richtung Außenbereich davonwatschelte. Eine Weile blieb er noch am Tisch sitzen und wartete ab. Die Putzfrau war inzwischen um eine Ecke verschwunden. Sollte er Glück haben und ihr auf dem Weg zu den Umkleidekabinen noch einmal begegnen, würde er die Gelegenheit beim Schopf ergreifen und versuchen, sie anzusprechen. Ganz dezent natürlich. Da war schließlich nichts dabei, Geschäftsleitung hin oder her. Aber vielleicht war es eine gute Idee, vorher noch mal schnell kalt zu duschen.

*

Jadwiga streckte sich genüsslich in der Badewanne aus. Sie hatte richtig vermutet, als sie den Mann zusammen mit Jankowski im Pool-Restaurant gesehen hatte. Jankowski war eine Niete. Dieser aber hatte ein anderes Format. Er war nicht von hier. Kam aus einer anderen Welt, wo die Männer vielleicht etwas mehr Stil hatten. Gleich für ihr erstes Date hatte er ein Rosenbad mit Champagner für Zwei im Wellnessbereich gebucht, und sie hatten Glück gehabt: Gerade hatte jemand abgesagt und sie hatten kurzfristig dessen Termin bekommen. Im Gegenzug hatte sie ihm ihre berühmte polnische Massage versprochen. Erst einmal aber lümmelten sie in der herzförmigen Badewanne herum und schlürften Champagner. Das gedämpfte Licht, der Badeschaum, der die eigenen Vorteile angenehm zur Geltung brachte und die Nachteile barmherzig verhüllte, die Rosenblätter, die noch zusätzlich ins

Badewasser gestreut waren, der Champagner, der wie Samt – oder nein, eher wie Seide – die Kehle hinunterglitt ... Alles gefiel ihr. Kein Vergleich mit den kratzigen Tropfen, die sie normalerweise zu trinken gezwungen war. Einmal Königin spielen! Einmal Königin sein! Sie seufzte wohlig und bohrte ihren großen Zeh in Buddebergs Bauch. Der grüne Nagellack blätterte schon etwas ab, aber das sah man unter dem Badeschaum – und den Fettröllchen des Mannes – nicht. Sie musste unbedingt herauskriegen, wer er war. Wo er wohnte. So ausgehungert, wie er schien, war ihm bestimmt vor einiger Zeit die Frau weggelaufen. Sie kannte die Anzeichen. Die leichte Verwahrlosung. Die verwaschene Unterhose, das Loch in der Socke. Solange sie mit einer Frau zusammenlebten, wurden solche Kleidungsstücke stillschweigend aussortiert. Sobald sie allerdings auf sich alleingestellt waren, retar ... regten ... re-gres-sier-ten, nein, re-gressi-tier-ten sie meist.

Ohne es zu wollen, hatte Jadwiga das schwierige Wort laut ausgesprochen. »Re-gressi-tierten.« Es klang immer noch nicht richtig. Gleich, wenn sie zu Hause war, würde sie das Wort nachschauen.

»Wie bitte, was?«

»Nichts«, lächelte sie. »Ah, du großes Tier.« Sie pustete ein wenig Schaum zu ihm hinüber. »Du großer starker Tiger. Komm her.«

Schwerfällig wälzte sich der Mann zu ihr hinüber, dass das Badewasser über den Wannenrand schwappte, und ehe Jadwiga wusste, wie ihr geschah, hatte er sie spielerisch mal kurz unter Wasser gedückert.

Ah, dieser Jankowski hatte recht gehabt. Die Alte hatte es drauf. Und das Schönste war, sie schien selbst Spaß an allem zu haben. Gerade jetzt – konnte es wirklich wahr sein? – machte sie etwas mit ihm, was sie selbst ›die Salzstange bearbeiten‹ genannt hatte. Er konnte sich nicht erinnern, wann Mona zuletzt so etwas ›auf sich genommen‹ hätte – so hätte sie es vermutlich genannt. Beziehungsweise ob Mona überhaupt je etwas Vergleichbares …? Nein, diese Frau war unglaublich. Schier einzigartig. Das war doch ein Traum! Ein Teufelsweib von einer … *Hhhahh … und ja, da … Mmmmhhh.*

»Hamm …« Er biss sich auf die Unterlippe. Und noch einmal, »Hammmmmhhh …«

Sie machte unbeirrt weiter.

»Haahh, was bist du für eine … herrliche … alte … Schschschlammmpe …«

In diesem Moment durchfuhr ihn ein Schmerz, wie er noch nie im Leben einen Schmerz gespürt hatte. So übel. Garstig. Archaisch. Gleichwohl erkannte er den Schmerz trotz seiner Fremdheit und Einzigartigkeit sofort. Teufel, was machte diese … Jürgen Buddeberg sah an sich herunter, direkt in das Gesicht der Frau, die mit großen Augen zu ihm aufschaute. Zwischen ihren blutverschmierten Lippen baumelte etwas, das ihm vage bekannt vorkam. Das war doch … das hatte er doch schon mal …

Während er noch nachdachte, fing die Welt an, sich um ihn herum zu drehen. Dann wurde ihm schwarz vor Augen.

Einen Moment lang hockte Jadwiga starr vor Schreck in der Wanne und schaute auf den Mann, der vor ihr ins Wasser gesackt war. Sie musste würgen, spuckte aus, dann kam ihr das Mittagessen hoch. Es hatte Fisch im Haferflockenmantel gegeben, schade um das leckere Essen! Sie erbrach sich direkt ins Wasser, auf den Mann und die Rosenblätter. Um Himmels willen, wie hatte das nur passieren können? Sie hatte doch nur die allerbeste Absicht gehabt. Es war irgendwie ein Reflux … ein Re-flex gewesen. Genau, ein Reflex auf seine unhöfliche Formulierung. Dieses hässliche Wort. So durfte sie niemand nennen, und hätte er auch drei Mal an der Ostenallee gewohnt!

Was für eine blutige Angelegenheit! Sie musste Hilfe herbeirufen, eine Kollegin, die Masseurin, den Bademeister. Oder den Notruf wählen. Vielleicht konnten ihn die Ärzte noch wieder zusammenflicken? Nein, um Gottes willen, der Mann war fürs Leben verkrüppelt. Der würde kein Rosenbad mit irgendjemandem mehr genießen, egal, ob alt oder jung, Schlampe oder Nichtschlampe. Und auch für sie würde es keine Champagnerbäder mehr geben, so etwas wurde selbst in deutschen Gefängnissen nicht geboten. Hilfe, zu Hilfe! Heilige Mutter Gottes, sie wollte nicht in den Knast. Ohne nachzudenken, ja, ohne wirklich zu wissen, was über sie kam, drückte Jadwiga den noch immer bewusstlosen Mann unter Wasser. Ein paar Luftblasen stiegen auf, sofern sie das inmitten von blutigem Badeschaum, Rosenblättern und den Resten ihrer Mittagsmahlzeit noch erkennen konnte. Sie verstärkte den Druck, stemmte sich mit ihrem ganzen Gewicht gegen den Körper. Jetzt zappelte er ein wenig, bäumte sich auf, leistete aber keinen wirklichen Widerstand. Trotzdem war es Notwehr, so schoss es ihr durch den Kopf. Reine Notwehr. Erst das eine, das Unaussprechliche, eben. Und jetzt dieses hier auch.

Endlich vermochte sie keine Regung mehr auszumachen. Sie sackte auf den Wannenrand und wischte sich das Blut von den Lippen.

Sie musste sehen, dass sie hier rauskam. Jeden Moment konnte eine der Wellnessfrauen, die heute Dienst hatten, hereinkommen und unter dem Vorwand, neue Handtücher zu bringen, mal nach dem Rechten sehen. Die Geschäftsleitung achtete streng darauf, dass die romantischen Badeangebote im *Maximare* nicht zweckentfremdet wurden. Nicht auszudenken, wie die Mitarbeiterin reagieren würde, wenn sie die Sauerei hier sah. Diese Wellnessleute waren doch alle Mimosen. Diese ewigen Duftkerzen, das permanente Einatmen all dieser ätherischen Öle und Räucherstäbchenessenzen konnten die Gehirnstur… die Gehirn-struk-tu-ren im Laufe der Jahre verändern. Wenn man diesen

Jürgen hier fand, musste sie längst aus dem Staub sein. Jadwiga schnappte sich ein Handtuch, raffte ihre Siebensachen zusammen und glitschte heimlich, still und leise davon.

*

Was für ein Tag! Sandra Hüsken rieb sich die Schläfen. Sie hatte immer noch einen Kater von ihrem Treffen mit Oliver Jankowski gestern Abend. Nicht weil sie selbst zu viel getrunken hätte. Sie hatte sich strikt an ihrer Tasse Verbenentee festgehalten. Doch reichte allein der Anblick der Biere und Schnäpse, die dieser Schmierfink von Journalist sich hinter die Binde gekippt hatte, aus, um den Führerschein entzogen zu kriegen. Und dann natürlich auch der Blick auf die Rechnung; sie hatte die Zeche schließlich bezahlt.

Jetzt aber, als Hajo Wichmann den Flachmann aus seiner Werkzeugkiste holte, gab Sandra Hüsken nach. Sie war soweit. Heute war der Tag, ihren guten Vorsätzen untreu zu werden. Und sie wusste schon jetzt, sie würde es nicht mal bereuen. Hajo Wichmann schraubte den Verschluss auf, wischte mit dem Zipfel seines Hemdes den Flaschenhals ab und reichte ihr den Flachmann.

»Da, Chefin. Gilt heute als Medizin.«

Sandra zierte sich nicht. Sie ergriff den Flachmann und nahm einen kräftigen Schluck. Feuerwasser. Es verschlug ihr den Atem. Kurz überlegte sie, wann sie zuletzt gegessen hatte und was. Ein Joghurt zum Frühstück, mittags – zwischendurch – noch einen Smoothie. Und dann? Sie konnte sich nicht erinnern. Egal. Und wenn dieser Hajo Wichmann sie besoffen nach Hause bringen musste – schlimmer, als es schon war, konnte es nicht mehr werden. Sie stand auf ewig in seiner Schuld, war ihm auf Gedeih und Verderb ausgeliefert. Aber wenn ihre gute Menschenkenntnis sie hier nicht im Stich ließ, so standen die Vorzeichen wohl auf Gedeih. Hajo war einer von der ganz treuen Sorte, ein handfester Mann aus dem Pott. Einer, dem man nichts vormachen konnte, einer aber auch, der anderen nichts vormachte und für Vasallentreue nicht taugte. Wenn der zu einem hielt, dann, weil er es wirklich so meinte. Und heute – vorhin – hatte er es so gemeint. Sie gönnte sich noch einen Schluck, dann reichte sie ihm den Flachmann hinüber. Hajo Wichmann deutete ein Prosit an und trank selbst.

»Mannomann«, sagte er. »Sowas hat man nicht alle Tage. Ist aber die beste Lösung, Frau Hüsken. Wie man's auch dreht und wendet.«

Sandra nickte, dann war wieder sie mit Trinken dran.

Ihr Blick fiel auf die Armbanduhr, die sie am rechten Handgelenk trug. Kaum zu glauben, es war erst etwas über zwei Stunden her, dass die kleine Shin-May sie verständigt hatte. Im Rosenbad läge ein toter Mann, und er sei nicht nur tot, sondern ›total kaputt‹, wie Shin-May sich ausgedrückt hatte. Sandra hatte sich keinen Reim darauf machen können, war aber hingeeilt und hatte den Schaden mit eigenen Augen betrachtet. Das war ganz schlechte Publicity. Da brauchte man nicht einmal mehr einen Oliver Jankowksi mit seinen albernen Spukgeschichten. Welcher Mann würde sich denn noch freiwillig in diese Badewanne legen, wenn er wusste, was einem seiner Geschlechtsgenossen darin geschehen war?

Shin-May hatte offensichtlich in eine ähnliche Richtung gedacht. So klein sie war, so patent war sie auch. Sie habe erst die Polizei rufen wollen, gab sie an. »Aber Polizei schlecht für Gesundheit. Und schlecht für Geschäft.«

Dem hatte Sandra nicht widersprochen. Was aber war zu tun?

»Rufen wir Hajo Wichmann«, hatte Shin-May vorgeschlagen. Hajo Wichmann war einer der drei Techniker und hatte an diesem Nachmittag Dienst.

Tja, und hier saßen sie nun. Zunächst hatte Wichmann Shin-May losgeschickt, einen der Rollwagen zu holen, in denen sie die gebrauchten Handtücher transportierten. Sie hatten den toten Mann hineingeladen und mit ein paar Handtüchern zugedeckt. Dann hatte Wichmann der Wellnessmitarbeiterin für den Rest der Woche Urlaub gegeben, allerdings nicht, ohne ihr zuvor einzuschärfen, über alles, was sie heute gesehen hätte, die Klappe zu halten. »Du weißt, wie ich dir mit deinem Onkel geholfen habe«, hatte er gesagt. »Also kein Sterbenswörtchen, zu niemandem.«

Sandra Hüsken hatte vorsichtshalber nicht hingehört. Manchmal tat man gut daran, nicht zu viel zu wissen. Und was immer mit dem chinesischen Onkel geschehen war – es war vor ihrer Zeit.

Shin-May hatte sich freundlich verabschiedet, tja, und dann hatte Wichmann ihr in einem Satz, genauer gesagt mit zwei Worten seinen Plan unterbreitet. »Der Technikkeller, Chefin, der Technikkeller.« Und als Sandra ihn verständnislos angeguckt hatte, hatte er noch hinzugefügt: »Sie wissen schon, was ich meine.«

Es hatte aber doch eine Weile gedauert, bis bei ihr der Groschen gefallen war. Verklappung im Technikkeller, wer dachte denn auch an so etwas?

Zugegeben, zu diesem Zeitpunkt waren ihr auch schon eine Reihe von Optionen durch den Kopf geschossen. Sie hatte an den Datteln-Hamm-Kanal gedacht und auch an die Lippe, und als erstes natürlich an den Friedhof direkt nebenan. Überhaupt war Hamm für seine Friedhöfe bekannt, da war auch noch das Gräberfeld der Hindus – aber als sie soweit gekommen war in ihren Gedanken, hatte sie nur ein übler Schwindel erfasst. Und einen der drei Gärtner zu bitten, draußen im Außenbereich … nein, das war alles nicht in Frage gekommen.

Also der Technikkeller. Wer konnte aber auch wissen, dass es so einfach war? Sieh, das Gute liegt so nah … Die Säurewanne mit ihren nahezu perfekten Maßen, ein Meter mal einssiebzig, wer sich das wohl ausgedacht hatte?

»Lass mich mal machen, Mädchen«, hatte Wichmann gesagt. Seitdem waren sie zum ›Du‹ übergegangen.

Sandra nahm noch einen Schluck, dann reichte sie den Flachmann wieder zu Hajo herüber. »Verdammt, bin ich hungrig«, sagte sie. »Ich muss dringend was essen. Aber was Reelles, Hajo. Du hast nicht zufällig noch ein Bütterken in deiner Werkzeugkiste?«

»Ich hab noch Möpkenbrot«, sagte Hajo und hielt plötzlich ein Stück Wurst in den Händen, das die Form eines Brotlaibes hatte. »Macht meine Frau immer selbst.«

»Möpkenbrot? Ich wusste gar nicht, dass man das selbst machen kann?«

»Ist ganz einfach«, antwortete Hajo Wichmann. »Einfach frisches, warmes Blut und ein bisschen Fleischbrühe mit Salz und Pfeffer würzen, na ja, und mit Nelken, Thymian, Kreuzkümmel, was man gerade so hat. Rosinen können auch nicht schaden. Mit Mehl andicken, so dass eine feste Masse entsteht, daraus Klöße formen und in Salzwasser kochen. Umrühren, fertig. Beziehungsweise erkalten lassen und fertig. Beate nimmt meist eine Kastenform, damit sie so einen schönen Wurstlaib hinkriegt.«

Während er sprach, hatte er auf jeden Oberschenkel eine Scheibe Pumpernickel gezaubert, auf die er jetzt jeweils eine große Scheibe Möpkenbrot legte. Mit galanter Geste reichte er Sandra eine Scheibe an. »Halt mal kurz, Chefin.«

Er bückte sich wieder, kramte in seiner Werkzeugkiste und hielt im nächsten Moment ein Glas mit Rübenkraut in der Hand.

»Was sich gehört, gehört sich.« Mit diesen Worten träufelte er Rübenkraut über Sandras Portion und ein wenig auch über ihre Finger und auf ihr Kleid. Das war nicht verkehrt, dachte Sandra. Rübenkraut war doch etwas dicker als Blut und verdeckte die anderen Flecken.

»Guten Appen, Chefin.«

»Guten Appetit, Hajo. Und danke.«

»Wüsste nicht, wofür.«

Während sie schweigend diese köstliche westfälische Blutwurstspezialität verzehrten, dachte Sandra nach. Nach allem, was jetzt passiert war, konnte ihr dieser Jankowski keine Angst mehr einjagen. Sie sollte sich nicht länger vor ihm fürchten. Wäre es nicht eventuell sogar möglich, seine Spukgeschichten im Sinne eines PR-Gags zugunsten des *Maximare* umzudrehen? Schließlich gab es doch in Hamm alte Legenden, die sich mit Leichtigkeit für ihre eigenen Zwecke benutzen und aufpolieren ließen. Vielleicht sollte sie den Spieß umdrehen und sich auch vor dieser Marthe Flachsmann nicht verleugnen lassen, wenn die sich endlich meldete, sondern im Gegenteil die Frau für ihre Interessen einspannen. Was war so eine Krimiautorin denn anderes als eine billige Lohnschreiberin? Eine Tagelöhnerin, die von der Hand in den Mund lebte, eine sicherlich willige Aushilfskraft ... Sie würde der Frau ein paar Häppchen zuwerfen, ihr ein bisschen was vom Versunkenen Schloss in Uentrop erzählen – diesen Leuten fiel ja selbst meist nichts ein. Und dabei würde sie alles Augenmerk auf das Schloss und wenn es sein musste auch auf die Fegefeuer-Sauna lenken; Hauptsache, der Technikkeller kam in diesen Geschichten nicht vor.

Sandra leckte sich über die Lippen. Das Rübenkraut war ihr übers Kinn gelaufen und klebte auch an den Wangen, aber das störte sie heute Abend nicht. Nach diesem Abend würde sie so schnell nichts mehr erschüttern. Ha, und mit diesem Oliver Jankowski würde sie auch noch fertig werden. Sie wusste ja jetzt, wie es ging. Und wo sie im Zweifelsfall eine Leiche entsorgte.

*

Drei Wochen waren seit jenem schicksalsträchtigen Tag vergangen. Jadwiga hatte jeden Abend statt Sekt Champagner getrunken. Ihre Ersparnisse waren dadurch ein wenig geschrumpft, aber sie hatte jeden Schluck genossen, als ob es der letzte wäre. Allmählich jedoch wagte sich ein vorwitziges Gefühl der Entspannung in ihr hervor. Konnte es sein, dass sie noch einmal davonkam?

Sie hatte sich fast nicht getraut, am Tag darauf zu ihrer Arbeit zu gehen. Aber zu Hause zu bleiben wäre zu verdächtig gewesen. Bei der Arbeit war alles wie immer verlaufen, von einem toten, gar kastei ... klistier ... einem kas-trier-ten Mann war nicht die Rede gewesen. Niemand hatte sie befragt, ob sie etwas Verdächtiges gesehen hätte, niemand hatte ihr auf den Kopf zugesagt, dass man sie mit einem gewissen Herrn gesehen hätte, niemand hatte sie gefragt, was sie im Rosenbad zu suchen gehabt – oder gar verloren – hätte. Alles war wie immer gewesen, und seitdem an jedem Tag danach auch.

Nur sie selbst hatte einige ihrer Routinen verändert. Sie war nicht mehr in die katholische Messe gegangen, sondern hatte stattdessen inzwischen mehrmals den *Sri Kamadchi Ampal*-Hindutempel in Uentrop aufgesucht, den bei seiner Einweihung größten, jetzt nur noch zweitgrößten Hindutempel Europas, zu dem alljährlich, wie man im Internet nachlesen konnte, Tausende gläubiger Hindus aus allen möglichen europäischen Ländern pilgerten. Fortan wären es Tausende gläubiger Hindus sowie eine Katholikin aus Polen dazu.

Gern saß sie dort nach der Arbeit auf dem Fußboden und versenkte sich in das Standbild der Göttin. Angeblich war diese Kamadchi eine Göttin, die einem die Wünsche von den Augen ablas. So saß oder kniete Jadwiga vor ihr und hoffte, dass die Göttin auch ihre Wünsche erhörte. Interessant waren auch die vielen Bilder von Elefanten, die es in diesem Tempel zu sehen gab. Sobald sie etwas zur Ruhe gekommen war, würde Jadwiga sich darüber informieren. Der Elefant war schließlich auch das Maskottchen Hamms. Es gab sogar als Wahrzeichen ein zu einem Glaselefanten umgewandeltes Gebäude im Maximilianpark mit einem Aufzug in seinem gläsernen Rüssel. Nachts wurde er in wechselnden Farben beleuchtet. Ob das alles miteinander zusammenhing? War es womöglich ein Anzeichen dafür, dass in Wahrheit der Hinduismus – und nicht der Islam – die neue Religion in Europa werden würde? Zur Beichte jedenfalls wollte Jadwiga so schnell nicht mehr gehen, so sehr sie der Absolution auch bedurfte. Aber die Gefahr war zu groß, dass der Pfarrer ihre Stimme wiedererkannte.

Am Abend vor dem Schlafengehen, schon im Nachthemd, betrachtete Jadwiga in ihrer Wohnung die Dellen in der Zimmerdecke, die von manch geleerter Flasche Sekt in der Vergangenheit erzählte. Sie beschloss, demnächst ihre Wohnung zu renovieren und sich zukünftig etwas zurückzuhalten. Letztlich war es doch völlig egal, ob sie es zu einem Haus an der Ostenallee brachte. Hauptsache, sie musste nicht in den Knast. Nächstes Jahr wurde sie sechsundvierzig. Mein Gott, sie ging auf die Fünfzig zu. Aber auch das war egal. Sie hatte schließlich ihre eigene, spezielle Anti-Aging-Technik entwickelt. Und wenn die nicht mehr fruchtete – würde es auch nichts machen. Viele Männer mochten ja reifere Frauen. Und wenn sie keinen Mann mehr fände? Dann hätte sie trotzdem ein schönes Leben. Hauptsache, sie war frei. Hauptsache, sie bliebe in Hamm. Die Just… die Juist … die Justiz … die Voll-zugs-an-stalt wäre auf jeden Fall eine schlechtere Alternative.

Regula Venske, geb. 1955 in Münster, Dr. phil., lebt als freie Schriftstellerin in Hamburg. Ihr Werk, für das sie u. a. mit dem Oldenburger Jugendbuchpreis, dem Deutschen Krimipreis und dem Schriftstellerstipendium des Hamburger Lessingpreises ausgezeichnet wurde, umfasst Romane, Erzählungen und Kurzgeschichten, Essays, sprachexperimentelle Texte und ungezählte Beiträge für Rundfunk und Printmedien.

Auch als Moderatorin hat sie sich einen Namen gemacht und begleitet regelmäßig internationale Autoren auf Lesereisen.

Im Mai 2013 wurde sie zur Generalsekretärin des deutschen PEN gewählt, seit Oktober 2015 ist sie außerdem Mitglied des Präsidiums von PEN International.

Übrigens:

Regula Venske war vier Jahre alt, als man ihr (der Protestantin im katholischen Münster) attestierte, sie habe ein schwarze Seele. Mit 10 fing sie dann an, Krimis zu produzieren und hat sich von da an konsequent in den Olymp der deutschen Krimiautorinnen eingeschrieben.

Ihre Kollegin Nina George sagt über sie:

»Manche Literaturkritiker treibt sie zur Verzweiflung. Sie will einfach in keine Schublade passen. Jugendbuchautorin. Glücksforscherin. Literaturwissenschaftlerin. Krimischreiberin. Romanciere, Kritikerin, Journalistin – Himmel noch mal!«

www.regulavenske.de

NINA GEORGE

DAS HERZ DES MENSCHEN

Wer als Erster die Idee hatte, mich lebendig bei den toten Kindern im Cappenberger Friedwald hinter Werne zu vergraben? Vermutlich der Anwalt. Oder der Versicherungsvertreter, einer, dem die Menschen gerne vertrauen; er verkauft ihnen nie etwas, was sie nicht wollen. Eher nicht der ehemalige Schweinebauer, der, der mich ›Freund‹ nannte, wenn er ein wenig getrunken hatte, und ›Scheinheiliger Kamelficker‹, wenn er zu viel *Potts Landbier* geschluckt hatte.

Sie sprachen nicht miteinander, während sie mich mit dem Gesicht voran in die Kiste drückten, sie mit hastigen Schlägen zunagelten, in den Pferdeanhänger des Bauern luden und in die Dämmerung flohen.

Nur einmal hörte ich sie noch. Als sie die Kiste begruben. Ich schrie. Ich schrie immer wieder:

»Bitte! Bitte nicht!«

Der Bauer sagte: »Ich kann das nicht«, und der Anwalt antwortete: »Es ist zu spät, Berthold. Wenn wir ihn jetzt rauslassen, wird er nicht aufhören. Willst du wegen so einem ...«, ich hörte ein Ausspucken, »... wegen so einem Kamelficker dein Leben verlieren?«

Dann das Geräusch der Erde, die auf die Kiste geschaufelt wurde, die Vogelgesänge, die verstummten, das Blätterrauschen, das ferner wurde. Am Ende nur noch mein Atem, mein viel zu schneller Atem. Ich will langsamer atmen, weniger Sauerstoff verbrauchen, aber ich schaffe es nicht, ich atme voller Angst ein, halte den Atem an, und stoße ihn mit einem verzweifelten Stöhnen wieder aus.

Was habe ich getan. Was habe ich nur getan?

*

Mein Name ist Omar Iskander Aziz. Ich bin Herzchirurg aus Aleppo. Bis vor vier Jahren hatte ich eine Familie, ein Haus. Ich glaubte an die Vernunft und an Gott. Dann war ich auf den Demonstrationen gegen Assad, seit April 2011, und bis in den Sommer hinein, den Todessommer. Die Demonstranten wurden angeschossen. Hingerichtet. Ich durfte die Verletzten nicht im Krankenhaus behandeln. Sie starben in den Rinnsteinen. Also versorgten wir die Opfer des Diktators im Untergrund – in Kellern, in Schulen, in Moscheen. Meine Kolleginnen und Kollegen, die dabei erwischt wurden, dass sie Regimegegner behandelten, wurden verhaftet. Drei meiner Medizinstudenten wurden nach einer Woche Haft im

Gefängnis verbrannt. Wir haben ihre Körper auf der Straße gefunden.

Scharfschützen zielten auf Hochschwangere. Das war ihre Mission. Ich habe Kugeln aus den Körpern ungeborener Babys in den Bäuchen ihrer Mütter operiert. Dann, als die Fassbomben alle Krankenhäuser zerstört hatten, begannen wir, Geheimhospitäler in Aleppo-Ost zu installieren. Wenn die Regimesoldaten sie fanden, zerstörten sie sie erneut. Sie warfen Fässer ab. Bombenfässer. Sie trudeln. Nie weiß man, wo sie einschlagen. Wenn man die Hubschrauber hört, hat man eine Minute, um zu fliehen. Wenn man schläft, ist man tot. Zwanzig Minuten später werfen sie die nächsten Bomben ab. Sie treffen die Helfer, die ›Weißhelme‹, die die Verletzten bergen.

Wir sind dreißig Ärzte gewesen, zum Schluss, für die ganze Stadt. Es waren mal tausendfünfhundert. In Aleppo überlebte man nur noch, wenn man sich von Krankenhäusern fernhielt. Dann haben wir die Krankenhäuser unterirdisch angelegt. Ich sah wochenlang die Sonne nicht.

Ich habe meinen medizinischen Eid verraten. Jemanden mit einer Überlebenschance von zehn Prozent schob ich vor den Augen der Familie in den OP-Raum, dann schloss ich die Tür und ließ ihn sterben, denn wenn ich ihn operierte, verlor ich in dieser Zeit andere Patienten. Solche, bei denen es fünfzig zu fünfzig stand. Ich bin ein Mörder, weil ich die einen operierte und die anderen nicht. Ich bin auch ein Schmuggler, ich schmuggelte Medikamente über die türkische Grenze. Ich bin zum Passfälscher geworden. Wer Aleppo in seinem Ausweis stehen hat, der wird an allen Grenzen zurückgewiesen.

Jetzt bin ich nichts mehr. Nur Flüchtling. Ich gehöre zu dem ›Pack‹, zu den ›arabisch und nordafrikanisch aussehenden Männern‹, zu jenen, denen man zutraut, Bomben auf Kindergärten zu werfen.

Meine Frau ist tot. Sie war Reporterin.

Sie wurde von einem Sniper getroffen. Sie brachten sie zu mir, die Weißhelme, ins M1. Ihre Überlebenschance lag unter zehn Prozent. Ich schob sie in den OP-Saal. Ich schloss die Tür, schloss mich mit ihr ein und sah ihr beim Sterben zu, sah ihr zu, wie sie sich in meinen Armen vom Leben zurückzog, vom Licht, für immer.

Das letzte, was meine Frau Ja'ra sich wünschte war, dass ich nicht bleibe, dass nicht Aleppos Boden mein Grab sein sollte.

Wenigstens diesen Wunsch kann ich ihr erfüllen.

Vor vier Monaten kam ich über Kos, Amrogos, Athen, Mazedonien, Belgrad, Budapest und München nach Werne. Schlauchboot, Fähre. Bus. Zu Fuß. Immer wieder zu Fuß. Am Hauptbahnhof von Dortmund standen an einem Sonntagmorgen im September 2015 hunderte Menschen und applaudierten mir und 699 anderen Geflohenen. Sie gaben uns Pakete, mit Zahnpasta und Brot, mit Handschuhen und Bibeln.

Ein Mädchen reichte mir ein Blatt Papier mit einem gemalten Herzen. Ihre Mutter lächelte mir zu. In ihrem Gesicht standen Scheu und Sorge, Neugier und Bedauern.

Jeder Mensch hat zwei Herzen in der Brust. Das ist keine Metapher und war es nie. Das Herz des Menschen wird durch eine muskulöse Scheidewand in zwei Pumpsysteme aufgeteilt, das linke und das rechte Herz. Das Linke ist kräftiger, weil es das Blut mit höherem Druck durch den Körper pumpen muss. Das rechte Herz braucht dagegen nur wenig Kraft aufbringen, um das Blut in die Lungenstrombahn zu pumpen – seine Muskulatur ist aus dem Grund wesentlich schwächer angelegt. Trotzdem bilden beide Herzhälften eine Einheit mit perfekt aufeinander abgestimmter Arbeitsweise.

Jeder Mensch besitzt zwei Herzen.

Das eine heißt Liebe. Das andere Hass.

Welches das stärkere ist, ist bei jedem anders.

Ich war oft in Deutschland, ich habe Kollegen für *Ärzte ohne Grenzen* ausgebildet. Mein Deutsch ist nicht schön. Es ist abgehackt, wie ein Fuß.

Ich trug einen Rucksack, er war halbvoll. Papiere, Pass. Etwas Geld. Zelt, Schlafsack. Walkie-Talkies. Handys, Akkus, Steckeradapter. Ohne Handy geht nichts. Gar nichts. Keine andere Kontaktaufnahme zu Schleppern und Geldboten, keine andere Möglichkeit, in die *WhatsApp*-Chatgruppen der Flüchtlinge zu kommen, keine

Orientierung, keine Information. Das Handy ist dein Lebensretter.

Die Deutschen am Bahnhof hielten Schilder hoch, auf die mit bunten Buchstaben ›Welcome to Dortmund‹ stand. Die meisten jener, die mit mir geflüchtet sind, können Englisch. Sie sind Wirtschaftswissenschaftler, Juristen, Ethnologen. Sie sind allein hier. Jung. Männer. Die es ihren Frauen nicht zumuten wollten, zu Fuß fünftausend Kilometer zu gehen. Sie sind bereit, alles zu verlieren, um ihr Leben zu behalten.

Sie zuckten vor dem Händeklatschen, als hätte man mit Maschinengewehren auf sie gezielt und abgedrückt. Applaus klingt wie der Tod in Aleppo.

Wir wurden im Zwischenlager in das *Dietrich-Keuning*-Haus in Dortmund untergebracht, dann nach Selm-Bork gebracht. Und da geschah es.

Vielleicht war es, weil ich Arzt bin. Oder weil ich Deutsch spreche und übersetzen konnte, wenn das ›Social‹ kam, das Amt, irgendein Amt. Arbeitsamt, Sozialamt, Ausländeramt. Sie alle heißen ›das Social‹. Oder weil Fera, Omeia und Mustafa, meine Assistenten aus Aleppo, mich ›Chef‹ nannten. Da begannen auch die anderen, mich so zu nennen.

Ich wollte nie Chef sein. Nicht ich. Nicht ich, der Mörder, der Schmuggler, der Passfälscher. Der Mann, der seine Frau nicht retten konnte. Der Mann, der seine Heimat im Stich ließ.

Chef. Das Social gab uns eine Verfassung, in sieben Sprachen. Wichtiger waren den Flüchtlingen Kartoffeln und Landkarten, Räder für die Kinder, und dass man die Duschen abschließen konnte. Dort weinten sie, heimlich.

Ich sagte den jungen Männern, wie sie Wäsche waschen, putzen, wie sie kochen sollen. Sie taten es. Ich musste ihnen nicht erklären, warum. Wir mussten besser sein, als wir je waren. Deutschland fürchtete sich vor uns. Es gibt die Extremen in jeder Religion – nur das Extrem ist nie die Regel. Doch an unseren Extremen werden wir gemessen.

Nachts starrten die jungen Männer auf ihre Handys, sahen Bilder ihrer verlorenen Heimat an. Ab und an schloss einer die Augen. Ging aufs Klo, weinte, kam wieder. Welt kaputt. Wieder jemand getötet, ertrunken, verhaftet, ermordet.

Ich, der Chef von nichts, von zwei Quadratmeter Deutschland, ein Feldbett, ein Hocker. Trösten. Die Hand vor den Mund halten, wenn das Leid zu laut wird. Sie zur Stille gemahnen, denn wenn wir laut sind, wirken wir bedrohlich, das weiß ich inzwischen.

In der Halle lebten Syrien, Somalia, Russland, Pakistan. Die vom Balkan putzten und kochten, verdienten ein paar Euros. Die aus Eritrea wussten, dass ihre Asylanträge ganz unten auf den Listen stehen, nur knapp über dem der Afghanen und Kosovaren. Hierarchien. Das Leid, wer hat das edlere?

Frauen legten ihren Schleier an, ›für Gott‹, sie verstanden nicht, warum ihnen die deutschen

Frauen das ausreden wollten, eine aus Aleppo sagte: »Nicht der Schleier ist mein Gefängnis. Assad ist es.«

Je mehr die Pegidas aufmarschierten, desto mehr helfende Hände reckten sich uns entgegen. So, als ob die Deutschen uns sagen wollten: »Messt uns nicht an Extremen. Dann tun wir es auch nicht.«

Mitte Oktober kam Bürgermeister Christ aus Werne, fragte nach mir und bat, ihn in die Kirche St. Sophia nach Werne-Stockum zu begleiten.

»Warum?«, fragte ich. Er sah aus wie ein besonnener Mann.

»Um Brücken zu bauen. Die Menschen sind verunsichert, aber das kann man ihnen nehmen.«

»Nein. Das kann man nicht. Und es tut mir leid«, sagte ich.

»Was tut Ihnen leid?«

»Dass wir uns Ihnen zumuten. Dass Sie daran gemessen werden, was Sie mit uns tun. Sie können nur alles falsch machen, egal, was Sie tun.«

Er legte seine Hand auf meinen Oberarm. »Auf der Welt herrscht mehr Krieg als Frieden, Dr. Aziz«, sagte er leise. »Wer das noch nicht begriffen hat, weiß nicht, wie gut es ihm geht. Ich kann nichts falsch machen, wenn ich helfe.«

Ich ging mit.

Ich sehe nicht aus wie ein Arzt aus der *Schwarzwaldklinik*. Eher wie aus dem *Dschungelcamp*. Mein Bart, meine Augen, meine Haut, mein Haar.

Ich hatte mir einen Anzug aus der Kleiderkammer geben lassen und ein Hemd, aber man kann die Haut nicht wechseln wie einen Mantel.

In der Kirche der Heiligen Sophia waren fast vierhundert Menschen. Ich konnte ihre Angst riechen. Angst riecht nach Lilien, die nach dem Augenblick ihrer prächtigsten, intensivsten Blüte beginnen zu faulen. Süß und alt.

Sie sahen mich an, sie hörten dem Bürgermeister zu, wie er über den Umbau der Turnhalle und des Parkplatzes sprach.

»Wo sollen unsere Kinder dann Handball spielen?« und »Wo sollen wir denn noch parken?« Fragen, Antworten. Ich dachte an Fass-Bomben. Sie trudeln, du weißt nie, wo sie einschlagen.

Die erste kam rasch: »Und wer schützt meine Töchter vor den Machos?«, dann noch eine: »Die kennen nur ihre eigenen Gesetze, haben keinen Respekt vor unseren«, und noch eine: »Und am Ende wollen sie dann eine Moschee und Hartz-IV!«

Der besonnene Bürgermeister nahm seine Brille ab, strich sich durchs blonde Haar, setzte die Brille wieder auf. Er sah mich an, fragte: »Dr. Aziz, wollen Sie nicht etwas sagen?«

Was denn? Ob sie glauben, dass wir gekommen sind, um ihnen etwas wegzunehmen? Platz, Luft, Frieden. Frauen, Arbeitsplätze, Busbänke? Wenn es brennt, rennst du, du rufst nicht vorher an.

Der Anwalt kam auf mich zu, drückte mir die Hand, sagte »Ich bin Osterkorn, Falk Osterkorn. Willkommen, Sie haben sicher Schweres durchgemacht«, und blieb an meiner Seite, während ich auf das Podium ging. Dann stand ich da oben. Einige lächelten mich an. Wenige. Das Raunen begann.

Verzeiht, dass wir nicht wussten, wohin.

Verzeiht, dass wir anders sind.

Verzeiht, dass wir es eines Tages nicht mehr wollen, euch um Entschuldigung zu bitten, dass auch wir leben wollen.

»Guten Tag«, begann ich. »Mein Name ist Omar Iskander Aziz. Ich war Herzchirurg in Aleppo. Jetzt bin ich Flüchtling. Ich bitte Sie, uns zu helfen.«

Das Raunen erstarb. Ich wusste nicht weiter.

Osterkorn, der Anwalt, sagte laut »Ja, dann«, und fragte, auf eine Art zu verbindlich: »Sagen Sie: Und Ihre Frau? Kommt sie auch in unser schönes Werne?«

»Nein.«

»Ach. Mag Sie Deutschland nicht?« Lauernd.

»Sie ist erschossen worden.«

Verzeih mir, Ja'ra, dachte ich, verzeih mir.

Niemand fragte jetzt mehr, warum wir ausgerechnet nach Deutschland kamen, niemand, ob wir Moscheen haben wollten und warum wir neue Handys besitzen, ob wir Bombenrucksäcke vor Schulen stellen würden und alle Treppenhäuser mit Knoblauchduft füllen.

Die Versammlung löste sich auf, der Bürgermeister stellte mich dem Volksbankdirektor vor, ein aufrechter Mann, nachdenklich, er erinnerte mich an einen meiner ermordeten Chefärzte.

Irgendwann winkte der Anwalt den Versicherungsvertreter Hans und den Bauern Berthold dazu. Sie reichten mir die Hand, ließen ein wenig zu schnell los, sahen mir aber in die Augen.

»Danke«, sagte ich, »danke, auch im Namen meiner Landsleute.«

»Gehen wir doch etwas trinken«, sagte der Anwalt. »Ich lad Sie ein, Aziz, als kleinen Willkommensgruß.«

Sie fuhren mit mir von Stockum in die historische Altstadt, nahmen mich mit in das Lokal *Stilvoll* im Alten Rathaus, der Wirt stellte sich als Andreas vor. Auf dem Marktplatz war ein Volksfest, sie nannten es *Sim-Jü*, und ich glaube, ich habe noch nie so viele fröhliche Menschen auf einmal gesehen.

Die drei Männer tranken *Krombacher*, ich Wasser. Bald tranken sie schneller. Ihre Augen glänzten fiebrig. Als eine Frau in einem kurzen Kleid an unserem Tisch vorbeiging, senkte ich den Blick.

»Schau ruhig hin, Omar«, spottete der Anwalt. »Oder findest du sie nicht schön? Na?«

Ich schwieg. Ich bin erzogen, eine fremde Frau nicht in Verlegenheit zu bringen, in dem ich auf ihren Körper sehe. Der Körper ist mir als Arzt bewusst und er ist mir auch in seiner Weiblichkeit und Schönheit als Mann vertraut. Doch wenn ich Frauen sehe, sehe ich Ja'ra und wie sie starb, und die Schwangeren mit den Kugeln im Bauch, und die Mädchen, die schreien, wenn die Hubschrauber kommen.

»Lass ihn«, murmelte der Bauer Berthold. »Der mag halt lieber Kamele.«

»Das wett' ich. Oder verachtest du sie? Na?«

»Ach, komm, Falk, Lass gut sein. Dr. Aziz findet sie sicher schön.«

»Aber wieso sagt er es nicht? Kann doch nicht so schwer sein?«

Als die Frau wiederkam, hielt der Anwalt sie auf. »Komm mal, Lisbeth, sag mal, kennst du Doktor Aziz schon?«

»Hallo«, sagte die Frau irritiert und der Anwalt sagte lachend: »Stell dir vor, er findet dich nicht schön.«

»Tja«, erwiderte die Frau, »ich muss weiter.«

»Bleib doch, Lisbeth. Setz dich.«

»Nein, ich ...«

»Ist es, weil der Doktor aus Syrien dich nicht schön findet?«

»Da ist die Lisbeth aber bestimmt traurig«, behauptete der Mann, der Versicherungen verkauft.

»Ich find Lisbeth schön«, nuschelte der Bauer.

»Falk, wirklich, ich ...«

»Ich muss auch gehen«, unterbrach ich die Frau, die sich sichtlich unwohl fühlte, »es tut mir leid.«

»Findest du sie denn nun schön oder was?!« Ich stand auf, der Anwalt hielt mich am Handgelenk fest. »Und? Sag was!«

»Natürlich«, murmelte ich.

»Na, siehst du. Klappt doch prima mit der Integration.«

Sie lachten, ich lachte, Lisbeth nicht, sie sah mich an, bat mit ihrem Blick um Verzeihung und ich schämte mich – ich weiß nicht warum –, dann konnte ich endlich gehen.

Als ich auf dem Marktplatz stand, die Fachwerkhäuser betrachtete, die Karussells und Kinder, die etwas aßen, was wie bunte Spinnweben aussah, und den Rhythmus der Wasserfontänen vor dem Eiscafé *Campo* zählte, kühlte die Nachtluft meine schamesroten Wangen. Auf einmal stand der Anwalt neben mir.

»Pass bloß auf«, zischte er, »du musst lernen, dankbar zu sein. Ist nur ein guter Rat, ja? Dann kommst du am besten durch. Sei dankbar. Komm, ich lass dich am Busbahnhof raus.«

»Danke«, sagte ich.

Danke.

Als ich mich umdrehte, sah ich Lisbeth, sie hob langsam die Hand. Lächelte. Und legte dann den Finger auf ihre Lippen.

Ich kam im November, zwei Woche nach der *Sim-Jü*, ganz nach Werne, erst in die Notunterkunft Stockum. Zwei Leichtbauhallen am Werthweg, ganz nah an der Lippe, an deren stillem Ufer ich von Zeit zu Zeit spazieren ging und es genoss, die fremde, kühle, freie Luft zu atmen. Daneben die *Kardinal-von-Galen*-Turnhalle. Dem Sauna-Verein wurde fristlos gekündigt. In den Containern wohnten neun Leute auf fünf Quadratmetern.

Später kamen Werner, um mit uns zu kochen. Und zu lernen. Die Jungen und Mädchen des Gymnasiums halfen uns, Deutsch zu sprechen. Ich brachte den Männern bei, dankbar zu sein. Und nicht hinzuhören, nicht hinzulesen, was ihnen die Nachrichten sagten. Nicht zu laut zu sein. Sich zu benehmen.

Immer wieder besuchte uns der Anwalt, schüttelte meine Hand, manchmal der Bauer, brachte Kartoffeln, und manchmal der Versicherungsvertreter, er verkaufte jetzt mehr, vor allem Policen gegen Einbruch und Vandalismus. Manchmal kam er, wenn die Jungs Fußball schauten, Borussia – laut. Wir alle hören schlechter. Das kommt von den Bomben.

»Macht das leiser! Ihr müsst lernen, euch zu benehmen«, sagte er.

»Ihr seid in unserem Land, das sind unsere Regeln«, verlangte der Bauer.

»Ich hörte, eure Mütter erziehen euch alle zu kleinen Paschas«, meinte der Anwalt.

»Wieso sollen wir uns benehmen, wir benehmen uns doch!«, beschwerte sich Mustafa später. »Wenn der noch einmal meine Mutter beleidigt, verbrenne ich seine Knochen und grille darauf eine blöde deutsche Kartoffel!«

Ich war froh, dass ihn niemand verstand. Mustafa veränderte sich. Er war wie ein Tier, das eingesperrt und beschimpft wird.

Omeia klagte: »Wenn ich in einem Bus sitze, sitzt niemand neben mir.«

»Vielleicht versagt das Deo?«, mutmaßte Fera, sie lachten. Wir könnten wie frische Brötchen der *Bäckerei Krumkamp* riechen und wären immer noch ›die‹. Aber wir lachten und hofften.

Währenddessen wurden wir zu ›die‹. Nicht mehr Omar, Fera, Mustafa und Omeia. Es hieß, ›die‹ würden die Schließung des Weihnachtsmarktes auf dem Kirchplatz von *St. Christophorus* fordern. Wenn ›die‹ kämen, seien Häuser nichts mehr wert. Und ›die‹ bekämen alles und die Obdachlosen nichts. Merkel, so lernten wir, sei eine Heldin im Oman, aber in Deutschland nichts.

Wir blieben dankbar. Still. Wir starrten auf die Handys. Wir lächelten ohne Grund. Die jungen Männer taten so, als träfe sie es nicht, auf einmal zu den Außenseitern zu gehören.

»Als hätte ich Lepra«, sagte Mustafa.

»Als wäre ich Assad«, murmelte Fera.

»Ihr müsst halt mehr Kartoffeln essen«, sagte ich, sie lachten nicht.

Omeia biss die Zähne zusammen. »Ich will nach Hause«, bat er, »hört ihr?! Ich! Will! Nach Hause!«

»Nicht so laut«, sagten die deutschen Wachleute in der Halle, »was ist los, nicht so laut!«

Eine der Unterkünfte – wir sollten aus den Leichtbauhallen in Wohnungen ziehen, echte Wohnungen!, immer zehn, fünfzehn oder zwanzig von uns, bevor der Winter kam – wurde für uns frei gemacht. Die Miete zahlte die Stadt. In der Schillerstraße.

Aber die Nachbarn bekamen Angst. Das ging ihnen alles zu schnell, das Fremde kam zu dicht, zu plötzlich, hatten sie denn kein Mitspracherecht mehr? Natürlich, man musste helfen, sicher – aber dann gleich nebenan? So nah?

So nah. Direkt neben ihnen sollten ›die‹ wohnen. Schlafen, essen, auf den Gang der Dinge warten, verzweifeln, sehnen.

Fera, Omeia, Mustafa. Ich.

Die jungen Männer hatten sich jahrelang geduckt unter Hitze und Bomben. Sie waren weit gegangen für einen sicheren Ort. Dass ihnen jetzt vorgeworfen wurde, dass sie dreckig seien, laut und ungehobelt, dass sie Frauen missachten und die Gesetze des Landes, das ihnen Nächte ohne Angst schenkte, ignorieren könnten, und dass sie den Menschen die Arbeit wegnehmen – das traf sie tief in ihrer Ehre.

Stolz und Ehre, das sind die beiden anderen Gründe, warum es Krieg gibt. Stolz und Ehre.

Es gibt noch einen dritten. Er heißt Angst. Die, die Angst hatten, die fünfzig, sechzig Nachbarn aus der Schillerstraße, ordentliche, sichere, warme Häuser, gute Häuser für ehrbare Menschen, die sich bei dem besonnenen Bürgermeister beschwerten – die kannten die jungen Männer ja nicht, so wie ich sie kenne. Sie sahen nur junge, unruhige Fremde mit Bärten und dunklen, brennenden Augen, schnellen lauten Stimmen, die sie irritieren, wenn sie auf dem Wochenmarkt oder beim Gemüse-Kai bei *Overmann* anstanden. Andersriechende, die ihnen im Bus begegneten oder beim Joggen im Stadtwald, am Stadtsee bei der Saline, oder die in die Klassenräume des *Anne-Frank-Gymnasiums* gingen, um dort Deutsch von Jungen zu erlernen, die jünger als sie sind. Sie sahen Männer, die an Schaufenstern stehen blieben, weil sie die Dinge nicht kannten, bunte BHs oder seltsame Hüte bei *Ueter*, Fantasieuniformen gleich, Waffen.

Sie sahen nicht Fera, der so schnell wie niemand laufen konnte, um Verletzte aus den Bombenhäusern vor dem zweiten Angriff zu retten. Sie sahen nicht Omeia, der seiner hochschwangeren Schwester das ungeborene Kind aus dem zerschossenen Bauch holte, mit einem Kaiserschnitt, dem ich ihm am Telefon erklärte. Sie sahen nicht Mustafa, der einen Blog betrieben hatte, in dem er sich für Meinungsfreiheit und Religionsfreiheit einsetzte und dafür vom Regime verfolgt wurde.

Die Angst. Sie haben fast alle Angst. Dass wir den Müll nicht trennen. Dass wir ihre Töchter verführen, in Schleier hüllen, in einen Harem stecken, die Füße hochlegen, die Jobs wegnehmen, alles wegnehmen, vielleicht ja sogar das gute Wetter und den Frieden.

Manchmal will ich ihnen sagen, dass sie die Angst am meisten fürchten sollen. Dass der größte Feind, den sie im Land haben, nicht wir sind, sondern ihre Angst.

»Wir dürfen nicht in die Wohnung?«, fragte Mustafa.

Ich schüttelte den Kopf.

»Warum nicht?«

»Wir finden etwas anderes.«

»Warum nicht? Chef? Wieso?«

»Hast du heute schon Deutsch gelernt?«

»Vergiss es! Ich will nicht Deutsch lernen! Keiner spricht unsere Sprache, hast du gemerkt, Chef? Alles sollen wir machen. Wir sollen uns benehmen. Wir sollen dankbar sein. Wir sollen nicht wir sein, Chef, und wir sollen auch nicht hier sein, das ist es, ist es nicht so?«

»Mustafa, bitte …«

»Nein! Weißt du, was mir Männer sagen? Dass ich ihre Putzfrau werde. Dass ich nackt bei ihnen putzen soll!«

Er schubste Omeia weg. Er schlug Feras Hand zurück, und da war er, der Funken, Fera schlug Mustafa, Mustafa Fera, Omeia wollte vermitteln, wurde geboxt, ich hielt Mustafa fest, aber Fera schlug zurück, ein Brotmesser fiel zu Boden, eine aus Eritrea schrie, die, die immer schreit, und wenig später kamen die Polizei und eine Frau von der Presse.

Irgendwann stand im Internet, dass in Werne aggressive Flüchtlinge wären, ›Messerstecherei‹, und ›überquellender Müll‹. Jemand sprühte ›Das Boot ist voll‹ an eine der Hallenwände. Am Ende zog eine Familie in die Schillerstraße, mehr Frauen als Männer.

Der Anwalt kam und sagte: »Ich hab euch im Auge. Passt bloß auf. Passt ja auf.«

Erst waren wir hundert, dann zweihundert, dann fünfhundert Menschen aus fünfunddreißig Nationen, die in dreißig verschiedenen Wohnungen in Werne leben.

Wir waren jetzt dankbar, leise, trennten Müll, hielten Türen auf, lernten Deutsch und Gartenzwerge mögen. Mustafa, Fera, Omeia und ich.

Fera arbeitete in der Schulkantine. Er arbeitet vier Stunden am Tag für einen Euro pro Stunde. Er lernte viel Deutsch. Hauptsächlich Schimpfwörter. Mustafa wollte gar nichts mehr. Seine Seele starb. Omeia wachte nachts schreiend auf. Immer dachte er, er weinte Tränen aus Blut und dass er sterben würde, bald, jetzt gleich, er hatte ein Trauma, jetzt kam es, weil der Druck nachließ. Da wirkten auch ruhige Spaziergänge am Flussufer in der Lippestraße nicht, im Gegenteil. Die sich ständig bewegende Lippe schuf Unruhe in ihm.

Weihnachten hatten wir mit einigen Wernern gefeiert, sie zeigten uns ihre Bräuche. Tannenbäume, Lametta. Eine Weihnachtsgurke, Fera kriegte sich nicht mehr ein vor Lachen. Mustafa tanzte mit deutschen Frauen, sie versuchten, ihm Walzer beizubringen. Er tanzte für sie Tänze aus Persien, wo seine Großmutter herstammte. Er trank zu viel. Omeia sang, mit seiner schönen, traurigen Stimme.

Etwas geschah.

Ich konnte es sehen, aber nicht aufhalten. Das Licht, die Kerzen. Der Alkohol, das Lächeln der Frauen. Es war auf einmal Liebe da, Weichheit, keine Oberflächlichkeit, keine Angst, kein Zurückweichen – und vielleicht war das unser Fehler.

Fera und sein Lachen. Omeia und sein Gesang. Mustafa und seine schönen Hüften. Und Lisbeth kam und sah erneut schön aus, sie fragte mich, ob ich sie heute hübscher fände, und ich sagte: »Du bist immer schön, auch wenn ich nicht hinsehe.«

Ihr traten Tränen in die Augen und sie flüsterte, dass noch nie ein Mann so etwas gesagt habe.

Wir tanzten, sehr vorsichtig, es war, als hielte ich Federn in der Hand, Federn aus Haut und Wärme. Ja'ra, bat ich, ich versuche zu leben, ich liebe dich. Dann dachte ich nichts mehr und Lisbeth und ich tanzten zu Omeias Gesang und Feras Klatschen, und Mustafa lachte, er wurde übermütig wie ein Kind.

Dann kamen der Anwalt, der Versicherungsvertreter und der Bauer. Sie hatten getrunken und der Anwalt rief: »Kaffermusik!« und forderte Mustafa auf: »Tanz, Bärchen, tanz!«

Mustafa tanzte nicht mehr.

»Sohn«, sagte ich ihm auf Arabisch. »Bleib ruhig, Sohn.«

Er tat es nicht.

»Du!«, stieß er hervor und schubste den Anwalt, nur ganz leicht an die Brust. »Du!«

Er holte aus. Hielt inne.

»Schlag doch zu! Mach doch! Das ist Körper-verletzung! Willst du in den Knast, ja? Willst du zurück nach Aleppo, du Scheißislamist?«

Weiter kam er nicht, weil der Bauer ihn zu-rückhielt. Sie starrten sich an, Falk und Mustafa, von den zwei Seiten ihrer Wahrnehmung.

»Nicht, Falk«, sagte Lisbeth.

Der Anwalt drehte sich zu ihr um. »Ach, nee. Das Lisbethchen. Hast dir Muselsaft verpassen lassen, ja? War's gut?«

Sie drehte sich um und ging, Schultern, die bebten, sie weinte, ich blieb, um Mustafa zurückzu-halten, er war wütend, er würde alles vergessen, und wenn er sich vergaß, dann würde der Funke alles zum Brennen bringen. Angst brennt leicht.

Die drei Männer gingen endlich.

»Das wird ein Nachspiel haben!«, sagte der Versicherungsvertreter, und es stimmte, niemand würde uns glauben.

»Was ist denn überhaupt passiert?«, fragte Omeia.

Ich blieb bei Fera, Omeia und Mustafa, nie-mand tanzte mehr, und erst nach einer halben Stunde fiel mir auf, dass Lisbeth nicht mehr da war. Ich ging sie suchen. Und fand sie hinter dem Geländewagen des Anwalts. Wie der Ver-sicherungsvertreter sie festhielt! Und der Anwalt – wieso trug er Mustafas Jacke?

»Hört auf. Hört auf!«

Ich lief auf sie zu, und während ich lief, hörte ich die Hubschrauber. Hörte ich das Schreien der

Überlebenden. Höre ich das Gebet meiner Frau. Hörte ich mein Herz klopfen. Ich hörte, wie der Anwalt sagte: »Ich kann dich auch glücklich machen. Ja, spürst du es? Ich und Berthold und Hans, du brauchst den Kaffer nicht, du brauchst ...«

Sie stand starr und atmete nicht.

Dann schlug ich den Anwalt, er ließ Lisbeth los, das Kleid war zerrissen und ihre Lippe blutete, etwas Kaltes drang in meine Niere ein, einmal, zweimal, Arme schlangen sich von hinten unter meine Ellenbogen, rissen meine Arme zurück, eine Hand beugte meinen Nacken, ein Knie zertrümmerte mein Nasenbein, Lisbeth schrie, sie schrie, sie schrie meinen Namen, »Omar!«, dann schrie sie nicht mehr, dann war sie still.

*

Sie sprachen nicht miteinander, während sie mich mit dem Gesicht voran in die Kiste drückten.

Ich schrie immer wieder: »Bitte! Bitte nicht!«

Der Bauer sagte: »Ich kann das nicht«, und der Anwalt antwortete: »Es ist zu spät, Berthold. Wenn wir ihn jetzt rauslassen, wird er nicht aufhören. Willst du wegen so einem ...«,, ich hörte ein Ausspucken, »... wegen so einem Kamelficker dein Leben verlieren?«

Ich atmete voller Angst ein, hielt den Atem an, und stieß ihn mit einem verzweifelten Stöhnen wieder aus.

Was hatte ich getan. Was hatte ich nur getan?

Es ist still unter der Erde. Mein Hals brennt. Es gibt gleich keine Luft mehr. Ich werde nur noch einmal ein- und ausatmen können.

Von weit her höre ich jemanden meinen Namen schreien.

Ich atme ein.

Der Schrei kommt näher. Mein Name kommt mich holen.

Ich halte die Luft an.

Lisbeth. Ja'ra. Sie sind schön, auch wenn ich nicht hinsehe.

Die Dunkelheit kommt.

Ich atme aus.

Die mehrfach ausgezeichnete Schriftstellerin **Nina George** schreibt Romane, Sachbücher, Thriller, Reportagen, Kurzgeschichten sowie Kolumnen. Ihr Roman *Das Lavendelzimmer* stand 63 Wochen auf der *SPIEGEL*-Bestsellerliste, wird in 32 Sprachen übersetzt und war u.a. *New York Times*-Bestseller. Im März 2016 erscheint von ihr *Das Traumbuch*.

Mit ihrem Ehemann, dem Schriftsteller Jo Kramer, schreibt sie unter dem Doppel-Pseudonym »Jean Bagnol« Provencethriller. Nina George ist Beirätin des PEN-Präsidiums und Sprecherin der Autoren- und Autorinnen-Initiative Fairer Buchmarkt.

Übrigens:

Nina George braucht die Abgeschiedenheit und Ruhe der Bretagne für ihre Kreativität ebenso wie das quirlige Berlin. Dort schätzt sie die Offenheit und das unkomplizierte Miteinander der Menschen.

Zurzeit versucht sie, dem Geheimnis des Tangotanzens auf die Spur zu kommen. Vielleicht wird daraus ein Tango Criminale.

Ach ja, unter dem Pseudonym *Anne West* gilt sie als erfolgreichste deutschsprachige Erotik-Autorin.

www.ninageorge.de

GERD PULS

DÜNNES EIS

Heute würden die Mädchen beim Schwimmen dabei sein.

Darauf konnte er verzichten. Wer sich so etwas ausdachte, war nie Schüler gewesen. Er schüttelte den Kopf. Auch wenn Lehrer gefehlt hätten, machte die Zusammenlegung in seinen Augen keinen Sinn. Die übrigen Jungen mochten das anders sehen, klar. Doch beim Sportunterricht waren die Mädchen bisher nie dabei gewesen. Man ging nach Geschlechtern getrennt, und das war gut so. Die Jungen mit denen aus der Parallelklasse abwechselnd in die altmodische Turnhalle oder das winzige Hallenband. Die Mädchen waren dann in der anderen Woche dran.

Bei diesem plötzlichen Kälteeinbruch mitten im Hochsommer auch noch ins Freibad. Das machte die Sache nicht besser. Er wusste genau, wie der Schwimmunterricht ablief. Die meiste Zeit wartete man am Beckenrand und fror sich einen ab. Gemeinsam mit den Mädchen und der doppelten Anzahl Schüler würde es nicht besser werden. Im ungeheizten Wasser und beim ständigen Herumstehen und Warten würde er sich bei den lausigen Temperaturen obendrein eine Erkältung einfangen.

Die neue Sportlehrerin hatte die Mädchen übernommen. Sie war mit dem neuen Schuljahr gekommen und unterrichtete lediglich Sport. Sie schien noch jung zu sein, es war ihre erste Stelle. Roland behauptete, dass sie für eine Lehrerin viel zu gut aussah.

»Sie gibt ja nur Sport«, feixte er auf dem Weg zum Freibad. »Wartet ab, wenn wir sie im Badeanzug sehen. Wenn sie in meine Nähe kommt, fliegt sie ins Wasser, und mir bleibt wohl nichts anderes übrig, als sie zu retten. Das wird ein Spaß, darauf könnt ihr wetten.«

Roland war ein Aufschneider und Wichtigtuer, der seine Späße gern auf Kosten anderer machte. Was die neue Lehrerin betraf, war es ihm egal. Hauptsache der Angeber verschonte ihn mit seinen plumpen Späßen.

Heute würde Antonia aus der Parallelklasse dabei sein. In den Pausen hatte er mit ihr ein paar mal auf dem Schulhof zusammengestanden, sie hatten gequatscht, herumgealbert und sich auf Anhieb verstanden. Antonia hatte eine Menge Ahnung von Musik, über seine Lieblingsbands konnte er sich gut mit ihr unterhalten. Er hatte ihr von seinem Angelhobby erzählt, welche Fische es im Kanal gab, wann sie am besten anbissen, wo er seinen Angelplatz hatte. Ein langweiliges Thema für ein Mädchen, dass selber nicht angelt, hatte er gedacht. Doch Antonia hatte interessiert zugehört, sogar Fragen gestellt. Das hatte ihm imponiert. Ihre dunklen Augen fand er wunderschön, ihr schwarzes Haar. Wie klein und zart sie war.

Die Mädchen ließen auf sich warten.

»Die Weiber brauchen ewig beim Umziehen«, befand Roland. »Was die Neue wohl für Übungen mit denen macht? Ringelpiez mit Anfassen oder etwas Ähnliches«, hatte Roland seine Frage sofort selbst beantwortet. »Bällchen werfen und nach Ringen tauchen, das dürfte es wohl sein. In der Nichtschwimmerzone, wahrscheinlich im Planschbecken.« Roland fand mit seiner Lästerei wie immer kein Ende.

Er hatte versucht nicht hinzuhören. Sollte Roland reden. Seinetwegen hätten die Mädchen in der Umkleide bleiben können, oder besser gleich in der Schule. Vor den Mädchen, vor allem vor Antonia, wollte er sich nicht auch noch blamieren. Er wäre froh gewesen, wenn er es geschafft hätte, einen Ring aus anderthalb Metern nach oben zu befördern. Roland hatte gut lachen, der war sportlich ein absolutes Ass.

Nach Ringen zu tauchen, hätte er vielleicht noch über sich gebracht, doch heute stand ihm Schlimmeres bevor. Sperberg, der alte Schleifer, ließ die Jungen vom Drei-Meter-Brett springen. Das hatte er letzte Woche bereits angekündigt. Eine üble Drohung. Es sollten olympiareife Sprünge sein, hatte er gefordert und dauernd von

Rückwärts- und Handstandsprüngen, Schrauben-Auerbach- und Delfinsprüngen und ähnlichem Blödsinn gefaselt. Der Typ hatte überhaupt keine Ahnung. Ein normaler Köpper vom Beckenrand wäre für ihn schon das Höchste gewesen.

Als die Mädchen aus dem Umkleidegebäude kamen, stand er schon eine Weile zitternd vor Kälte in der Schlange der Jungen und wartete am Beckenrand auf Sperbergs Kommandos. Roland stieß ihn von hinten an.

»Ey, kuck mal, wie blass Antonia ist, unser Snow White, mitten im Sommer! Und wie mager, nur Haut und Knochen! Die braucht gar kein Bikinioberteil«, grinste er. »Da gibt es nichts zu verstecken, eigentlich schade, sonst ist sie nämlich gar nicht so übel. In Mathe hat sie mich schon zwei mal abschreiben lassen.«

Er versuchte, Roland zu überhören und aus seiner Reichweite zu kommen. Antonia war in dem Pulk der Mädchen in ihrem roten Bikini aus der Umkleide gekommen. Wie klein und schmal sie war, sah er auch. Mager, fast jungenhaft. Die dünnen Beine, der flache Bauch, der flache Po. Antonias Beckenknochen stachen hervor, er konnte ihre Rippen zählen. Das rote Oberteil verdeckte flache, kaum vorhandene Brüste.

Roland hatte nicht ganz unrecht, doch er hätte ihm auch nicht widersprochen, wenn Antonia ausgesehen hätte wie Brigitte Bardot oder Marilyn Monroe. Roland wischte Argumente allzu gern mit den Fäusten weg und ging keinem Streit aus dem Weg. Ein hervorragender Sportler, gleichzeitig ein widerlicher, angeberischer Typ, der sich witzig und unwiderstehlich fand und sich dauernd aufspielte. Der hatte es verdient, dass ihm einer gründlich die Meinung geigte. Leider war Roland eine ganze Ecke kräftiger als er. Gegen Roland hätte er auf jeden Fall den Kürzeren gezogen.

Roland gab keine Ruhe, boxte ihm andauernd in den Rücken, in die Seite und lästerte munter weiter drauflos.

»An unserem Snow White ist echt kaum was dran«, behauptete er. »Einfach zu mickrig, die gute Antonia. Kuck mal, wie leichenblass und käsig sie ist, mitten im Sommer! Wenn ich da an meine Weiber denke, mein Lieber! Wirklich andere Kaliber, kannst du mir glauben. Richtige Mädchen, ganz tolle Frauen, an denen richtig was dran ist. Ich könnte jede haben, musst du wissen, wirklich jede. Kannst sie dir gleich ansehen, Alter! Dann weißt du, was ich meine. Susanne, Ulla, Marion! Bei denen stimmt alles. Proportionen und Einstellung. Tolle Weiber, mein Lieber. Von mir kannst du echt was lernen. Musst dich allerdings anstrengen! Ein Versager wie du bringt das nicht so locker! Du schaffst ja nicht mal den einfachsten Sprung vom Dreier!«

Er konnte Rolands Sprüche nicht mehr hören. Zu gern hätte er ihm eins zwischen die Hörner gegeben. Wenn der plumpe und überhebliche Kerl endlich aufhören würde, Antonia und ihn zu beleidigen! Er seufzte, schüttelte den Kopf. Es brachte nichts, sich mit Roland anzulegen. Der war ihm körperlich eindeutig überlegen. Er musste den Angeber reden lassen.

Antonia war ein klasse Mädchen. Ein Kumpel, mit dem man Pferde stehlen konnte. Typisch, dass Roland sie genauso beleidigen musste wie ihn. Die dunklen Haare, die sie sonst lang über die Schultern trug, hatte sie heute zu einem Pferdeschwanz zusammengebunden. Ihre wunderschönen Augen waren ihm auf dem Schulhof als Erstes aufgefallen. Wie sie ihn angesehen hatte. Der rote Bikini stand ihr gut. Die hervortretenden Beckenknochen, der flache Busen störten ihn nicht.

»Mit Pferdeschwanz sieht sie noch mickriger aus«, flüsterte Roland hinter ihm. »Ein richtiger kleiner Bauerntrampel, Antonia est filia agricolae. Oder besser, Antonia est equus agricolae.« Roland protzte gern mit seinen paar Brocken Schulenglisch und dem bisschen Latein und lachte selbst am lautesten über seine dämlichen Witze. Wie so oft hinkten Rolands Vergleiche, für ihn war Antonia weder ein Bauerntrampel noch ein Ackergaul. Roland lachte laut über seinen vermeintlichen Scherz, schlug ihm auf die Schulter.

»Außer ihren schönen schwarzen Haaren hat unser Snow White echt nicht viel zu bieten. Vorwärts, alte Flasche, du bist dran! Zeig Sperberg, was eine Harke ist, oder besser ein aus dem Handstand gesprungener, dreifacher Salto rückwärts mit eingedrehter Schraube!«

Roland stieß ihm in den Rücken, schob ihn auf den Sprungturm zu. Er atmete tief durch, versuchte seine Furcht vor dem Sprung zu verdrängen. Zögernd trat er aus der Reihe, machte ein paar Schritte auf die Leiter zu, stieg langsam Stufe um Stufe hinauf, hielt sich krampfhaft am Geländer fest. Die Fingerknöchel traten weiß hervor. Er schlotterte vor Kälte.

Sollte er wirklich? Sollte er überhaupt? Nein, er musste! Musste springen, musste zumindest irgendwie versuchen, halbwegs sauber und sicher vom Sprungbrett wegzukommen und irgendwie im Wasser zu landen, um vor den anderen nicht als völliger Verweigerer und kompletter Versager dazustehen und sich bei Sperberg nicht schon wieder eine satte Fünf einzuheimsen.

Er traute sich nicht einmal, locker über den Rand des Sprungbretts hinaus zu treten und sich einfach fallen zu lassen. Von Springen konnte keine Rede sein. Vor Angst und Kälte schlotternd hatte er die ganze Zeit verkrampft am Beckenrand gestanden und zugeschaut, wie einer nach dem anderen fröhlich winkend die Leiter erklommen hatte. In Angeberpose, Brust raus, Bauch rein, hatten sie oben auf dem Brett gestanden, sich auf ihre Sprünge konzentriert und waren dann mit ziemlicher Eleganz, reichlich Mut und Selbstverachtung in das eiskalte Wasser gehechtet. Die meisten Sprünge waren gelungen und konnten sich sehen lassen. Bei einigen hatten die Mädchen am anderen Hallenende applaudiert.

Sperberg, dem alten Schleifer, reichte es nicht. Außergewöhnlich, spektakulär, olympiareif musste es seiner Meinung nach sein. Dann erst war er zufrieden, lobte die mutigen Springer, feuerte sie an für ihren nächsten, womöglich noch besseren, noch tollkühneren Sprung und trug ihnen eine feine Note in sein dämliches Notizbuch ein. Er hatte keine Chance, irgendwie mitzuhalten. Sport war nicht sein Ding, mehr als eine Fünf ohnehin nicht drin.

Zitternd und stocksteif zugleich stand er auf der Sprungbrettkante und starrte nach unten. Unter ihm die Reihe der Jungen, die darauf warteten, dass er endlich sprang, und die ihn lautstark anfeuerten. Am anderen Ende des Beckens gingen in diesem Moment die Mädchen ins Wasser, um unter Anleitung der neuen Sportlehrerin mit hoher Wahrscheinlichkeit ein paar lustige Spiele und leichte Übungen zu machen, die sogar er sich zugetraut hätte. Antonia war mittendrin in dem Pulk, an ihrer blassen Haut, dem schwarzen Pferdeschwanz und dem roten Bikini von hier oben gut zu erkennen.

Er sah noch einmal zu ihr hinüber, dann riss er sich zusammen, wagte den entscheidenden Schritt und ließ sich einfach mit den Füßen voran ins Wasser fallen. Als er merkte, dass er nach vornüber kippte, ruderte er wild mit den Armen und klatschte in einer großen Fontäne mit dem Bauch ins Wasser. Für diesen Sprung, der keiner war, würde ihm Sperberg auf jeden Fall eine Fünf eintragen.

»Dass du gesprungen bist, fand ich echt klasse von dir.« Auf dem Rückweg zur Schule war Antonia plötzlich neben ihm gewesen, hatte ihn angelächelt und sich bei ihm eingehakt. »Dafür müsste Sperberg dir eigentlich 'ne glatte Zwei geben.«

Er schaute Antonia erstaunt und dankbar an. Die Fünf in Sperbergs Notizbuch war ihm egal, er freute sich, dass Antonia ihn tröstete und zu ihm hielt und dass er es überhaupt geschafft hatte zu springen. Er blieb an ihrer Seite und ließ sich mit ihr ans Ende der Schülerschlange fallen. Als sie seine Hand nahm, spürte er einen Kloß im Hals. Hand in Hand bummelten sie hinter den anderen her. Einmal schielte Roland grinsend herüber, einmal trieb Sperberg sie zur Eile an. Er sah und hörte es nicht.

Für den Abend hatten sie sich an seinem Angelplatz verabredet. An der Stelle machte die Lippe eine enge Schleife, lag unterhalb und nur fünfzig Meter hinter dem Kanal. Ein schöner Ort, sein Lieblingsplatz, ihm war nichts Besseres eingefallen. In den letzten beiden Tagen hatte der Sommer Fahrt aufgenommen und die Temperaturen waren endlich gestiegen. Ein sonniger Tag, ein warmer Abend. Höchstens, dass es später ein Gewitter gab.

Er packte Badehose und Handtuch ein, nahm sein Angelzeug und sprang auf sein Mofa. Nur ein kurzes Stück bis auf Höhe der Lippeschleife. An der großen Baustelle musste er einen Umweg nehmen. Hier entstand seit Kurzem ein Yachthafen in Rünthe, eine Marina mitten im Ruhrgebiet. Gefördert vom Land. Nebenan eine Reihe Gebäude: Büros, Handwerks- und kleine Industriebetriebe, Restaurants, sogar ein Hotel. Rechts und links des Hafenbeckens, wo bald die Sportboote und Privatyachten ankern würden, wurde tüchtig gebuddelt. Er stellte sich vor, so ein Schiffchen zu haben. Er würde mit Antonia über sämtliche Kanäle schippern, bis zur Küste und immer weiter. Am besten von Bergkamen bis ans Ende der Welt.

Als er über die Brücke kam, sah er sie in ihren roten Bikini schon von Weitem am Uferrand. Antonia saß leicht nach hinten gelehnt und ließ die weißen Beine über die Spundwand baumeln. Wie blass sie mitten im Sommer war, dachte er. Die Sonne gleißte über dem Wasser und blendete ihn.

»Hey!« Er schob sein Mofa in den Schatten und setzte sich neben Antonia.

Der Kanal lag vor ihm wie ein Streifen Blei. Ganz anders als der Fluss, dachte er. Eine graue gallertartige Masse, das Wasser schwappte kaum merklich, schwerfällig und träge leckte es an der Spundwand, bei einem Windstoß kräuselte es sich leicht. Nur wenn ein Kahn oder ein Boot vorbeikam, oder wenn von der Gruppe am gegenüberliegenden Ufer jemand ins Wasser sprang, bewegten sich die Wellen etwas heftiger.

Vom Angeln verstand er etwas. Er löste den Haken von der Rolle und klappte die Blechbüchse mit den Würmern auf. Die Sonne schien hinein, er grub mit dem Zeigefinger in der Dose, fasste mit dem Daumen nach, zog einen sich krümmenden und sich wehrenden Wurm heraus und spießte ihn auf den Haken.

Antonia schaute interessiert. Die tiefstehende Sonne blendete, sie hielt sich die Hand vor die Augen und blinzelte in die Wurmdose. Keine Spur, dass sie sich vor dem Gewirr und Gewinde darin geekelt hätte. Der Bikini stand ihr gut. Er fand sie nicht mager, nur etwas blass. Mit den Fußspitzen erreichte sie nicht das Wasser. Dass sie so klein war, fand er ebenfalls in Ordnung.

Er warf die Angel in weitem Schwung und ließ die Kurbel nicht rechtzeitig los, die Angel schnellte zurück, er warf sie erneut, diesmal richtig. Nach der Sache im Freibad hatte er keine Angst, sich vor Antonia zu blamieren. Der Schwimmer steckte im Kanalwasser wie in einer dicken grauschimmernden Bleiplatte. Eine glatte, gallertartige, zähe Schicht, kam es ihm erneut in den Sinn. Trotzdem hatte er schon drei Fische gefangen, betäubt und an Ort und Stelle ausgenommen. Antonia hatte jedes Mal fasziniert zugeschaut. So locker und unkompliziert waren bestimmt nicht alle. Er hatte es gewusst. Antonia war ein Kumpel, mit dem man Pferde stehlen konnte, oder angeln am Kanal.

Der Schwimmer schaukelte, aber diesmal nur, weil in der Kanalmitte ein Kajütboot vorbeifuhr. Bestimmt würde es ein Gewitter geben, dazu ein

Platzregen. Sie hätten sich vielleicht besser woanders getroffen. Doch hier gab es in der Nähe das dichte Gebüsch. Das ›Verführungswäldchen‹, wie manche es nannten. Dabei waren es lediglich ein paar Bäume, ein paar Büsche, die nur vom Kanal aus zugänglich waren. Ein idealer Platz.

Antonia ließ die Füße von der Spundwand baumeln und sah ihn an.

»Eigentlich hast du genug geangelt. Lass uns etwas schwimmen, das Wasser ist warm genug.«

Er holte die Schnur ein, löste den Wurm vorsichtig vom Haken und warf ihn in den Kanal. Er griff nach der Blechbüchse, hielt sie schräg über die Spundwand, Antonia sah zu. Noch einmal schien die Sonne in die Dose, dann ließ er die Würmer ins Wasser prasseln.

»Schwimmen können wir immer noch.« Er streckte den Arm aus und zog Antonia von der Kante hoch, zog sie Richtung Gebüsch. Auf dem Weg schlüpfte sie ihm unter der Achsel durch und drückte sich für einen Moment an ihn. Er spürte ihren spitzen Hüftknochen, griff nach ihr. Bauch und Po waren weicher, weiblicher, als er gedacht hatte. Dann rannte sie los. Nun war es Antonia, die ihn in das Wäldchen zog.

Als sie das Dickicht erreicht hatten, kam ein leichter Wind auf. Es würde ein Gewitter geben. Es kam ihm vor, als habe der Wind sie vor sich her geweht und in das Wäldchen getrieben.

Der Wind schneidet die Welt in Scheiben und teilt sie auf, dachte er. Viele Scheiben, die ihn plötzlich nicht die Bohne interessierten, ihn auf einmal nicht mehr berührten, ihn nichts mehr angingen. Die Schule, Sperberg, Roland, all die anderen, selbst nicht sein geliebtes Angeln, die vielen Stunden, die er träumend, allein mit sich und seiner Angel am Kanal verbracht hatte. Plötzlich zählte nur noch Antonia. Sie blieb zwischen den Sträuchern stehen und drehte sich um zu ihm. Er kniete sich vor sie, bückte sich, zog ihr das Bikinihöschen über den flachen Bauch. Blickte zu ihr hoch, streichelte und massierte sie und reckte die Arme, um die Bändchen des Oberteils zu lösen.

Sie stand aufrecht, starr wie ein Stück Holz. Er legte die Hände auf die flachen Kegel ihrer Brüste. Der Wind schnitt die Welt in Scheiben, Antonia war für ihn die wichtigste Scheibe, die einzige Scheibe, in die der Wind seine Welt geschnitten und nur für ihn aufgeteilt hatte.

Vor dem nahenden Gewitter würde er Antonia rechtzeitig in Sicherheit bringen. Der Regen konnte ihnen ebenso wenig anhaben. Er würde aufpassen und gut auf sie Acht geben. Er kniete vor ihr. Antonia atmete heftig. Ihre Haut fühlte sich gleichzeitig heiß und kalt an, in ihr war es heiß und kalt. Er zog sie zu sich herab. Die saftlos harten Zweige des Dickichts spürten sie nicht.

Den Herbst hindurch trafen sie sich täglich. Meist am Kanal, an *ihrer* Stelle, die vor ewigen Zeiten einmal *seine* Stelle gewesen war. Sie hatten aneinandergelehnt im Gras gesessen, er hatte die

Angel ausgeworfen, sie hatte den Kopf an seine Brust gelehnt oder sich neben ihn gelegt und ihren Kopf auf seinem Schoß gebettet.

Der Wind hatte die Welt in Scheiben geschnitten und für ihn aufgeteilt. Hatte ihm Antonia zugeweht. So war es gut.

Sie hatte ihm stundenlang beim Angeln zugeschaut und es übernommen, die Würmer aus der Dose zu fingern und auf den Haken zu spießen. Wenn ein Fisch am Haken hing, hatte sie ihn gepackt und losgemacht.

Silvester hatten sie zusammen mit den anderen verbracht. Roland hatte die Klasse zu sich in den Partykeller eingeladen, um das Neue Jahr und gleichzeitig seinen Geburtstag zu feiern. Antonia hatte gedrängelt, er solle mitkommen. Viel lieber hätte er mit ihr am Kanal gesessen und geangelt. Doch dafür war es seit Wochen viel zu kalt.

Auf seiner kombinierten Geburtstags- und Silvesterparty hatte Roland wie immer das große Wort geführt. Plump und angeberisch, wie man ihn kannte. Er hatte ihn nicht beachtet. Wer zählte, war Antonia. Sie war gern unter Menschen. Ihr zuliebe war er mitgegangen. Sie hatten ihren Spaß und sich gut unterhalten. Am Kanal wäre es für ihn einfacher gewesen, aber es klappte sogar auf Rolands alberner Party.

Für ihn gab es nur Antonia. Er sah und hörte nur sie. Rolands dumme Sprüche konnte er gut überhören, sein großkotziges, arrogantes Verhalten war ihm so was von egal. Er hatte beschlossen, Rolands Party toll zu finden

Seit damals im Sommer, als der Wind die Welt für ihn in Scheiben geschnitten hatte, konnten Typen wie Roland und Sperberg ihn kreuzweise, konnten ihn ein für alle mal. Am Kanal hatte der Wind die Welt neu in Scheiben aufgeteilt, nur für Antonia und ihn. Etwas Besseres gab es nicht.

Bald darauf hatte Roland sie abermals eingeladen in seinen Keller.

»Karneval, das muss gefeiert werden«, hatte er auf dem Schulhof getönt und sich zwischen ihn und Antonia gedrängt. »Verkleiden ist natürlich Pflicht. Irgendwas Gruseliges oder Märchenhaftes meinetwegen, euch wird schon was einfallen, *Tanz der Vampire* wäre nicht schlecht.« Roland tat wichtig, spielte sich wie immer auf, fühlte sich wie immer in seinem Element.

Er hatte plötzlich schlechte Laune und keine Lust, schon wieder auf Rolands dämliche Party zu gehen. Wie konnte man so feierwütig sein? Der Kerl kotzte ihn an. Karneval genau so, das war nichts für ihn. Karneval, das war stupide Musik, sinnloses Besaufen, Remmidemmi, ein alberner Maskenball. Verkleiden würde er sich auf keinen Fall. Auf Rolands Fete hatte er nicht die geringste Lust.

Antonia hingegen wollte so gerne, hatte ihn lange zu überreden versucht, hatte gedrängelt und gebettelt. Er wusste, dass sie gerne in Gesellschaft war, gerne feierte, doch er blieb stur. Verkleiden, das war nichts für ihn. Schon gar nicht, wenn Roland, der Lackaffe und Wichtigtuer, so ein Bohei daraus machte und so tat, als gäbe es nichts Wichtigeres.

Antonia liebte es, sich zu verkleiden, mal in eine andere Rolle schlüpfen, wie sie es nannte. Er hatte nichts dagegen, dass sie allein ging. Er würde jedenfalls nicht gehen. Silvester hatte ihm gereicht. Sie hätten den Abend genau so gut bei ihm verbringen können, seine Mutter war heute ohnehin nicht da.

Er schlug Antonia vor, nach der Karnevalsfeier zu ihm zu kommen.

»Ich komme vorher, um dir mein Kostüm zu zeigen«, hatte sie gemeint. »Auf jeden Fall bin ich früh zurück und schau dann noch einmal rein.«

Als es klingelte, stand Schneewittchen vor der Haustür. Das ärmellose kurze Kleid leuchtete weiß in der Dämmerung. *Der dünne, fast durchsichtige Stoff,* dachte er, *sie muss doch frieren.* Ihre schwarzen Haare fielen lang über die Schultern, waren noch dunkler als sonst, kam es ihm vor, tiefschwarz mit einem bläulichen Schimmer, irgendwelche Strähnen, die sie hineingefärbt hatte. So hatte er sie noch nie gesehen. Schneewittchen sah aus wie ein Gespenst. Zentimeterdick hatte sie ihr schneeweißes Make-up aufgetragen, die Augen großflächig schwarz umrandet. Die Lippen hatte sie noch nie geschminkt, heute leuchteten sie in einem grellen Rot. Fröstelnd rieb Antonia ihre Oberarme, die feuerrot lackierten Fingernägel hatten die Farbe ihres Lippenstiftes.

»Gefalle ich dir? Ich bin spät dran, außerdem ist es lausig kalt.« Sie hatte es eilig. »Sag rasch, ob ich dir als Schneewittchen gefalle!«

Er wollte ihr seine Jacke von der Flurgarderobe reichen. »Du musst dir etwas überziehen bei dem Wetter!« Sie hörte nicht, warf ihm eine Kusshand zu, drehte sich um, rannte los und war schon um die Hausecke, als er die Jacke vom Haken genommen hatte und ihr überhängen wollte. »Warte, ich bringe dich hin!« Als er auf die Straße trat, war sie längst nicht mehr zu sehen. Er überlegte, ob er hinterherrennen sollte. Roland wohnte nicht weit, die letzte Straße vor dem Kanal, den Weg würde sie bei ihrem Tempo in wenigen Minuten schaffen, ohne sich gleich zu erkälten. Er seufzte und schloss die Haustür hinter sich. In ein paar Stunden würde sie zurück sein, hatte sie versprochen. Sollte er ihr dann vorsichtig sagen, wie unpassend er ihr lächerliches Schneewittchenkostüm fand? Das dünne Kleid, die weiße Schminke, den grellen Lippenstift, die blauschwarz gefärbten Haare. Schneewittchen, weiß wie Schnee, rot wie Blut, schwarz wie Ebenholz, so stand es im Märchen. Antonia in ihrer Verkleidung. Ein Mädchen aus Fleisch und Blut oder eher ein Gespenst?

Es war ihr persönlicher Geschmack, ihre eigene Angelegenheit, sagte er sich, es ging ihn nichts an. Sie hatte nur ein Kostüm gewählt, das zu ihr passte, das ihrem Typ entsprach, ihn ein wenig hervorhob und unterstrich. Vielleicht hatte sie etwas übertrieben, vor allem mit dem kurzen Kleidchen.

Antonia hielt Verabredungen und Vereinbarungen stets ein. Etwas anderes kannte er nicht von ihr. Er schaute immer wieder auf die Uhr. Mitternacht war längst vorbei. Er hatte den Abend damit verbracht, etwas für die nächsten Arbeiten zu lernen, Latein und Mathe, da wollte er vorbereitet sein. Dann hatte er abwechselnd gelesen und die neue Platte von Patti Smith gehört, *Horses*, wieder und wieder. Das Album begann mit der Zeile *Jesus died for somebody's sins / but not mine*. Darauf musste man erst einmal kommen. Er fand die Musik mitreißend und intensiv, konnte sich nicht satthören. Irgendwann konnte er den Text auswendig. Auch banale Textzeilen bezog er auf sich. *People say ›beware!‹ But I don't care*. So würde er es halten. Wozu aufpassen, sich in Acht nehmen, womöglich übervorsichtig sein? Sein Ding war das nicht. Höchstens die Angst vor dem Dreimeterbrett. Vergessen, vorbei. Er hatte es geschafft, es zählte nicht mehr. Was Patti Smith machte, war wohl Punk, die neue aggressive Musikrichtung, die sich gerade von London und New York aus rasant verbreitete. Eine Frau so zu hören, war selten. Punk war hart und heftig, unversöhnlich, nonkonformistisch, illusionslos. Punk bedeutete *Abschaum*, wusste er. Punks waren für den großen Rest der letzte Dreck. *People say ›beware!‹ But I don't care*

Patti Smith sah auf der Plattenhülle aus wie Antonia. Das schmale Gesicht, die dunkle Mähne, das weiße Hemd. Sie war dünn und mager wie Antonia, blickte genauso ernst, vielleicht ein wenig traurig. Ein gutes Foto, eine gute Platte. Die Sängerin faszinierte ihn. Die Rockmusik war von Männern dominiert, Frauen hatten es schwer. Ein männlicher Musikerkollege hatte Patti als Bauerntrampel beschimpft. Bauerntrampel, hatte auch Roland Antonia genannt. Antonia est filia agricolae. Und nun verbrachte sie den Abend ausgerechnet auf seiner dämlichen Karnevalsparty.

Er mochte die Musik der New Yorker Sängerin und hatte *Horses* immer wieder gespielt. Trotzdem war die Zeit quälend langsam verstrichen, die Warterei kam ihm endlos vor. Es war schon verdammt spät und Antonia war schon lange überfällig.

Er holte sein Mofa aus dem Schuppen, knöpfte die Jacke zu und fuhr los. Den dicken Schal hatte er für Antonia mitgenommen, er würde sie auf dem Gepäckträger nach Hause fahren, damit sie sich nicht den Tod holte bei der Eiseskälte. Er fuhr durch die Siedlung, bog ab in Rolands Straße, in dem Haus dort drüben wohnte er.

Alles lag dunkel, nirgendwo brannte ein Licht. Rolands Karnevalsfete musste wohl kein Knaller gewesen sein. Der harte Kern war doch sonst um diese Zeit meist noch munter. Er wunderte sich, wo Antonia sein mochte, vielleicht doch schon zu Hause, ohne vorher bei ihm hereingeschaut zu haben?

Wenn sie noch unterwegs war, würde er sie finden. Er fuhr einfach drauflos, bretterte von der Schachtstraße auf den Ostenhellweg Richtung Kanalbrücke. Auf diesem Abschnitt lag die Straße etwas erhöht, er sah den schnurgeraden, träge daliegenden Wasserstreifen, nördlich schlängelnde sich das schmale Band der Lippe durch die Auen. Überall gab es Bodensenkungen, Folgen des Kohleabbaus. Jetzt kam die langgezogene Brückenauffahrt. Er musste mehr Gas geben, mühsam knatterte das Mofa die Steigung hinauf. Hier oben ging ein eisiger Wind, er spürte ihn nicht.

Kurz bevor er die Brücke erreichte, traf ihn der Schlag. Ein Blitzeinschlag direkt zwischen die Füße oder mitten in den Schädel wäre harmlos dagegen gewesen. Reflexartig riss er das Mofa herum, ließ es ausrollen und blieb im Schatten der Böschung.

Oben auf der Brücke leuchtete Antonias weißes Schneewittchenkleid. Sie lehnte sich an eine dunkle Gestalt in einem weiten Umhang. Roland, verkleidet als Vampir. Trotz seiner Kostümierung hatte er ihn sofort erkannt. Roland als Graf Dracula, das Gesicht ebenfalls grellweiß geschminkt, dazu eine straff nach hinten gekämmte, pomadisierte, schwarz glänzende Perücke und der sich im Wind bauschende lange Vampirumhang. Unter dem schwarzen Cape hielt er Schneewittchen eng umschlungen, küsste endlos ihre grellroten Lippen. Zwei erbärmliche Gruftis, durchzuckte es ihn. Lächerliche, bedauernswerte Gestalten. Er wiederholte es immer wieder: *Zwei verdammte Gruftis.* Endlich wusste er, woran ihn Antonia erinnert hatte, als sie so grell geschminkt in ihrem viel zu kurzen weißen Kleidchen vor der Tür gestanden hatte.

Ihre bleichen Gesichter schienen aneinanderzukleben, regungslos standen sie mitten auf der Fahrbahn und bildeten einen in sich geschlossenen, hell schimmernden Mittelpunkt, umrahmt von Antonias langen schwarzen Haaren auf der einen und Rolands lackartig glänzender, angekleisterter Vampirperücke auf der anderen Seite. Trotz Entfernung und Dunkelheit sah er, wie Roland den Mund weit aufriss, seine langen Vampirzähne bleckte und immer weiter vorstoßen ließ zu Schneewittchens blassem mageren Hals.

Der Blitz durchzuckte seinen Körper vom Scheitel zu den Zehen, spaltete ihn förmlich in zwei Hälften, durchfuhr ihn in glühendheißen Wellen, wieder und wieder. Roland mimte den Blutsauger und Antonia hielt ihm in sehnsüchtiger Erwartung des Vampirbisses ihren Hals hin. Natürlich spielten die beiden nur. Doch dies war kein Spiel. Nicht für ihn. Schneewittchen hatte ihn betrogen, ihn schamlos hintergangen, mit Roland, diesem eingebildeten üblen Lackaffen. Ein Möchtegern-Dracula, der ihm sein Schneewittchen nahm.

Ein gutroter Schleier legte sich vor seine Augen. Er wendete sein Mofa, gab Gas und bretterte auf die beiden zu.

Dracula und Schneewittchen befanden sich in ihrer eigenen Welt, waren so sehr miteinander beschäftigt, ineinander vertieft, dass sie nichts hörten, nichts sahen. Oder das herannahende Mofa war ihnen schlichtweg egal, weil sie es für ganz normal hielten, dass jemand um diese Zeit über die Kanalbrücke käme.

Die Brücke wurde von Fußgängern und Zweirädern benutzt, Autos fuhren hier nicht. Neben dem Brückengeländer steckte die lange Rettungsstange, mit der im Notfall Leute aus dem Kanal gefischt werden sollten, in ihrer Halterung, daneben hing ein rotweißer Rettungsring. Unbewusst registrierte er es. Eine lächerliche Rettungsstation, wie er fand. Man hatte sie errichtet, weil es Tote gegeben hatte. Meist Jugendliche, die sich aus Leichtsinn und Übermut vom Brückengeländer in den Kanal gestürzt hatten, auch Selbstmörder, die hier ins Wasser gegangen waren. Da hatte man diese Maßnahme ergriffen, um in dem einen oder anderen Fall vielleicht Hilfe leisten zu können. Im Sommer vor allem, wenn es vor Menschen wimmelte und sich ein Kanalschwimmer mal wieder übernommen hatte.

Er beschleunigte, drehte voll auf, raste auf die beiden zu, fuhr dicht hinter ihnen her. Im Vorbeifahren riss er Roland das Cape von den Schultern, streifte Antonias Rücken, gab ihr einen zusätzlichen Stoß.

Sie fiel vornüber, landete auf den Knien. Ein Windstoß fegte den schwarzen Umhang gegen das Brückengeländer. Roland beugte sich über Antonia, rüttelte sie an den Schultern.

»Bist du verletzt, hast du dir wehgetan?« Roland griff unter ihre Arme, zog sie hoch. Sein Vampircape hing an einer Geländerstrebe, mit dem nächsten Windstoß wehte es flatternd in den Kanal.

Er hatte sein Mofa erneut herumgerissen und gewendet. Als er die Mitte der Brücke erreicht hatte und wieder auf ihrer Höhe war, ließ er sein Mofa zu Boden fallen und war im nächsten Augenblick zwischen und über ihnen. Er sprang Roland von der Seite an, stürzte sich auf ihn, schlug ihm die Faust immer wieder ins Gesicht. Roland versuchte, sich zu wehren, versuchte auszuweichen.

Als Rolands Faust seinen Mofahelm traf, spürte er es kaum, so gut dämpfte der Helm. Es musste Roland vorkommen, als habe er auf Stein oder Metall geschlagen, dabei war es nur Plastik. Er schoss die nächste Gerade ab und traf Roland voll aufs Auge. Blut tropfte ihm aus Mund und Nase, er schien benommen zu sein und genug zu haben. Er drehte sich weg, sackte zusammen und rollte Richtung Bordstein und Brückengeländer.

Es ging blitzschnell. Als Roland Antonia loslassen musste, hatte sie keinen Halt gefunden, war erneut vornüber auf die Knie gefallen. Er sah, dass Roland zusammengekrümmt auf der Fahrbahn lag und keinen Widerstand mehr leisten würde. Er packte Antonia unter den Achseln, drehte sie zur Seite und schleifte sie zum Geländer. Sie wehrte sich nicht. Er verlagerte seinen Griff, Antonia war federleicht. Er hob sie hoch, machte einen Schritt auf das Brückengeländer zu. Schneewittchen wog fast nichts, kein Problem für ihn. Er wuchtete sie spielend über das Geländer und ließ sie fallen.

Der hauchdünne Eisfilm splitterte mit leisem Knistern, beim endgültigen Eintauchen ins Wasser platschte es kaum lauter. Die kleinen Wellenringe vergrößerten sich, liefen aus, beruhigten sich rasch, Schneewittchen tauchte nicht wieder auf, trieb unterhalb des zerstörten Eisfilms und der träge hin und her schwappenden Wasseroberfläche. Eisschollen, dünner als Glas, eher einer Cellophanfolie ähnlich, drehten sich eine Weile und kreisten tanzend umeinander.

Er rannte zu seinem Mofa, richtete es auf und startete. Der Helm behinderte seine Sicht, aus den Augenwinkeln sah er, wie sich Roland aufrichtete, leicht schwankend auf das Geländer zu taumelte, darauf kletterte und sich kopfüber in den Kanal stürzte. Er wusste, Roland war ein verdammt guter Schwimmer. Mit wenigen Schwimmstößen würde er an der Stelle sein, wo Antonia im Wasser trieb.

Er hörte Roland schreien, ließ das Mofa fallen, rannte zum Geländer, beugte sich über die Brüstung, starrte auf den schwarz glänzenden, nun wieder unruhig schlingernden Wasserspiegel. Mit weit ausholenden Kraulbewegungen pflügte Roland durch das Wasser, zertrümmerte den Eisfilm mit seinem Armschlag. Jeden Augenblick musste er Antonia erreicht haben. Er sah, wie Roland wegtauchte, um sie zu packen und mit sicherem Griff nach oben zu ziehen.

Vor der Brückenböschung steckte die Rettungsstange mit dem kreisförmig gebogenen Ende in ihrer Halterung, daneben hing der rotweiße Rettungsring. Er sprintete los, zog die Stange aus dem köcherähnlichen Metallring, rutsche die Böschung hinunter auf die Spundwand zu, stützte sich ab und fand festen Halt. Die Rettungsstange fest in beiden Händen stand er vornüber gebeugt auf der Kanalkante und starrte auf das Wasser.

Dracula hielt Schneewittchen umklammert, achtete darauf, dass ihr Kopf über Wasser blieb und schwamm in Rückenlage auf das Ufer zu. Nach wenigen Schwimmzügen würden sie die rostbraune Spundwand erreichen. Dicht an der Kanalkante orientierte er sich zu der Stelle hin, wo die beiden auftauchen mussten. Er brachte sich in Positur und drehte die Stange. Dann richtete er sie wie eine Ritterlanze auf den dunklen, eisig schimmernden Wasserspiegel

Das Wasser war eiskalt. Roland war ein guter Schwimmer, seine Kleidung behinderte ihn nicht. Er erreichte die Spundwand. Antonia spürte er kaum. Dafür war sie viel zu leicht, er viel zu kräftig. Das war es nicht, doch das eiskalte Wasser lähmte ihn, die Kälte kroch in ihn, breitete sich aus, wurde förmlich in ihn hineingespült. Er spürte, wie seine Kräfte nachließen, seine Bewegungen erlahmten. Die rotbraune senkrechte Wand war zum Greifen nah, war hoch und glatt, es gab nichts, woran er sich hätte festhalten können. Wenn er ihnen nicht half, war ihre Lage aussichtslos, allein würde er es nicht schaffen, sich und Antonia aus dem eiskalten Wasser zu befreien.

Über der Spundwand ein flüchtiger Schatten, eine hastige Bewegung.

Er hielt die Rettungsstange wie eine Lanze fest in beiden Händen.

Roland hatte Antonia in fester Umklammerung, in sicherem Rettungsgriff, doch seine Schwimmbewegungen wurden langsamer, sein Griff lockerte sich, lange konnte er sie nicht mehr halten. In Rückenlage sah zur Spundwand, sah ihn dort oben stehen, in den Händen die Rettungsstange. Vor zwei Minuten hatte er ihn niedergeschlagen und Antonia von der Brücke geworfen. Nun stand er auf der Uferkante, um sie beide aus dem eisigen Wasser zu ziehen und aus der tödlichen Falle zu befreien.

»Hier, hier sind wir«, keuchte Roland und spuckte einen Schwall Eiswasser. »Hier! Beeil dich mit der verdammten Stange, zieh uns raus! Antonia zuerst!«

Der Stoß gegen Rolands Brust war heftig. Er hatte gut gezielt, ließ nicht locker und drückte Roland mit der langen Stange mühelos unter

Wasser. Die dünnen Eisschollen brachen, tanzten und drehten sich. Zerbrachen in immer kleinere Stücke. Antonia trieb mit ausgebreiteten Armen im Wasser, das Gesicht nach unten. Ihr weißes Kleidchen leuchtete in der Dunkelheit, ihre langen Haare bildeten einen schwarzen Vorhang auf dem grau schimmernden Wasser.

Er ließ nicht locker, stieß weiter zu. Roland kam nicht wieder hoch. Antonia trieb ab. Die Stange hielt Roland unter Wasser. Noch einmal schien es, als bewege er sich, als wehre er sich ein letztes Mal. Kraftlos, vergebens. Endlose Sekunden. Das eiskalte Wasser. Er drückte ihn tiefer, drückte ihn weit unter die hauchdünne Eisschicht. Roland trieb regungslos und verschwand.

Er zog die Stange aus dem Wasser. Drüben im Schatten der Spundwand trieb Antonia. Mit zwei, drei Schritten erreichte er sie. Zielte erneut, stieß die Stange in den Kanal, traf Antonia so, wie er Roland getroffen hatte. Es kostete ihn keine Kraft, sie tiefer und tiefer nach unten zu drücken. Er stieß einfach zu, hielt sie unter Wasser, wie er es vor wenigen Sekunden mit Roland gemacht hatte. Der hatte sich gewehrt, Antonia ließ sich spielend leicht mit der Stange voranschieben. Ein menschliches Floß, bei dem Gedanken musste er laut lachen.

Die Richtung stimmte, sie trieb auf Roland zu, gleich hatte sie ihn erreicht, dann waren sie für immer vereint. Schneewittchen und Graf Dracula, zwei lächerlich absurde Figuren, die ihr grausames Spiel keinen Tag länger mit ihm treiben würden.

Der Tanz der dünnen Eisschollen wurde ruhiger, nur noch sanftes Schaukeln und Schwanken, ein letztes Sich-Heben-und-Senken. Die offenen Stellen dort, wo Antonia und Roland auf die Eishaut geprallt waren, wurden kleiner, es bildeten sich merkwürdige Adern, ein hauchfeines Gebilde, einem Spinnennetz ähnlich. Ein Stadium zwischen Wasser und Eis, langsam schloss sich die Eisfläche wieder. Er hielt das Geländer umklammert, die Knöchel traten weiß hervor. Bald lag der Kanal wieder träge und glatt, dunkel und unergründlich. Matt schimmernd wie Blei. Offene Wunden, die keine mehr waren.

In dieser Nacht würde es tiefe Minusgrade geben. Der strenge Frost würde über Wochen anhalten, irgendwann würde der Schiffsverkehr ruhen bis in den Frühling hinein. Wasser wie Blei, eine im Mondlicht matt schimmernde, bleigraue Schicht. Wasser wie Blei, der Kanal ein gläserner Sarg. Bis zum Morgen würde aus dem dünnen Eisfilm eine tragfähige Schicht werden.

Der Kanal ein gläserner Sarg, in dem Schneewittchen ruhte. Neben ihr schlief der Vampir, der ihn bis auf den letzten Blutstropfen leergetrunken hatte. Auch Dracula würde für immer ruhen, nie wieder seiner Gruft entsteigen. Er hatte ihm seinen Vampirpflock, getarnt als Rettungsstange, ins Herz gestoßen und ihn für alle Ewigkeit auf den Grund des Kanals geschickt.

Wasser wie Blei, der Kanal ein gläserner Sarg. Er wandte sich ab. Sein Mofa lag quer auf der Fahrbahn. Er packte den Lenker, versuchte zu starten. Diesmal sprang das Mofa nicht an. Er würde es den weiten Weg am Kanal entlang und durch die Siedlung zurück nach Hause schieben müssen.

Gerd Puls, geb. 1949 in Heeren-Werve bei Kamen, nach dem Schulbesuch in Unna und einem Studium in Dortmund arbeitete er zuerst als Werbekaufmann, dann als Lehrer und Schulleiter.

Als Maler hat er ein umfangreiches Oeuvre geschaffen mit Ausstellungen im In- und Ausland.

Er schreibt vorwiegend Erzählungen, Gedichte und Kindergeschichten. Zuletzt erschienen die beiden, erfolgreichen Erzählbände *Beste Aussichten* und *Lass es Liebe sein*.

Übrigens:

Gerd Puls ist ein typischer Westfale: heimatverbunden, ruhig und fröhlich. Was er mit einem Blick sagt, kann einem ein Rheinländer in fünfzehn Minuten nicht erklären.

www.gerd-puls.de

Lucie Flebbe

Pulp
Dorsten

»Ich dachte, du hast Schluss gemacht?«
Mit gerunzelter Stirn betrachtete Uschis Mutter das rote Raubtiergesicht, dessen riesige Katzenaugen strategisch günstig rechts und links auf Uschis Brüsten platziert waren. Dann wanderte ihr misstrauischer Blick zu Uschis eigenen Augen, die denen auf ihrem Shirt dank *Katzenblick*-Mascara an Dramatik in nichts nachstanden.

Uschi verschränkte die Arme: »Und wie geht's dir, Mutti? Warst du heute schon auf dem Klo? Hat das Hinternabputzen geklappt?«

»Lenk nicht ab!«, wischte Mutti die trotzige Bemerkung mit der gesunden Hand vom Tisch, wobei ihr die Tasse mit Pfefferminztee um ein Haar gefolgt wäre. »Selbstverständlich triffst du dich wieder mit ihm! Warum sonst solltest du dich an einem Donnerstagabend aufdonnern?«

»Das sagt mir eine, die sich für den Nachmittagstee im Altenheim aufrüscht wie für den Wiener Opernball?«, giftete Uschi zurück.

Tatsächlich trug Mutti sechs bis acht an Goldketten klimpernde Klunker zu einer Seidenbluse, deren Farbe auf das Blassblau ihrer Dauerwelle abgestimmt war.

»Vielleicht«, ergänzte Uschi schnippisch, »habe ich ja auch ein geheimes Date mit Prinz Charles?!«

»Verarschen kann ich mich selber!«, schnaufte Mutti verächtlich.

Die betagte Teegesellschaft am Nebentisch hob interessiert die Köpfe. Ein älterer Herr verdrehte sich fast den Hals, weil er seinen sperrigen Rollstuhl nicht wenden konnte, aber trotzdem sehen wollte, wer sich im Aufenthaltsbereich der Pflegestation so wunderbar danebenbenahm.

»Du bist fünfundvierzig, da stehen die Thronfolger nicht mehr Schlange«, blaffte Uschis Mutter ungerührt weiter. »Also raus mit der Sprache: Wie hat er dich rumgekriegt?«

Uschi wich Muttis forschendem Blick genervt aus und sah stattdessen aus den großen Fenstern mit den freundlichen, sonnengelben Gardinen, hinter denen sich der Deich wie eine grüne Wand erhob.

Mutti musterte unterdessen kritisch den blondierten Zopf, die indischen Ohrringe aus roten Kugeln und die passende Krokodillederhandtasche. Weil Uschi all diese Dinge schon länger besaß, griff ihre Mutter kurzerhand eine Unterarmgehstütze, schob damit die Plastiktischdecke zur Seite und warf einen Blick auf Uschis Füße.

Doch auch die Pumps mit der roten Sohle kannte sie bereits.

»Ein Pelzmantel? Oder ein Konzertbesuch?«, riet Mutti drauflos. »Ein Wochenende in Paris warst du ihm aber nicht wert, oder?«

Uschi fummelte am Ohrring. Ihre Mutter brachte die Dinge gnadenlos auf den Punkt. Paris war nicht nötig gewesen. Eine Einladung zum Essen hatte ausgereicht, um Uschis Wut zu besänftigen. Wenigstens hatte Heinz-Herrmann das *Rosin* vorgeschlagen, wo man Austern oder Entenleber auf den Teller bekam. Das kostete ihn bestimmt einen Hunni. Mit Pizza war er diesmal nicht davongekommen. Aber Uschi war inzwischen eben wirklich fünfundvierzig, das ließ sich nicht beschönigen. Zwei Wochen lang war sie überzeugt gewesen, die letzte Verabredung in ihrem Leben bereits hinter sich zu haben. Möglicherweise hätte sie sogar bei einer Pizza ja gesagt.

»Du hirnloses Huhn verschwendest deine besten Jahre an den Hallodri!«, schimpfte Mutti. Uschi hätte sich am liebsten die Ohren zugehalten. »Deiner biologischen Uhr kannst du keine neuen Batterien verpassen. Enkelkinder kann ich mir endgültig abschminken.«

Ihre Worte trafen Uschi schmerzhaft in die Brust und blieben dort stecken wie ein giftiger Pfeil. Natürlich war da was Wahres dran. Mit knapp fünfzig bekam höchstens Halle Berry noch ein Kind.

Die eine Oma am Nebentisch lauschte mit offen stehendem Mund, die andere fummelte hektisch an ihrem Hörgerät. Der Rollstuhlfahrer kurbelte erfolglos an den Reifen seines störrischen Gefährts.

»Deine fruchtbaren Jahre kann der Mistkerl nicht mit Ohrringen aus Gemüse bezahlen!«, zeterte ihre Mutter ungerührt weiter. »Jede Bordsteinschwalbe hat einen besseren Stundenlohn als du!«

Unglaublich! Sie als Nutte zu bezeichnen, ging echt zu weit! Das konnte Mutti auch mit einem Schlaganfall und einer beginnenden Demenz nicht rechtfertigen. Weil Uschi den Ohrring noch immer in der Hand hielt, zerplatzte eine der roten Kügelchen, die irgendein Inder vor Jahren durchbohrt und auf die baumelnden Schnüre gefädelt hatte, zwischen ihren Fingern. Leider waren es keine Edelsteine, sondern wirklich Erbsen. Billige, ungenießbare Dinger. Wenn eine kaputt ging, musste man sich die Hände waschen, riet *Google*. Der Schmuck hatte in Indien keine zehn Euro gekostet. Uschi wischte die Finger an ihrer Hose ab.

»Ich hab dir immer gesagt: Heirate nicht über die Lippe!«, blaffte ihre Mutter ungerührt weiter. »Aber du musst ja unbedingt einen vom anderen Ufer nehmen … und schaffst es dann nicht mal bis ins Brautkleid.«

»Das geht dich nichts an, Mutti!«, nutzte Uschi den Moment, als ihre Mutter Luft holen musste. »Heinz-Herrmann liebt mich eben.«

»Quatsch! Heinz-Herrmann legt dich gerne flach!«, plärrte ihre Mutter zurück.

Der Senior am Nebentisch löste die Bremsen seines Rollstuhls und stieß sich vom Tisch ab, so dass er rückwärts an Uschi vorbeirollte, bis ihn der Geschirrwagen klirrend bremste. Von dort aus konnte er endlich sehen, was an Uschis Tisch passierte, und er zog die Bremsen zufrieden wieder fest.

»Im Bett steht der auf Raubkatzen mit langen Haaren und dicken Titten.« Mit einem beherzten Griff rückte Uschis Mutter ihren eigenen, gut ausgefüllten Büstenhalter zurecht. »Aber in das echte Leben des Herrn Oberstudienrates wird die kleine Ursel aus der Zechensiedlung nie reinpassen.«

Eine Sekunde lang stellte sich Uschi vor, wie sich ihre Hände um den faltigen, mit Gold behängten Hals ihrer Mutter schlossen, ihn unterhalb ihres hüpfenden Kehlkopfes zusammendrückten und die Goldketten klimperten, während ihr das Gezeter krächzend im Hals stecken blieb.

Was sie natürlich nicht wirklich tat.

Deshalb zeterte Mutti lauthals weiter: »Im echten Leben wird der seine adrette Ehefrau und die gut geratenen Söhne niemals sitzenlassen, um Uschi im Reihenhaus zu bumsen.«

Statt ihre Mutter zu erwürgen, sprang Uschi auf. Die Teetassen klirrten, der Pfefferminztee schwappte über und hinterließ grüne Pfützen auf der abwischbaren Tischdecke.

»Bis Samstag dann, Mutti!«

Durchatmen! Durch die Nase ein, durch den Mund wieder aus wie beim Yoga.

Der mit Gras bewachsene Wall erhob sich direkt hinter dem Seniorenheim, mitten in der Stadt. Doch der Verkehrslärm war in die Ferne gerückt und wurde von den heiseren Schreien der Möwen übertönt. Uschi stürmte den Deich hinauf. Salzig-modrige Luft füllte ihre Lungen.

Mutti hatte den Nagel auf den Kopf getroffen. Heinz-Herrmanns Frau – Johanne – war das Problem. Wenn es Johanne nicht gäbe, hätten Uschi und Heinz-Herrmann vor, naja, allerspätestens zehn Jahren geheiratet. Garantiert. Von Uschi aus auch in der alten Maschinenhalle der Zeche *Fürst Leopold*, wie Heinz-Herrmann es sich vorstellte. Obwohl Uschi das alte Rathaus am Marktplatz lieber gewesen wäre. Nicht wegen der knarrenden Dielenböden und der langen Tradition, sondern einfach, weil sich halb Dorsten mittags auf dem Marktplatz trifft und alle es mitgekriegt hätten. Sie hätte das volle Programm aufgefahren, Schleier und Schleppe, wie bei den Thronfolgern in England. Und einen schlecht übersehbaren Goldklunker am Finger. Heinz-Herrmann hätte einen dezenteren, grauen Anzug bevorzugt. Damit hätte er Uschi zumindest nicht die Show gestohlen, denn Heinz-Herrmann war ein Hingucker, groß und schlank, mit der mittlerweile ergrauten Künstlermähne.

Als Uschi die Deichkuppe erklomm, hatte sie für einen Moment lang das irritierende Gefühl, dass heute dahinter das Meer auftauchen musste. Was für ein Quatsch!

Sie sah, als sie über den Wall spähen konnte, wie sich der Fluss wie immer zwischen den grünen Ufern entlangwand. In der Abendsonne querte eine Gruppe Kanadagänse das glitzernde Wasser. Uschi hielt inne und betrachtete die Idylle. Im Stadtgebiet von Dorsten verlief die Lippe in der ihr vorgegebenen Bahn. Um südlich Platz für den Wesel-Datteln-Kanal zu schaffen, war das Flussbett künstlich verlegt und begradigt worden. Der Anblick ließ Uschi die giftigen Worte ihrer Mutter tatsächlich vergessen. Stattdessen ließ der Fluss sie ein bisschen wehmütig werden.

Früher hatten Heinz-Herrmann und Uschi sich immer an der Lippe getroffen. Drüben an der alten Eisenbahnbrücke, die die Dorstener Innenstadt mit den Zechensiedlungen Hervest und Holsterhausen im Norden verband ... Heinz-Herrmann hatte den Fluss gezeichnet und Uschi hatte ihm dabei zugesehen. Und wenn es dämmerte, hatten sie sich unter freiem Himmel an den Stahlträgern der Kanalbrücke geliebt. Es war soo romantisch gewesen.

Aber letztendlich hatte Heinz-Herrmann hatte es doch nie geschafft, Johanne zu verlassen, denn Johanne litt an einer aggressiven Form von Multipler Sklerose, einer schlimmen Nervenerkrankung. Nur mithilfe starker Medikamente war sie in der Lage, ihre kleine Kunstgalerie am Laufen zu halten. Uschi kannte den Laden in den alten

Zechengebäuden von *Fürst Leopold*, die inzwischen *CreativeQuartier* hießen. Seit Jahren ging sie immer mal wieder dorthin.

Mutti wusste nichts davon, dass Johanne pflegebedürftig war. Heinz-Herrmann betreute die beiden Söhne und führte den Haushalt quasi allein. Nebenbei bewältige er seinen Vollzeitjob als Deutsch- und Kunstlehrer am *Sankt-Ursula*-Gymnasium. Und mit seinen Kohlezeichnungen, die die Dorstener Schifffahrtsgeschichte thematisierten, hatte er sich außerdem als lokaler Künstler einen Namen gemacht. Seit Jahren stellte er regelmäßig aus. Überwiegend in Johannes Galerie …

Das alles waren Gründe, warum Heinz-Herrmann nur an den Donnerstagabenden und an vereinzelten Wochenenden Zeit für Uschi fand, obwohl sie über all die Jahre seine große Liebe gewesen war.

Johanne war das Problem. Aber obwohl die aggressive Form der Multiplen Sklerose seit beinahe zwanzig Jahren diagnostiziert war, war sie noch immer nicht im Pflegeheim eingezogen, um sich mit Mutti gemeinsam Pfefferminztee servieren zu lassen. Im Gegenteil, Johanne eröffnete weiter fleißig Ausstellungen und wirkte dabei attraktiv und organisiert wie eh und je.

Der giftige Pfeil, der in Uschis Herz feststeckte, verursachte ein schmerzhaftes Pochen, wodurch Uschis schnell hochkochende Wut erneut zu brodeln begann. Tatsächlich waren auch Uschi leise

Zweifel daran gekommen, dass Johanne in absehbarer Zeit einen Rollstuhl benötigen würde.

Deshalb war ihre Wut vor zwei Wochen übergekocht und sie hatte beschlossen, das Problem selbst zu lösen. Sie hatte Heinz-Herrmanns Söhnen die Szene ersparen wollen – immerhin würden sie ihre Stiefsöhne sein, da mochte sie nicht schon beim ersten Kennenlernen den unvermeidlichen schlechten Eindruck hinterlassen.

Also hatte sie Johanne in ihrer kleinen Kunsthandlung an der Halterner Straße besucht. Leider war der Auftritt, den sich Uschi seit Jahren dramatisch und nicht ganz unblutig ausgemalt hatte, anders verlaufen als geplant.

Sie war in Johannes Geschäft mit den Skulpturen und Bildern und der leisen Hintergrundmusik marschiert und explodiert. Doch Johanne hatte sie schweigend ausreden lassen. Als Uschi endlich schnappend Luft holen musste, hatte Johanne mit einem langen Blick ihre blondierte Mähne, das üppige Dekolletee und die Leoparden-Leggins gemustert und einen Lachanfall erlitten.

»Wie bitte?« Japsend hatte Johanne ihre kurzen, grauen Locken hinter die Ohren geklemmt, nachdem sie ihre Fassung einigermaßen wiedergewonnen hatte.

»Mein Name ist Ursel Patschukat ...«, hatte Uschi wiederholt, weil sie wirklich geglaubt hatte, Johanne hätte etwas nicht verstanden.

»... und Sie arbeiten in einem Call-Center in Bochum, den Teil hab ich mitgekriegt!« Johanne hatte erneut losgeprustet. »Seit wie vielen Jahren haben Sie angeblich ein Verhältnis mit meinem Mann?«

»Neunzehn?!« Uschi hatte selbst gemerkt, dass ihre Stimme plötzlich piepsiger als beabsichtigt geklungen hatte.

Johanne hatte sie mitleidig gemustert: »Sie sind eine verknallte Ex-Schülerin, hm? Ich richte Heinz-Herrmann schöne Grüße aus.«

Uschi hatte scharf eingeatmet. Entgegen aller Erwartungen hatte sie es zwar auf das Gymnasium geschafft, war auf das *Petrinum* gegangen, das auf der ›Insel‹ im Dorstener Stadtgebiet lag, zwischen der Lippe und dem südlicher gelegenen Wesel-Datteln-Kanal. Heinz-Herrmann hingegen unterrichtete am angesehenen *St.-Ursula*-Gymnasium in der Innenstadt, aus dem Autorinnen und Künstlerinnen hervorgegangen waren wie Plastikschlümpfe aus einer Palette Überraschungseier.

»Ich bin eine Kollegin«, hatte Uschi wütend gekeift.

»*Sie* sind Lehrerin?« Johanne hatte misstrauisch ihre Leo-Leggins betrachtet.

»Künstlerin«, hatte Uschi geknurrt. »Ich fertige Holzskulpturen an.«

Johannes Stirn hatte noch mehr Falten geschlagen: »Hier in Dorsten? Wieso habe ich dann noch nie etwas von Ursel *Wie-heißen-Sie-noch?* gehört?«

Uschi war knallrot angelaufen. Als Galeristin kannte Johanne natürlich die lokalen Künstler.

Und Uschi hatte seit der verheerenden Kritik ihrer allerersten Ausstellung – ›Selbsthilfetreffen rheumatischer Greise‹ hatte das Lokalblatt gelästert – lieber mit unerwünschten Meinungsumfragen ihr Geld verdient. Holz hatte sie nur noch hobbymäßig bearbeitet.

Ihr größter Erfolg war bis heute das Modell einer Dorstener Aak, das sie vor zwanzig Jahren für den Heimatverein angefertigt hatte. Für das Schiff war die Hansestadt Dorsten berühmt gewesen, als die Lippe noch einer der wichtigsten Wasserwege Nordrhein-Westfalens gewesen war. Mit der Aak war die Ruhrgebietskohle verschifft worden.

Und durch die Aak hatte Uschi quasi Heinz-Herrmann kennengelernt, denn der wollte das berühmte Boot durch seine Kohlezeichnungen schippern lassen, hatte allerdings keinen Schimmer, wie die Dinger ausgesehen hatten. Uschi hingegen war sozusagen Expertin für die bis zu vierzig Meter langen Binnenschiffe, die kaum Tiefgang hatten, weil es damals ja noch keinen Kanal gab und die Lippe stellenweise nur achtzig Zentimeter tief war. Ihr Wissen hatte Uschi quasi aus erster Hand, von ihrem Großvater, der die Aak als junger Mann noch selbst gebaut hatte, bevor auf dem Kanal auch Schiffe mit mehr Tiefgang Dorsten erreichen konnten.

Wegen der Aak hatten Uschi und Heinz-Herrmann angefangen, sich heimlich an der Eisenbahnbrücke zu treffen.

»Der verarscht dich!«, hatte Mutti von Anfang an gemeckert. Aber Heinz-Herrmann war immer soo romantisch gewesen. Er hatte sie beschenkt, verwöhnt und hatte mit ihr Liebesschlösschen an der Stele am alten Kohlenweg aufgehängt. Uschi war davon ausgegangen, dass es nur eine Frage der Zeit war, bis er sich für sie entscheiden würde. Zugegeben, nach neunzehn Jahren war es mittlerweile ziemlich spät.

Deshalb hatte sie ja vor zwei Wochen versucht, Heinz-Herrmann die Entscheidung … nun ja … abzunehmen. Ihm einen Gefallen zu tun, damit er sich nicht länger den Kopf darüber zerbrechen musste, wie er es Johanne beibringen sollte. Allerdings hatte das nicht geklappt.

Und nach Uschis peinlichem Auftritt in Johannes Galerie hatte sich Heinz-Herrmann nicht mehr gemeldet.

Erst hatte Uschi sich ausgemalt, dass er seine Mähne zurückschleuderte und »Ja, es stimmt! Ich liebe Uschi!« rufen würde. Allerdings war Heinz-Herrmann eigentlich nie der entschlossene Typ gewesen. Als er sich schließlich eine Woche lang nicht gemeldet hatte, war Uschi irgendwie klar geworden, dass es anders ausgegangen sein musste.

»Du wirst diese Frau nie wieder treffen, hast du verstanden?«, musste Johanne gekeift haben und Heinz-Herrmann hatte sicherlich ergeben genickt.

Leider war diese Szene Uschi viel besser vorstellbar. Und als auch am letzten Donnerstag

– dem Abend, der eigentlich für Uschi reserviert
war – Funkstille geherrscht hatte, hatte Uschi sich
damit abgefunden, dass Heinz-Herrmann unter
Johannes Pantoffel kuschte und sie diejenige war,
die er sitzen ließ.

Doch heute Mittag hatte sie dann plötzlich
eine unerwartete SMS bekommen:

18.00 Uhr bei Rosin. In Liebe, HH

Als wäre nichts gewesen. Kein Wort über ihren Auftritt in der Galerie.

Ehrlich gesagt war sie erleichtert gewesen. Und
hätte sie vor dem Treffen nicht noch schnell ihre
Mutter besucht, hätte ihre Wut wohl auch nicht
wieder angefangen zu brodeln.

18.00 Uhr bei Rosin.

Zwei Wochen lang hatte Uschi kein Wort von
Heinz-Herrmann gehört und jetzt ging er davon
aus, sie einfach wieder einbestellen zu können wie
eine … Uschi presste die Hände auf die Brust.
Wahrscheinlich würde Heinz-Herrmann kein
Wort über Uschis peinlichen Auftritt bei seiner
Frau verlieren. Er würde die Rechnung bezah-
len, mit zu ihr fahren und pünktlich um zehn bei
Johanne zu Hause sein, um zu erzählen, wie der
Skat-Abend gelaufen war.

War ein Hundert-Euro-Menü eigentlich ein
angemessener Stundenlohn in diesem Geschäft,
fragte sich Uschi bitter. Oder eine Handtasche?
Oder Ohrringe aus ungenießbaren Hülsenfrüch-
ten, die er ihr auch noch vom gemeinsamen In-
dien-Trip mit seiner Ehefrau mitbrachte?

Uschi dämmerte, dass Heinz-Herrmann bei ihr ziemlich günstig auf seine Kosten kam. War das der Grund, aus dem er sich wieder mit ihr treffen wollte, sobald sich die Wogen zu Hause geglättet hatten? Weil sie es ihm so preisgünstig besorgte?

Aber – Moment, überlegte sie dann weiter, wer sagte eigentlich, dass die SMS überhaupt von Heinz-Herrmann war? Konnte es nicht sein, dass Johanne die Nachricht geschickt hatte? Von seinem Handy aus? Wartete am Ende womöglich Heinz-Herrmanns Ehefrau im Restaurant auf Uschi? Um die Affäre zu beenden, weil Heinz-Herrmann nicht den Arsch dazu in der Hose hatte? So wie Uschi seine Ehe für ihn hatte beenden wollen?

Na schön! Uschi rückte ihren BH zurecht und wandte sich zum Parkplatz des Seniorenheims um. Wenn die dürre Johanne Streit wollte, konnte sie den kriegen. Mal sehen, ob die Etepetete-Tussi eine auf die Fresse vertragen konnte.

Hm. Uschi hatte falsch gelegen.

Soviel war klar, als sie in der hintersten Restaurant-Ecke Heinz-Herrmann am Tisch sitzen sah. Nervös drehte er ein türkisfarbenes Päckchen zwischen den knochigen Fingern, während der Kellner Rotwein einschenkte. Er saß vorn übergebeugt, die Ellenbogen auf den Tisch gestützt, die graue Mähne im Gesicht. Sein gebeugtes Rückgrat zeichnete sich unter seinem Pullunder ab. Um ein Haar hätte Uschi Mitleid mit ihm bekommen.

Dann stellte sie sich vor, was jetzt kam: Wahrscheinlich würde er ihr etwas schenken. Klunker, Pelz oder Parfüm. Und dann würde er übergangslos weitermachen, wo Uschi ihre Beziehung vor zwei Wochen mit ihrem Wutanfall in die Luft gesprengt hatte. Am liebsten ohne ein Wort über den unangenehmen Zwischenfall zu verlieren. Wenn Uschi das Thema doch anschnitt, würde er sich herauswinden wie ein glitschiger Wurm! So wie er immer aus verfänglichen Gesprächen über eine gemeinsame Wohnung, Hochzeit oder Kinder herausglitschte.

Aber so sollte es diesmal nicht laufen. Weil Uschis knallroter Raubkatzenlook sich so stimmig in das edle Restaurantambiente aus weißen Orchideen und poliertem Glas fügte wie ein größerer Blutfleck auf einer der blütenreinen Tischdecken, entdeckte Heinz-Herrmann sie jetzt und richtete sich auf.

Uschi holte tief Luft. *Attacke!* Weil die roten Absätze ihrer Schuhe auf dem Steinboden klapperten, drehten sich einige Köpfe nach ihr um. Heinz-Herrmann setzte ein zu strahlendes Lächeln auf, als sie an den Tisch trat.

»Du siehst toll aus, Liebling.« Er schob ihr das handgroße, türkisfarbene Päckchen über den Tisch.

Parfüm, das sah Uschi schon an der Verpackung. Fünfundsechzig Euro. Ihre Wut kochte hoch.

»Ich bin keine Nutte!«, keifte sie und ließ das Päckchen über die glatt gebügelte Tischdecke zu Heinz-Herrmann zurückschlittern.

Bei dem Versuch, es aufzufangen, stieß Heinz-Herrmann sein Weinglas um. Die rote Flüssigkeit spritzte über die Tischdecke, wo sie nun doch einige sehr blutähnliche Flecken hinterließ. Und in Uschis Ausschnitt! *Na großartig.* Der Kellner stürzte erschrocken auf sie zu.

»Ich bin nicht käuflich!«, fuhr sie Heinz-Herrmann erbost an. »Ich will eine Entscheidung von dir! Oder soll ich noch mal bei Johanne auf der Matte stehen?«, fügte sie drohend hinzu.

Heinz-Herrmann wurde kreidebleich.

Glücklicherweise sah man die Rotweinflecken auf dem rot gemusterten Stoff ihres Shirts kaum. Uschi nickte ihrem Spiegelbild zufrieden zu, während sie ihr Dekolletee auf der Damentoilette trocken tupfte.

Die Ansage war gemacht. Solange sie auf dem Klo war, gab sie Heinz-Herrmann Zeit, ihre Worte zu verdauen. Wenn er sich dann nicht endlich für sie entschied, knallte es! *Aber diesmal richtig! Am besten bei der Eröffnung seiner nächsten Ausstellung! Jawoll!*

Uschi lugte aus der Toilettentür und – erstarrte! Hastig zog sie den Kopf zurück! Ihre Gedanken wirbelten durcheinander! Das konnte doch nicht sein! Aber sie hatte sich doch nicht verguckt? Nein, ganz sicher hatte sie gesehen, wie

Heinz-Herrmann ihr etwas in ihr mittlerweile ge-
fülltes Weinglas geschüttet hatte!

Ihr Herz raste. *Was wenn ...?* Ihre Gedanken
schlugen Haken in ihrem Kopf wie Karnickel auf
Speed! ... wenn er sich aus einem ganz anderen
Grund heute mit ihr traf?

Meine Güte, wie blöd war sie eigentlich?! Ihre
Mutter hatte schon wieder recht! Natürlich würde
Heinz-Herrmann sich nicht von Johanne trennen.
Mal abgesehen davon, dass seine Ehefrau attrak-
tiver und erfolgreicher als Uschi war – und aller
Wahrscheinlichkeit nach auch kerngesund! –, wür-
de eine Scheidung nicht billig werden. Und keine
andere Galerie würde zum zweihundertzehnten
Mal seine *Boot-auf-Fluss*-Bilder ausstellen.

Die Wahrheit lag auf der Hand. Heinz-Herrmann hatte zwei Wochen gebraucht, um Johanne zu überzeugen, dass er treu wie ein Schaf und
Uschi eine durchgeknallte Stalkerin war! Heute
hatte er sich mit ihr verabredet, um einen zweiten
Vorfall wie den in der Galerie zu verhindern. Er
wollte sie zum Schweigen bringen!? Damit seine
peinliche, kleine Affäre seiner tollen Ehe nicht
länger gefährlich werden konnte!?

Ihr Spiegelbild klimperte entsetzt mit den un-
echten Wimpern. Hatte Heinz-Herrmann gerade
ihren Wein vergiftet?

Diese miese Ratte! Für ihn hatte sie zwanzig
Jahre ihres Lebens geopfert! Auf eine eigene Familie und Kinder hatte sie verzichtet! Für diesen
rückgratlosen Wurm!

Der giftige Pfeil drehte sich in ihrer Brust, der Schmerz explodierte.

Uschis rechter Ohrring hatte sich in ihren Haaren verfangen. Ihr Blick blieb daran hängen. Dann fummelte sie die indischen Erbsen aus ihrem Zopf.

Mit einem zuckersüßen Lächeln ließ sie sich kurz darauf wieder gegenüber von Heinz-Herrmann vor der bereits gewechselten Tischdecke nieder. Sie nahm die Flasche Mineralwasser aus dem Kühler und füllte das kleinere Glas, das neben ihrem Rotwein stand.

»Wo waren wir stehen geblieben?«

»Ich sagte, dass du verdammt sexy bist«, versuchte Heinz-Herrmann gleich noch mal zu schleimen.

Bevor Uschi antworten konnte, platzierte der Kellner zwei riesige, weiße Teller mit winzigen, braunen Klecksen in der Mitte auf dem Tisch. Uschi runzelte die Stirn. Sah aus, als hätte ein Chihuahua die Häufchen hinterlassen. Mit einiger Mühe konnte sie Rosinen, Nüsse und Linsen identifizieren

Heinz-Herrmann geriet ins Schwitzen, lockerte seinen Hemdkragen und griff nach seinem Wein. »Lass uns anstoßen, ja?«

Das hättest du wohl gern!

Uschi griff nach dem Wasserglas. »Und auf was genau stoßen wir an?«

Heinz-Herrmann lockerte gleich noch mal sein Hemd.

Mal sehen, wie er diesmal um die Antwort herumglitscht.

»Ähm – bin gleich wieder da!« Heinz-Herrmann flüchtete in Richtung Toilettentür.

Welch' Überraschung.

Uschi musterte ihren Wein, in dem sich langsam dunkle Wölkchen verteilten. Der Mistkerl versuchte, sie aus dem Weg zu räumen, weil sie unbequem wurde!

Im rot schimmernden Wein sah sie die Wahrheit plötzlich beängstigend klar: Ihre Mutter hatte recht! Uschi war bald fünfzig. Sie hatte ihr Leben vergeudet, indem sie auf einen Dreckskerl gewartet hatte, der sie zum Schweigen bringen wollte! Ihr hochschäumender Hass betäubte den Schmerz. Sie drückte ihren Ohrring mit den Fingernägeln zusammen und knipste geschickt eine rote Erbse mit der Gabel ab. Dann noch eine, und noch eine dritte. Die trockenen Hülsenfrüchte zerbröselte sie in ihrer Serviette und streute sie über das Hundehäufchen auf Heinz-Herrmanns Teller. In Indien wurden Paternostererbsen gern zu Schmuck verarbeitet. Doch schon wer eine beschädigte Frucht berührte, sollte sich besser die Hände waschen, weil giftige Substanzen an der Haut hafteten. Vor dem Verzehr wurde überall gewarnt, bereits eine einzige Erbse konnte tödlich sein. In Rosins Rosinendurcheinander fielen ein paar Paternostererbsen gar nicht auf.

Als Heinz-Herrmann sich wieder auf den Stuhl gegenüber plumpsen ließ, stopfte sich Uschi ihr Hundehäufchen mit einem Haps in den Mund, damit Heinz-Herrmann nicht auffiel, dass auf ihrem Teller die roten Sprenkeln fehlten.

»Sag bloß, Johanne hat dir abgekauft, dass ich eine Ex-Schülerin mit Wahnvorstellungen bin?«, nuschelte sie kauend.

Um sich um eine Antwort herumzudrücken, piekte Heinz-Herrmann mit düsterer Miene seine Gabel in den Hundehaufen. Triumphierend verfolgte Uschi, wie einige der Erbsen in seinem Mund verschwanden.

»Johanne kennt meine Vorlieben«, murrte Heinz-Herrmann.

»Echt?«, wunderte sich Uschi. »Und was hast du ihr dann erzählt, damit sie bei dir bleibt? Dass es nur Sex war? Dass wir uns nie wiedersehen werden? Dass du mich mit einem Betonklotz am Bein in der Lippe versenkst?«

Heinz-Herrmann tupfte sich mit der Serviette die Stirn, bevor er eine Schachtel aus der Jackentasche kramte und sie auf dem größtenteils sauberen Porzellan von Uschis Vorspeisenteller platzierte.

Das nächste Geschenk. Mit goldener Aufschrift. *Bellendorf,* der örtliche Juwelier. Anscheinend hatte Heinz-Herrmann geahnt, dass das Parfüm nicht reichen würde. Hinhaltetaktik.

Der Kellner tauschte die leeren Vorspeiseneller gegen eine raffinierte, rosa- und beigefarbene Suppe, deren zwei Komponenten auf dem Teller wie Yin und Yang umeinanderflossen. Heinz-Herrmann wartete ab, bis der Mann außer Hörweite war.

»Ehrlich gesagt, habe ich auf Johannes Vor-
würfe nicht viel erwidert«, gestand er dann.

Welch Wunder!

»Johanne hat gesagt, ich soll endlich zugeben,
dass ich auf billige Blondinen mit dicken Titten
stehe.«

Uschi holte empört Luft.

»Trink erstmal einen Schluck, bevor du dich
aufregst!« Heinz-Herrmann brach kalter Schweiß
aus. Er hielt ihr das Weinglas hin.

Raffiniert! So viel Kaltblütigkeit hätte sie ihm
gar nicht zugetraut.

»Hältst du mich für bescheuert?«, rastete sie
aus. »Ich hab gesehen, dass du was reingemischt
hast, du Schwein!«

Heinz-Herrmann Gesicht verlor jede Farbe.
»Wirklich?«

»Du musst mich wirklich für sehr dämlich
halten!«

»Entschuldige, Schatz.« Er fummelte wieder an
seinem Kragen. »Das waren Baldriantropfen – ich
weiß doch, wie sehr du dich immer aufregst.«

Oha?!

»Johanne hat mich vor die Tür gesetzt, als ich
gesagt habe, dass sie mir mit ihrem Schickimicki
schon lange auf den Geist geht. Dass ich mich von
ihr trennen und dich heiraten will. Ich hab mir letzte
Woche ein Appartement in Hervest eingerichtet.«

»Wie bitte?«

»Ich glaube, mir wird schlecht«, war das Letzte, was Heinz-Herrmann jemals sagen würde.

Uschi klappte das Schmuckkästchen auf. Heinz-Herrmann übergab sich neben eine Orchidee. Der Kellner spurtete zwischen den Tischreihen heran. Im Polster aus dunklem Samt steckte ein dicker, goldener Ring. Samt einem dem Anlass angemessenen Klunker.

Heinz-Herrmann kippte stöhnend vom Stuhl.

Erst hatte er sie neunzehn Jahre warten lassen, dann zwei Wochen, zuletzt einen Toilettengang lang. Sein Timing war wirklich fatal.

Lucie Flebbe, geb. 1977 in Hameln, lebt in Bad Pyrmont mit ihrem Mann und vier Kindern. Bereits mit 14 Jahren verfasste sie mit *Red Light* ihren ersten belletristischen Text. Nun ist sie seit 2008 als erfolgreiche Autorin tätig. Ihre Krimireihe um die Dortmunder Krimi-Azubine *Lila Ziegler* begeistert jung und alt. Das Krimidebüt mit dem Titel *Der 13. Brief* wurde mit dem renommierten Friedrich-Glauser-Preis als beste Newcomerin ausgezeichnet. Der Kurzkrimi *Weg zur Hölle* war 2012 für diesen Preis nominiert.

Übrigens:
Lucie Flebbe hat auch etwas ›Richtiges‹ gelernt. Sie ist Physiotherapeutin. Als Rai-Reitlehrerin hat sie sich zudem mit der Psyche und Verhaltensweise der Pferde beschäftigt. Inwieweit sie diese Kenntnisse im Umgang mit Menschen umsetzt, bleibt ihr Geheimnis.

www.lucieflebbe.de

MAGNUS SEE

BLUTIGE LIPPE

Es war ein ungewöhnlich warmer Samstag im September, als Bertram Wohlfahrt im dunkelblauen Anzug auf einer Bank an der Lippequelle Platz nahm und seine Sporttasche zu seiner Linken abstellte. Die Sonne hatte noch Kraft, spendete Wärme und ließ das Wasser der Lippe glänzen. Das gute Wetter war willkommen, stand doch das *Fischerfest*-Wochenende bevor. Leichter Wind fuhr ihm durchs schwarze Haar, das nun langsam schon graue Stellen zeigte. Die Luft war klar und frisch, für ihn jedoch bedrückend. Wohlfahrt bekam nur schwer Luft, konnte nicht mehr durchatmen. Tausend Gedanken schwirrten durch seinen Kopf, seine Umgebung blendete er nahezu aus, und so reagierte er zunächst gar nicht, als der geschätzte Stadtführer Willi ihm im Vorbeigehen zurief: »Na, Herr Direktor, haben Sie eine neue Bank akquiriert?« Er deutete auf die Parkbank.

Kurz aus seinen Gedanken gerissen lächelte Bertram dem beschäftigten Willi zu und hob die Hand zum Gruße, doch als Willi weitereilte

– vermutlich, um ein paar Touristen die Vorzüge von Bad Lippspringe zu zeigen – ließ er die Hand schnell wieder auf seine Sporttasche sinken. Zu lebenswichtig war ihr Inhalt: 300.000 Euro in unmarkierten, unnummerierten Scheinen. Die hatten sie verlangt, in dem Brief mit dem blut-verschmierten Armkettchen seiner Tochter.

Carolin war nicht vom Geigenunterricht zu-rückgekommen. Sie drömmelte zwar immer et-was, weil sie wie jede normale 14-Jährige mehr damit beschäftigt war, auf dem Smartphone rum-zuwischen, statt sich auf den Weg zu konzentrie-ren, aber drei Stunden war sie noch nie zu spät gekommen, ohne sich zu melden. Dann wurde der Briefumschlag eingeworfen. Weder Bertram noch seine Frau bekamen dies mit, so dass sie auch keinen Boten hätten beschreiben können. Auf dem Weg zu seinem Telefon, das er im Man-tel im Hausflur vergessen hatte, blieb er vor dem Briefkastenschlitz in der Tür stehen, wunderte sich kurz über die späte Postwurfsendung auf dem Boden und öffnete rasch. Vermutlich eine Einla-dung zu irgendeinem Event, auf dem man den Bankdirektor gerne anwesend wünschte. Doch er entnahm Carolins Handkettchen und den Brief, in dem stand:

»Odins Auge, morgen mittag, 13 Uhr. Caro sollte 300.000 in unnummerierten Scheinen wert sein, Unmarkiert. Keine Polizei, keine andere Hilfe. warte auf anruhf, dann Lass Sportttasche stehen!«

Und da saß er nun, den Pavillon der Arminius-Quelle im Rücken, den Blick auf Burg Lippspringe und die Quelle. Er wartete, hielt eine Hand an der Sporttasche, in der anderen spielte er mit dem Armkettchen seiner Tochter zwischen den Fingern, dachte an die Rechtschreibschwäche der Erpresser und konnte kaum atmen. Seine Frau saß zu Hause mit ihrer Schwester und war sicher mit den Nerven am Ende. Wenn sie seiner Kleinen was angetan hatten, würde er …

Das Handy klingelte. ›*Caro ruft an*‹ stand im Display, doch als er ranging, vernahm er eine dunkle Männerstimme, die einen russischen Akzent sehr schlecht zu imitieren versuchte:

»Du jetzt gehen. Wir bringen Tochter, wenn wir Geld haben.«

<*Klick.*> Aufgelegt. Das war alles. Bertram stand auf, blickte sich noch einmal um, tatsächlich war wirklich niemand zu sehen, nicht einmal Passanten. Die Schweine hatten sicher gewartet, bis keine Zeugen mehr in der Nähe waren, aber dann müssten sie doch auch irgendwo hier in der Gegend sein! Doch als er abermals niemanden entdecken konnte, ließ er die Sporttasche hinter sich, ging auf die andere Seite der ehemaligen Burg Lippspringe, in der Hoffnung, er habe keinen Fehler gemacht und würde seine Tochter bald wiedersehen.

Auf der anderen Seite des Kongresshauses kam ihm der Gedanke, dass die Entführer sie vielleicht schon jetzt freigelassen haben könnten, so er eilte vorsichtig zur Parkbank zurück, und schon von Weitem erkannte er, dass die Tasche weg war. Caro war nicht zu sehen. Es lag nur ein gelber Din A5-Umschlag auf der Bank.

*

»300 Batzen!«, freute sich Dieter und schaute die anderen beiden euphorisch an. »Das hat super geklappt!«

»Sieh bitte auf die Straße«, holte ihn Arthur wieder runter. »Lasst uns erst mal aus diesem verschlafenen Kurort verschwinden, bevor wir noch jemandem auffallen.«

»Und wir teilen auch gerecht durch drei?«, klang jetzt etwas Verunsicherung in Dieters Stimme durch.

»Natürlich teilen wir gleichmäßig auf«, mischte sich der Dritte im Bunde ein, Hermann. »Schließlich hat jeder seinen Job gemacht: Arthur hat das Ding geplant, du bist der Fahrer und ich hab die Übergabe gemacht.«

»Danke für die Zusammenfassung, Hermann. Bist du jetzt der Erzähler hier?« Arthur war gereizter, nervöser als seine Komplizen Schniedertönns und Stratbecker; noch war nichts gewonnen, noch waren sie im Gefahrenbereich. Es durfte nicht schiefgehen, sie mussten erst Distanz schaffen. Zu lange hatte er geplant, als er wegen diesem Arsch im Knast saß, zu sorgfältig hatte er alles vorbereitet.

»Was machen wir mit der Kleinen?«, warf Hermann ein, dem die Gereiztheit von Arthur nicht unbemerkt blieb. Mit einem bedrohlich lüsternen Blick betrachtete er das gefesselte schwarzhaarige Mädchen mit der blassen Haut, das vor sich hin schluchzte und dem sie die Augen mit einer dieser Schlafmasken verbunden hatten. »Haben wir noch ein wenig Spaß mit ihr?«

Sie schluchzte heftiger, ihr zarter Körper schüttelte sich voller Angst und Panik, als sie einen bemitleidenswerten Weinkrampf erlitt.

»Nein, so was machen wir nicht«, protestierte Dieter. »Wir sind doch keine Missbrauchmänner. Wir schmeißen sie nachher raus, und dann war's das, oder Chef? Chef?«

Arthur war schon wieder in Gedanken versunken, ging seinen Plan im Kopf durch und sagte nur leise: »Nein. Nein, die brauchen wir noch etwas. Das Spiel fängt gerade erst an.«

*

Sie standen alle im großräumigen Wohnzimmer mit den skandinavischen Designermöbeln um den Fernsehsessel versammelt, in dem seine Frau nach der Vernehmung durch Oberwachtmeister Burmann zusammengesackt war. Wohlfahrt versuchte, sie zu beruhigen, bis die Wirkung der *Diazepam*-Tablette einsetzte.

»Bitte, Inge«, gab auch Ludger Hassenbrügge sein Bestes, »bisher ist noch nichts verloren. Ich bin sicher, Caro lebt noch. Wir finden sie.«

Bertram Wohlfahrt hatte seinen guten Freund und Kommissar Ludger angerufen und ihm alles erzählt, als er den Umschlag mit Hassenbrügges Namen auf der Bank gefunden hatte. Hassenbrügge war der Bezirksdienstleiter für Bad Lippspringe im Kreis Paderborn und hatte sich sofort bei Wohlfahrts eingefunden, während die Spusi alles an Hinweisen an der Lippequelle absuchte.

»Und wenn nicht?! Was wenn sie …?«, versagte Inge Wohlfahrts Stimme.

»Davon gehen wir nicht aus, dürfen wir nicht, Frau Wohlfahrt. Es gibt überhaupt keinen Grund, das anzunehmen, sonst hätten die nicht den Brief hinterlassen.« Der ruhige Ton und die tröstende Berührung von Ludgers Kollegin Frauke Köllner zeigte Wirkung, vielleicht auch endlich das *Diazepam*. Inge sank in den Sessel. Ihre Schwester Gerda nahm sie schweigend in den Arm und gab ihr Halt.

»Lasst uns keine Zeit verlieren, du hättest mich wirklich von Anfang an einweihen sollen, Bertram.«

»Sie schrieben: ›Keine Polizei‹.«

»Das schreiben die doch immer. Wäre ja auch dämlich, wenn sie schreiben würden ›Ziehen Sie bitte die Polizei hinzu.‹ Hast du dir irgendwelche Feinde gemacht?«

»Ich weiß von nichts. Als Bankdirektor hab ich nur selten direkt mit Kunden zu tun, mehr mit Administrativem. Der Verdacht, dass es ein Kunde sein könnte, der keinen Kredit bekam, ist also eher unbegründet. Zudem bin ich in Bad Lippspringe kulturell und sozial engagiert, ich wüsste wirklich nicht, wer mir das zum Nachteil auslegen könnte.«

»Jetzt erst mal zu dem Brief«, schlug Kommissar Hassenbrügge vor. »Warum ist der Brief an mich gerichtet? Die Entführer müssen mich irgendwoher kennen … und von unserer Freundschaft wissen. Die Spusi hat das Original mitgenommen, untersucht es auf Fingerabdrücke und Hinweise. Mal sehen, den Text hab ich mit dem Handy abfotografiert:

›Schneewittchen reist mit drei kleinen Schweinchen.
Nicht aber über die sieben Berge zu den sieben Zwergen.
Nein, in sieben Orten kannst du sie treffen und finden.
Für das erste Rendezvous musst du nicht nach Pisa reisen.
Auch dieser schiefe Turm kann dich schwindelig machen.
Und das mitten hier im Bistum.‹

Was soll denn der Quatsch?«

Frauke Köllner kratzte sich durch ihren langen blonden Pferdeschwanz und ging ins Detail: »Nehmen wir doch mal diesen kryptischen Brief und seine Umstände auseinander. Er lag nur wenige Minuten nach der Übergabe parat, ›Schneewittchen‹ bezieht sich – so wie Sie sie uns beschrieben haben – auf Ihre Tochter, Herr Wohlfahrt. Das Ganze war also von den Entführern durchdacht und vorbereitet. Wollen die ein Spiel mit uns spielen?«

»Dann hatten die Dreckschweine nie vor, meine Tochter zurückzugeben? Sie benutzen sie für ein perfides Spiel?!« Wohlfahrt zitterte, seine Stimme wurde brüchig, er musste sich setzen. Hoffnungsvoll blickte er seinen Freund Ludger an, als der sich wieder dem Text widmete:

»Sieben Orte, schreiben sie … und immerhin sehen die selber ein, dass sie Schweine sind. Moment, das könnte ein Hinweis sein, dass sie bereits straffällig geworden sind. Dann haben wir sie vielleicht im System! Das ist schon mal was Gutes.«

»Hm, sieben Orte … Hört sich nach einer Schnitzeljagd an. Die haben wohl *Stirb Langsam Teil 3* gesehen«, vermutete Oberwachtmeister Burmann.

»Außerdem scheint der Verfasser des Briefes gerne Märchen zu lesen. Kann aber auch nur ein Stilmittel sein«, bemerkte Frauke Köllner. »Was noch zu klären wäre: Welcher schiefe Turm, welches Rendezvous?«

Ludger fuhr sich durch das verwuschelte braune Haar. Er wollte kurz nachdenken. Rendezvous? Er? Schon lange hatte er kein Date mehr gehabt. Zuletzt war er mit Helen ausgegangen, vor ziemlich genau einem Jahr. Er hatte sie im Internet kennengelernt und sich für das erste Date auf dem Katharinenmarkt letzten September in Delbrück verabredet. Doch dann trafen sie auf ihren Ex-Freund, der machte eine Szene, wurde sogar handgreiflich und damit war der schöne Abend gelaufen. Helen hatte er nie wiedergesehen, sie war dann auch nach Wesel gezogen. Konnte es sein …?

»Delbrück!«, stieß er unvermittelt aus. »Wir müssen nach Delbrück!«

»Delbrück? Wer will da denn hin?«, hakte Burmann nach.

»Unsere Entführer vielleicht. Der schiefe Turm von *St. Johannes Baptist* im Zentrum. Und mein letztes erstes Rendezvous hatte ich vergangenen September dort auf dem Katharinenmarkt. Erinnerst du dich, Bertram? Mit dieser Helen. Das könnte passen, ich weiß nur noch nicht, wohin das alles führt. Burmann, Sie bleiben bei Wohlfahrts, falls ein Anruf eintrudelt oder so. Frau Köllner, wir fahren sofort nach Delbrück.«

*

Sie hatten etwa zweieinhalb Stunden Vorsprung, wenn der Kommissar so clever war, wie er tat. Das Spiel gefiel ihm jetzt schon. Arthur liebte den Nervenkitzel. Seinen tumben Kumpanen würde er nur soviel verraten wie nötig.

Zwischen Bad Lippspringe und Delbrück gab es ziemlich viel Land. Er hatte eine Route gewählt, die ihnen zugute kam, anstatt der B64 wählten sie viele Feldwege oder Nebenstraßen. Und am Lippesee fuhren sie vorbei. Darin hätte er gerne den dummen Dieter versenkt, der ständig dämliche Fragen stellte, statt einfach nur Gas zu geben. Sie durchquerten die Lippeniederungen, und dann lenkte Dieter Schniedertönns den schwarzen VW Golf Variant plötzlich nach Boke ab.

»Ich hab Hunger. Lasst uns kurz *Zum Schwanenkrug* halten und einen Happen spachteln.«

»Geht's denn eigentlich noch?! Das hier ist eine Ver-fol-gungs-jagd, Mann!«, schnauzte Arthur Dieter an. »Wir halten jetzt nicht für Wildgulasch oder Schlachteplatte!«

»Oh, lecker, gibt's das da?«

»Das spielt doch jetzt gar keine Rolle!«

»Ich könnte auch ein Steak verdrücken. Essen ist meine Leibspeise«, fiel nun noch Hermann ein. »Und die Kleine hier könnte auch was vertragen, der Schmachtlappen.«

Die beiden machten ihn wahnsinnig. »Wir haben einen Plan – meinen Plan! Und daran halten wir uns. In Wadersloh können wir mal ranfahren und bei *Baumhoers* einen Flammkuchen essen. Aber vorher nicht. Fahr jetzt nach Delbrück rein. Ich muss in die Kirche.«

*

Ludgers Handy klingelte, es war die Dienststelle in Paderborn.

»Hassenbügge.«

»Herr Hassenbrügge, hier Sander von der Spurensicherung. Am Tatort fanden wir keine Hinweise auf die Täter, lediglich etwas Dreck, der unter einer Schuhsohle gesteckt haben kann, aber daraus können wir keine Erkenntnisse liefern, außer, dass der Täter durch Matsch gelaufen sein könnte. Jetzt die tolle Nachricht: Obwohl sie den

Brief wohl mit Handschuhen geschrieben haben, konnten wir einen einzigen Fingerabdruck auf dem Brief entdecken und identifizieren, er gehört Hermann Stratbecker, 58. Strafrechtlich in Erscheinung getreten seit 2002, Vergewaltigung, Einbruch, Hausfriedensbruch, aber seit drei Monaten auf Bewährung draußen. Kein harmloser Ganove, der hat sich schon einiges zuschulden kommen lassen.«

»Und jetzt noch Kindesentführung und Erpressung, so als arbeite er eine strafrechtliche to-do-Liste ab. Sind Sie dran?«

»Ja, eine Streife wurde sofort zu seiner letzten Wohnmeldeadresse geschickt, war aber niemand da, Bude verlassen. Familie hat er nicht, Eltern sind verstorben, keine Arbeitsstelle, kein Auto. Der hat wohl nichts mehr zu verlieren.«

»Genau das macht ihn gefährlich.«

»Da macht man sich schon Gedanken um das junge Mädchen in seiner Gewalt ... Wo sind Sie jetzt?«

»Auf dem Weg nach Delbrück, mit Kollegin Köllner, sie fährt. Wir gehen den Hinweisen in dem Brief nach. Melden Sie sich, wenn Sie irgendwas haben.«

»Alles klar, Herr Kommissar.«

»Ich hasse diesen Spruch.«

Als Hassenbrügge und Köllner gegen halb vier in Delbrück ankamen, parkten sie an der Langen Straße und eilten gleich auf den Kirchplatz zur

Kirche *St. Johannes Baptist.* Sie mussten den mit Fachwerkhäusern umrahmten Kirchplatz einmal umrunden, entdeckten dann aber einen neuen Briefumschlag, an das Mauerwerk der Kirche gelehnt, neben der Eingangstür. Der Kommissar riss ihn auf.

»Vorsicht, Chef! Wegen der Spuren am Brief.«

»Ja, aber die scheinen clever zu sein. Sander sagte auch, dass die wohl Handschuhe benutzt haben.«

»Könnte aber trotzdem noch was dran sein«, erwiderte die junge Kollegin. »Was steht denn eigentlich da?«

»Da steht:

›Wie immer zu spät, wir sind schon weg,
haben nur kurz die Beichte abgelegt.
Ist das nicht ein Thing?
Nun darf man uns nicht mehr verurteilen.
Und wer ohne Sünde ist, werfe den ersten Stein.
Einen krassen Stein‹.«

»Das ist einfach, Chef«, erklärte Frauke ihrem Kommissar.

»Ich verstehe kein Wort.« Hassenbrügge schaute verdutzt und konnte die Erklärung seiner offenbar sehr intelligenten Kollegin kaum abwarten. »Haben Sie irgendwie Rätselkunde studiert? Oder lesen Sie gerne Dan Brown?« Er musste lachen.

»Nein, ich bin einfach in Wadersloh aufgewachsen, genauer gesagt in Diestedde. Dort steht eine alte, tausendjährige Eiche, jedenfalls die Reste, an der früher ein Thing abgehalten wurde, mittelhochdeutsch ein ›Ding‹, also Gerichtsprozesse. Und diese Eiche steht bei Schloss Crassenstein.«

»Dann sollten wir da schleunigst hinfahren. Ich hol uns nur noch einen Coffee-to-go beim Café am Kirchplatz, bevor wir losfahren.«

Keine drei Minuten später liefen sie mit Kaffeebechern zurück über den Kirchplatz Richtung Lange Straße.

»Danke, Chef, der tut gut. Wer weiß, wie lange dieses Spielchen noch dauert. ›Sieben Orte‹ schrieben die? Bad Lippspringe, Delbrück, jetzt Wadersloh. Was kommt da noch? Und vor allem: Warum? Und was ist mit der Zuständigkeit? Wadersloh ist schon Warendorf.«

»Paragraf 7, Absatz 3: *Jede Polizeivollzugsbeamtin und jeder Polizeivollzugsbeamte darf Amtshandlungen im ganzen Land Nordrhein-Westfalen vornehmen, wenn dies zur Abwehr einer gegenwärtigen Gefahr, zur Erforschung und Verfolgung von Straftaten und Ordnungswidrigkeiten auf frischer Tat sowie zur Verfolgung und Wiederergreifung Entwichener erforderlich ist.*«

»Das haben Sie aber gut auswendig gelernt, Herr Kommissar. Ich bin ja nicht so ein Paragrafenreiter.«

»Na, denken Sie *ich*? Ich agiere lieber, statt erst nachzulesen. Aber es gibt eben Vorschriften und Paragrafen, die man kennen sollte … oder wissen sollte, wo diese stehen.«

Sie warfen die Kaffeebecher in den Mülleimer am Parkplatz, stiegen ins Dienstfahrzeug und fuhren Richtung Wadersloh-Diestedde auf der B58.

Frauke Köllner bemerkte: »In der Regel ist das Schloss, na ja, verschlossen. Es wird nicht mehr viel genutzt. Da gibt es einen Heimatverein, der sich für eine öffentliche Nutzung einsetzt. Ich könnte die Vereinsmitglieder Jürgen Berghoff und Werner Manthey anrufen, Freunde von meinen Eltern. Die können uns in das Schloss und auf das Gelände lassen. Ob die Entführer das Gelände einfach so betreten konnten, wage ich allerdings zu bezweifeln.«

»Das werden wir sehen«, meinte Hassenbrügge. »Ist immer gut, Kontakte zu haben. Ich informiere die Dienststelle über die neuen Hinweise.«

Gerade zückte er sein Smartphone, da blinkte eine große 1 auf, er hatte eine Facebook-Nachricht. Sie kam vom Webmaster der Facebookseite *Polizei NRW Paderborn*:

›Hassenbrügge, die folgende Nachricht schrieb ein *Art Mori* auf unsere Seite: ›Schneewittchen geht's gut. Den drei kleinen Schweinchen auch. Und der große böse Wolf holt sich eine blutige Lippe.‹ Darunter das Ortstracking Wadersloh. Die Nachricht ist von 14.36 Uhr.‹

»Verdammt, wir sind ganz nah dran!«, stieß er aus. »Drücken Sie auf die Tube! Wir müssen schleunigst zum Schloss Crassenstein.«

*

Café Baumhoers Lippeauenblick hatte noch nicht
auf. Sie waren den kleinen Weg zum Hofcafé he-
runtergefahren und hielten dort, aber dann sahen
sie schon, dass alles noch dicht war. Auf dem Hof
war niemand zu sehen, nur die Gänse liefen herum. Am Ende des Weges hatte man an diesem
klaren Tag einen wunderschönen Blick auf die
Lippeauen, aber keiner der drei Entführer be-
achtete die Aussicht, und Caro Wohlfahrt hatte
sowieso noch immer die Augen verbunden und
wagte nicht, etwas zu sagen.

»Ich muss pinkeln«, meinte Stratbecker. »Was
ist mit dir, Kleine? Musst du auch mal?«

»J…ja«, flüsterte sie.

»Dann komm mal mit ins Gebüsch.« Er packte
sie am Arm, zog sie grob aus dem Auto in Richtung Waldstück.

Arthur sagte mit fester Stimme zu Hermann:
»Du behältst deine Finger schön bei dir, lass dir ja
nicht einfallen, ihr etwas anzutun.« So etwas war
nicht Teil seines Plans. Aber hauptsächlich, weil
es ihn nur Zeit kosten würde.

»Ja, ja«, murmelte Hermann und verschwand
im Gebüsch, um sich zu erleichtern, und zog sein
gefesseltes Opfer mit sich.

»Ich will nicht, dass er dem Mädchen etwas
tut«, sagte Dieter leise zu Arthur. Dieter war ein
Simpel, ein Verbrecher, aber eigentlich viel zu
sensibel für diese Art Jobs. Diebstahl und Ein-

bruch, da hatte er kein schlechtes Gewissen, aber niemals sollte ein unschuldiger Mensch durch ihn zu physischem Schaden kommen. Das hatte er Arthur schon in der Gefängniskantine gesagt, wo er das Ding mit ihnen geplant hatte.

Plötzlich hörten sie das Mädchen erschrocken aufschreien, leidvoll quieken. Als Arthur und Dieter ins Gebüsch sprangen, konnten sie erkennen, wie Stratbecker sich auf dem Boden wälzte und mit heruntergelassener Jeans zwischen seine Beine griff. Dem Mädchen hatte er die Fußfesseln gelöst, damit sie pinkeln konnte, doch sie trat lieber mit voller Kraft dahin, wo sie seine Eier vermutete, die sie wegen der Augenbinde nur erahnen konnte. Aber sie traf. Volle Kanne. Es war – das erkannten Arthur und Dieter jetzt – nicht das Mädchen gewesen, das aufgeschrieen und gequiekt hatte, sondern der Mistkerl Hermann. Das Mädchen war in den Wald gerannt.

»Scheiß Idiot«, zischte Arthur Hermann an und lief mit Dieter dem Mädchen hinterher. Dieter war schwergewichtig und nicht sehr schnell, aber Arthur schlank und wendig, holte sie bald ein, griff ihr grob unter den Arm und zerrte sie zurück zum Wagen. Auf dem Rückweg zog er kommentarlos seine *Browning 9 mm*, richtete sie auf den immer noch am Boden liegenden, schmerzerfüllten Hermann und schoss ihm zweimal in den Kopf. Das Mädchen kreischte panisch auf. Blut und Gehirnmasse verteilten sich auf dem Waldboden. Eine Schar Silberreiher war aufgescheucht worden und hatte sich in die Lüfte erhoben.

Arthur fluchte: »Unbeherrschtes Arschloch! So eine verfluchte Scheiße, dieser Idiot! Das hält uns nur auf. Jetzt aber weg hier, sonst entdeckt uns noch einer. Den Vollpfosten hätte ich niemals mit an Bord holen sollen.«

Dieter starrte Hermanns Leichnam erschüttert an, aber stieg dann ins Auto und startete den schwarzen VW Golf Variant. Er fuhr rückwärts den Weg hoch, um wieder auf die Straße zu gelangen. »Warum hast du ihn dann überhaupt angeheuert?«

Arthur hatte auf dem Rücksitz neben dem verheulten Mädchen Platz genommen, ihre Schuhe ausgezogen und ihre Füße wieder zusammengeschnürt. »Als Puffer. Für den Kommissar. Falls es nötig gewesen wäre, aber jetzt muss ich etwas umschreiben. Reich mir mal Briefpapier, Stift und Umschlag. Und fahr schneller, wir haben Zeit verloren!«

*

Als sie auf den Parkplatz von Schloss Crassenstein einbogen, warteten schon Manthey, Berghoff und Dorfsheriff Franz auf die beiden. Frauke hatte sie über Freisprechanlage angerufen und betont, wie dringend es sei, dass sie den Schlosshof betreten könnten.

»Dich hab ich ja lange nicht gesehen«, wurde die junge Polizistin von Manthey begrüßt.

»Leider findet das Wiedersehen aus keinem schönen Grund statt«, wandte sie ein. »Das ist Kommissar Hassenbrügge, und das hier ist der Kollege Franz, unser Dorfsheriff. Werner Manthey, Jürgen Berghoff.«

»Angenehm, Hassenbrügge. Wir sind in einen Entführungsfall verwickelt, der absurde Züge einer Schnitzeljagd annimmt. Ein unschuldiges junges Mädchen wird festgehalten. Haben Sie hier etwas Ungewöhnliches bemerkt? Ist vielleicht etwas anders als noch vor Kurzem?«, fragte der Kommissar ohne Umschweife.

»Nein, eigentlich nicht«, erklärte Manthey. »Ich hab schon ein wenig überlegt, als Frauke mir den Sachverhalt geschildert hat: Vor etwa acht Tagen waren die letzten Gäste hier, die das Schloss besichtigen wollten, drei Männer. Ich führte sie herum, erklärte alles. Sie meinten, sie recherchieren für eine Krimigeschichte, die auf Crassenstein spielen soll, seien ein Autorenduo wie Jac.Toes und Thomas Hoeps. Sie meinten, es werde ein Jugendroman über eine Clique Internatsschüler in den 80ern, die Fälle auf Schloss Crassenstein lösen. Besonders interessierten sie sich für die Femeeiche da drüben.«

»Eiche! Das ist es, die müssen wir uns ansehen. Die Schlossführung können wir auf ein stressfreieres Mal verschieben«, trieb der Kommissar zur Eile. Manthey schien fast enttäuscht und klappte seine Unterlagen für die Schlossführung wieder zu. »Franz, nehmen Sie doch bitte die Beschreibung der drei Männer auf, bitte möglichst in allen Einzelheiten, Aussehen, Sprache, Verhalten, Namen. Frau Köllner, begleiten Sie mich zur Eiche.«

Sie liefen durch den Garten rechts neben dem Schloss zur Eiche hinüber, und nach kurzer Sichtung des Ortes fanden sie den Umschlag für Hassenbrügge in einem Baum.

»Sie schreiben:

›Beeilung, Beeilung, sonst ist es zu spät.
Dann wird ein junges Leben auf das Totenpättken gebracht,
und die Heilige Ida gibt ihren Segen dazu.
Dann erweckt auch der Ruggen keine Geister mehr.‹«

»*Ruggen*?« Ludger Hassenbrügge fehlte die Bedeutung dieses Begriffs, er trank keinen Alkohol.

»Das ist ein Schnaps, hier, nebenan aus Lippetal«, wusste Dorfsheriff Franz. »Hat schon so einige Konflikte beschert … und gelöst«, scherzte er.

»Also heißt der nächste Halt Lippetal, oder wie?«

»Ja, Kommissar, Wadersloh und Lippetal sind sich nicht unähnlich. War ich schon oft mit dem Fahrrad unterwegs«, erzählte Manthey. »Daher kenne ich auch das Totenpättken. Es führt zur Basilika der Heiligen Ida.«

»Meine Herren, Sie haben uns alle sehr geholfen. Franz, faxen Sie bitte die Beschreibungen der Männer an die Dienststelle in Paderborn. Frau Köllner, wir brechen auf. Die Nachricht beunruhigt mich … Totenpättken! Wir müssen so schnell wie möglich nach Lippetal … und ich hätte nicht gedacht, dass ich diesen Satz jemals sagen würde!«

Während der 15-minütigen Fahrt checkte Ludger Hassenbrügge die Facebook-Seiten der Polizei NRW, aber es gab keine weiteren Einträge. Der Post von 14.36 Uhr war eine einmalige Sache gewesen.

Hm, vielleicht werden die Entführer zu sicher, zu übermütig. Dann macht man leicht etwas Dummes, einen Fehler. Hoffentlich nicht mit Caro. Ich will Bertram kein totes Kind übergeben müsse.

Ihm wurde schlecht bei diesem Gedanken.

»Wir sind schon da«, riss ihn seine Kollegin aus seinen Gedanken. »Die Basilika der Heiligen Ida. Das ging schnell«

Sie parkten den Wagen dreist vor der Kirche und schritten umher, bis sie einen kleinen Pfad entdeckten, das *Totenpättken*. Dort befand sich eine Tafel mit Erläuterung, dahinter steckte der Brief … und unter der Tafel standen zwei blutverschmierte Turnschuhe.

*

Ihre Angst wuchs so weit, dass es kaum auszuhalten war. Seit zwei Tagen war sie in deren Gewalt, gefesselt, kaum etwas gegessen, nur getrunken, blind, und dann waren da die Schüsse. Caro meinte, dass dies ihr Ende hätte sein müssen, doch es traf den anderen. Den, der ihr immer an die Brust griff, wenn die anderen nicht hinsahen. Um ihn war es nicht schade. Sie hatte versucht, das alles zu ertragen, nicht geredet, alles getan, was sie verlangten. Ja, sie hatte versucht zu fliehen, doch es war missglückt. Und nun schwand ihre Hoffnung, die Entführung lebend zu überstehen. Der, der geschossen hatte, war so skrupellos. Was hatten die Typen mit ihr vor? Sie redeten kaum mit ihr. Vielleicht, um keine Bindung zu ihr zu schaffen, was Mitleid hätte hervorrufen können. Die Typen waren eiskalt. So brach sie in heftige Tränen aus und konnte sie nicht zurückhalten.

»Mädel, um dich geht es hier nicht«, redete dieser Arthur auf sie ein. »Du bist nur Mittel zu meinem Zweck. Vielleicht überlebst du das, wenn du nicht versuchst, noch einmal abzuhauen. Es geht mir nur um diesen Hassenbrügge.«

»Was? Ich dachte, es geht um die Kohle?«, wurde Dieter misstrauisch.

»Auch. Ohne Kohle würde mein Plan am Ende keinen Nutzen haben. Ich will danach das Leben genießen. Mein Plan führt zu einem vollen Bankkonto und einem guten Gefühl.«

»Hassenbrügge?«, stotterte Caro plötzlich. »Der Freund von meinem Papa?«

Mist, jetzt weiß sie etwas, was sie nicht wissen sollte. Hätte ich nur den Namen nicht genannt! Egal. Letztlich wird das keine Rolle spielen. Hauptsache, er schwimmt tot in der Lippe.

»Was ist das für ein Hassenbrügge?«, war
Dieter jetzt doch neugierig über die Details des
Plans.

»Das verstehst du sowieso nicht«, wiegelte
Arthur ab. »Fahr jetzt hier ab, da ist der Tempel.«

*

Das Erste, was den Ermittlern auffiel, war, dass
das Blut recht frisch war, noch nicht sehr fest ge-
trocknet.

»Sie waren hier, erst vor Kurzem«, stellte Kommissar Hassenbrügge fest.

»Und die Tinte ist auch noch nicht so alt«, ergänzte Köllner.

Das hätte einen Funken mehr Hoffnung
schaffen können, weil die Entführer anscheinend
Pläne ändern mussten, aber das Blut beunruhigte
die beiden.

»Wir sollten als Erstes die Kollegen in Bad
Lippspringe anrufen, ob sich die Entführer gemeldet haben, ansonsten sollen die auf Caros
Handy anrufen, um deren Stimme zu verlangen«,
schlug Kommissar Hassenbrügge vor. Er wollte
jetzt nachdrücklicher vorgehen. »Mein Smartphone kann das nicht, können Sie Konferenz-
schaltungen hinkriegen, Frau Köllner?«

»Ja, das kriege ich hin. Ich rufe mal Burmann
bei den Wohlfahrts an.«

Nach dreimal Durchklingeln war er am Apparat.

»Burmann, gab es irgendeinen Anruf der Entführer?«, fragte Ludger ohne Umschweife.

»Bislang nicht, Chef. Gibt es was Neues?«

»Hören Sie zu: Ich brauche Bertrams Handynummer, um ihn der Konferenz hinzuzufügen. Dann muss er von seinem Handy die Nummer seiner Tochter wählen. Wir müssen wissen, ob sie noch …« Er hörte mitten im Satz auf, weil er es nicht aussprechen wollte. Die blutigen Turnschuhe wollte er erst mal nicht erwähnen.

»0160 022 898 96. Er ruft an.« Burmann.

»Moment … Frau Köllner, fügen Sie die Nummer der Konferenz hinzu: 0160 022 898 96.« Hassenbrügge.

»Erledigt.« Köllner.

»Er kann wählen.« Hassenbrügge.

Nun konnte jeder hören, was die anderen sprachen. Das enervierend lange Freizeichen. Einmal. Zweimal. Dreimal. Dann ein Klicken.

»Papa?« Caro.

»Caro? Geht's dir gut?! Wo bist du??« Wohlfahrt.

»Bei mir.« Der Entführer. <*Klick.*> Legte auf.

Hassenbrügge atmete hörbar aus. Sie lebte. Noch. Wohlfahrt hörte er laut schluchzen. Jetzt war Burmann wieder am Apparat.

»Chef?«

»Burmann, gibt es schon was wegen der Beschreibungen der drei Täter?«

»Ich rufe die Dienststelle an, dass die sich bei Ihnen melden.«

»In Ordnung, danke erstmal, wir haben neue Hinweise, denen wir nachgehen müssen. Melde mich.« Er legte auf. »Also, Frau Köllner, was steht in dem Brief?«

›Kommst du dir vor wie ein Elefant aus Glas im Porzellanladen? Ich empfehle, im größtmöglichen Meer zu schwimmen, oder bist du mit deinem Latein am Ende? Dann kehre in dich, meditiere und frage Kamadchi um Rat. Sie liest dir deine Wünsche von den Augen ab.‹

»Mir brummt der Schädel. Hat das denn nie ein Ende?«, stöhnte Ludger.

»Mal langsam, Chef, das kriegen wir hin. So schwer waren die Rätsel alle nicht, der ist ja kein Genie. Also: Elefant aus Glas, wo gibt es den? Warum Latein? Größtmögliches Meer? Kamadchi? Ist das Latein?«

»Nein, das ist eine indische Gottheit. Damit hab ich mich mal beschäftigt. Latein, hm … größtmöglich … Maximum … Meer … Mare … *Maximare* in Hamm! Ja, es geht definitiv um Hamm, denn da steht auch der gläserne Elefant im *Maxipark*. Ich glaube, wir müssen zum Hindutempel, Frau Köllner.«

Sie packten die blutigen Turnschuhe ein und fuhren los.

Sie rasten über die Autobahn von Lippetal nach Hamm. Während der Fahrt läutete Hassenbrügges Handy.

Es war wieder Sander:

»Herr Hassenbrügge, hier geht es rund. Der Reihe nach: Wir haben die Beschreibungen der Täter erhalten. Also, der eine ist ganz klar Stratbecker. Woher wir das wissen? Wir haben seine Leiche gefunden.«

»Was??«

»Kopfschuss. Zweimal aus nächster Nähe. Der Vater der Betreiberin des *Cafés Baumhoers* in Wadersloh wollte seine Gänse füttern … oder Enten, egal. Jedenfalls ging er in den Garten und sah von Weitem den Klumpen Mensch da liegen. Den hat's dahingerafft. Vermutlich wollten die anderen beiden die Beute nicht teilen. Zudem haben wir mit den Vollzugsbeamten aus der JVA Hövelhof gesprochen, wo er eingesessen hat. Er war die letzte Zeit seines Aufenthalts dort immer zusammen mit einem Einbrecher namens Dieter Schniedertönns, der auch vor einiger Zeit entlassen wurde, und – jetzt kommt's – mit Arthur Weiß.«

»Muss mir der Name was sagen?«

»Sollte er, Sie haben ihn in den Knast gebracht. Hatte bereits eine Bewährungsstrafe wegen Körperverletzung. Dann ist er Sie und ihre Freundin letzten September auf dem Katharinenmarkt in Delbrück tätlich angegangen, sie haben ihn laut Bericht mit einem Schlag überwältigt, eine blutige Lippe verpasst, und er wanderte ein wegen Verstoßes gegen die Bewährungsauflagen.«

»… und gibt mir die Schuld. Daher spielt er ein Katz-und-Maus-Spiel. Das scheint ihm Spaß zu machen, aber was bezweckt er nur damit?

Warum hat er Caro noch? Das Geld müsste ihm doch reichen?«

»Das kann ich Ihnen nicht beantworten. Haben Sie neue Infos, die ich weitergeben kann?«

»Wir sind auf dem Weg zum Hindutempel in Hamm, da wartet wohl ein neuer Hinweis. Es nervt langsam. Und noch was … wir haben blutige Turnschuhe gefunden, Caros Turnschuhe. Ich hoffe, dass es das Blut von Stratbecker ist.«

Er legte auf und dachte an die Ereignisse von vor einem Jahr. Helen hatte damals schon bei ihren Internetchats von ihrem eifersüchtigen und gewalttätigen Ex geschrieben, dass er sie stalkt. Er sei eigentlich sehr intelligent, doch das Schlimmste, was man tun könnte, sei, seine Intelligenz zu beleidigen, denn er wäre reizbar und leicht zu kränken. Eine schlechte Kombo. Dann trafen sie beim Katharinenmarkt an der Wurstbude aufeinander. Dieser Arthur machte eine Szene, als seien er und Helen noch ein Paar. Dann griff er ihren Arm und Ludger ging dazwischen. Arthur wollte ihm eine reinhauen, aber wusste natürlich nicht, dass Ludger Polizist ist. Helen übrigens auch nicht. Sie wollte nicht mit einem Polizisten ausgehen – warum auch immer. Einmal schrieb sie ihm noch, dass es an ihr läge, nicht an ihm, und dass sie einen Job in Wesel angenommen hatte, auch um Arthur nicht mehr begegnen zu müssen, wenn er freikam.

Dann war das Motiv von Arthurs Handeln tatsächlich nur Eifersucht, gekränkter Stolz und

Rache. Und dafür brachte er die kleine Caro in so eine Lage? Jetzt wollte Ludger Arthur unbedingt zu fassen bekommen.

*

Dieser eine Typ mit der Knarre war in den Tempel gegangen, um einen Brief zu hinterlassen. Er legte Caro seitwärts auf den Rücksitz, damit niemand sie sah. Er brauchte einige Zeit, denn man musste im Tempel Jacken und Schuhe ablegen. Der andere Typ saß vor ihr und wurde unruhig, murmelte immer »Wo bleibt er denn?«. Vorsichtig streifte Caro am Sitz ihre Augenmaske nach oben, um endlich wieder sehen zu können. Es gelang ihr.

Der erste Blick tat weh, das Sonnenlicht schmerzte. Der Typ vor ihr hatte nichts gemerkt, richtete seinen Blick nach vorn. Sie war zwar noch immer an den Füßen gefesselt und die Hände waren vor den Bauch gebunden, aber es war ihr gelungen, die Fußfesseln durch dauerndes Bewegen zu lösen. Nun griff sie nach der Türklinke, bereit, sie aufzustoßen, herauszuspringen und wegzulaufen. So schnell sie konnte. Wenn nur der andere Typ nicht kommen würde! Der Fahrer war zu langsam für sie, und bis der das gecheckt hatte …

Sie reckte ihre Hände vorsichtig zur Griff, umschloss ihn, stellte ihre Füße auf, drückte die Klinke blitzschnell runter und … Kindersicherung! Sie war gefangen.

Der Fahrer blickte in den Rückspiegel und sagte: »Hey, was …?«

Die Tür ging plötzlich doch auf, aber der andere Kerl stieg ein, schob sie heftig zur Seite und setzte sich neben sie. Er packte sie an den Händen, zog sie nah an sein Gesicht und drohte:

»Wenn du was Dummes versuchst, verteile ich dein Gesicht auf dem Parkplatz, klar? Fahr los, Trottel, da kommt eine Bullenkarre!«

*

In Hamm beim Hindutempel fuhren sie dann von der Bahn ab und wären auf dem Parkplatz fast noch mit einem rücksichtslosen VW Golf Variant kollidiert.

Sie fanden sehr schnell den nächsten Hinweisbrief, nachdem sie barfuß und leise durch den Tempel schlichen, um die Meditation der Anwesenden nicht zu stören. In einer Schale vor der Statue von Kamadchi fand sich der Brief. Ein Hindu schaute böse, so als wollten sie den der Göttin gespendeten Brief unrechtmäßig entwenden, doch sie störten sich nicht daran. Darin stand:

›Besuchst du diese eine Stadt gerne?
Oder siehst du sie nur aus der Ferne?
So wie Sonne, Mond und Sterne?
Zeit, dass ich zu reimen lerne!
Finde mich, und ich rufe dir die Marktrechte aus.‹

»Jetzt dreht er ab, oder?«, war sich der Kommissar sicher.

»Ziemlich. Ich glaub aber, er meint Werne. Werne an der Lippe. Reimt sich erstens auf alles und ist zweitens die nächste größere Stadt an der Lippe, denn da führt er uns entlang, das habe ich mittlerweile gemerkt«, bemerkte Frauke Köllner.

»Aber wo ruft jemand in Werne die Marktrechte aus?«

»Keine Ahnung, ich kenne in Werne nur *Bücher Beckmann*, aber der Betreiber kennt die Stadt wie kein Zweiter. Den werden wir fragen.«

*

Als sie in Werne wieder auf die Autobahn fuhren, gab Arthur Dieter den Befehl, mächtig aufs Gas zu drücken. Er wollte es einfach nur noch zu Ende bringen. Zu viele neue Variablen waren bei seinem Plan aufgetreten. Hermann war ausgeschieden, ab Lippetal musste er improvisieren und seinen Plan umwerfen. Die ganzen Rätsel, die er wie der *Riddler* bei *Batman* vorbereitet hatte, klappten nun nicht mehr ohne den dritten Mann als Puffer. Zudem wurde die Göre langsam munter, hatte ihre Gesichter gesehen und versuchte vermutlich, jede Gelegenheit zur Flucht zu nutzen, und Dieter stellte immer mehr Fragen, aber der war sowieso von Anfang an als Bauernopfer konzipiert. Arthur ärgerte sich sogar selbst über sein plumpes Rätsel, das den Kommissar nach

Werne lenken sollte. Es würde ihm wahrscheinlich nicht so viel Zeit verschaffen, wie er brauchte. Also warf er den ganzen Plan um und hinterließ in Werne nur einen mickrigen Hinweis auf den letzten Ort ihrer Schnitzeljagd, den der Kommissar sicher nicht so schnell knacken würde. Das ließ ihm Zeit, im *Goldenen Anker* am Lippetor in Dorsten zu essen. Darauf würde er auf keinen Fall verzichten. In das Restaurant von Promikoch Björn Freitag hatte er Helen zum Jahrestag ausgeführt, bevor alles anders wurde, bevor sie ihn ablehnte. Nur weil er ein-, zweimal einen Fehler gemacht hatte. Und dann kam dieser Mistpolizist … den er heute noch töten würde.

»Also, Folgendes: Wir gehen jetzt was essen, im *Goldenen Anker*. Wir tun so, als wären wir Vater, Tochter und Onkel, klar? Meine Knarre hab ich dabei. Wenn du was versuchst, Mädel, schieße ich dir ins Gesicht, capiche?«

»Alles bis auf ›capiche‹.«

»Halt einfach die Fresse.«

Er befreite sie von ihren Fesseln und der bereits nutzlos gewordenen Augenmaske, richtete sie ein wenig her und säuberte ihr Gesicht mit einem feuchten Tuch. Sie stiegen aus, betraten den *Goldenen Anker* wie eine Familie, orderten Gänsebrust, Rinderrücken und die Kleine bekam eine Mini-Roulade. Sie aßen schweigend, und das Mädchen ließ sich vor Angst, erschossen zu werden, nichts anmerken. Von ihrem Platz aus hatten sie einen guten Blick auf die Dorstener Innenstadt und konnten alles im Blick halten. Mit dem Essen verbrachten sie keine Stunde, lagen gut in der Zeit, doch dann betraten zwei Polizisten den *Goldenen Anker.*

*

Hubertus Waterhues lächelte, als er die Antwort gab: »Na, vermutlich meinen Sie unseren Ausrufer auf dem Marktplatz. Die Marktrechte hat Werne allerdings schon über 650 Jahre.«

»Kommen wir hier leicht zum Marktplatz?«, wollte der ortsunkundige Hassenbrügge wissen.

»Klar, einfach raus aus dem Laden, links hoch auf die Steinstraße und dann links herum und immer geradeaus, dann kommen Sie automatisch auf den Marktplatz. Der Ausrufer steht rechts vom *Stilvoll,* der Gaststätte im *Alten Rathaus.* Ach, wissen Sie was, ich mach mal Kaffeepause und begleite Sie dorthin.«

Auf dem Weg kontaktierten sie die Kollegen der Polizeiwache am Bahnhof, die einen Streifenwagen, der sowieso in der Innenstadt war, zum Marktplatz schickten. An der Statue des Ausrufers trafen sich alle, aber es fand sich kein Brief, nur ein Aufkleber.

»Was ist das für ein Bild auf seinem Handrücken?«, war der Kollege der Werner Polizei ratlos.

»Das ist ein Esel vor einem Rathaus mit Aktenkoffer, im Anzug, der ein Stadtwappen trägt«,

stellte Hassenbrügge fest. »Was soll denn das bedeuten?«

»Bürgermeister Esel aus Wesel?«, scherzte
Buchhändler Waterhues und lachte über das alte
Wortspiel.

»Wesel«, sagte der Kommissar ernst.

»Wesel«, wiederholte Köllner. »Das Ende der
Lippe … und hoffentlich das Ende dieser Jagd.«

»Und der Ort, wo die Frau hingezogen ist,
wegen der wir auf der Jagd sind. Kann er das wissen?«

Frauke Köllner dachte nach: »Er ist ja nicht
unintelligent. Er hätte die Anfrage im Einwoh-
nermeldeamt stellen können, wo diese …«

»… Helen …«

»… Helen hingezogen ist. Mist, schon zu spät,
das Amt hat dicht. Los, auf nach Wesel«, gab sie
vor, ohne zu wissen, wohin genau. Da fiel ihr auf,
dass der zweite, winzig kleine Sticker auf der Lippe des Ausrufers klebte. Er zeigte ein Brücken-
symbol über einen Fluss. »Die Lippebrücke in
Wesel?«

Der Kommissar war fassungslos: »Was ist der
Typ für eine Dramaqueen? Showdown über dem
Fluss? Was hat er vor?«

*

»Ich sag dir jetzt, was ich vorhabe. Wir zahlen,
warten, bis die Bullen raus sind und gehen dann
unauffällig zum Auto – klar für alle?«

»Sicher«, sagte Dieter. Das Mädchen nickte stumm. Sie hatte zuviel Angst, als sie sah, dass Arthur den Griff seiner 9-mm-Kanone umschloss, die er unter dem Hemd trug. »Und was hast du dann vor?«

»Du willst wissen, was ich dann vorhabe? Ich werde dir sagen, was ich dann vorhabe: Dann warten wir auf den Kommissar, damit ich ihm eine Kugel in die Birne schießen kann. Und zwar schön in Wesel. Damit die Schlampe Helen auch in der Tageszeitung von seinem Tod liest. Und darüber, dass ich es war. Dann verpiss ich mich mit meinem Anteil und tauche für immer unter. Das solltest du auch tun. Damit das klappt und uns die Weseler Bullen nicht packen, musst du mit dem Fluchtauto bereit sein, wenn ich den Typen gekillt habe.«

»Und das Mädchen?« Dieter nickte zu Caro.

»Was weiß ich? Die kann dann abhauen, nach Hause, und genau so eine Schlampe werden wie Helen.« Arthur wollte Dieter nicht die Wahrheit darüber sagen, was er noch vorhatte, denn dann hätte dieser womöglich rebelliert. Er wollte Hassenbrügge nicht einfach nur töten. Er wollte ihn demütigen. Er wollte ihn mit dem unerträglichen Gefühl aus dem Leben scheiden lassen, dass er das kleine Mädchen fast gerettet hätte, aber in letzter Sekunde versagt hatte. Er würde dem Mädchen vor den Augen des Kommissars einen Kopfschuss verpassen und ihren toten Körper in die Lippe stürzen lassen, damit er von dort in den Rhein und unwiederbringlich in die Fluten gespült würde.

Die Kellnerin kam, sie zahlten, gingen unauffällig an den Polizisten vorbei, die sich einen Detox-Drink gönnten, stiegen ins Auto und fuhren von Dorsten nach Wesel, parkten an der Gaststätte *Lippeschlösschen* und warteten unauffällig an der Lippebrücke.

Es war schon dunkel, als Hassenbrügge und Köllner am *Lippeschlösschen* parkten und zur Lippebrücke gingen. Das Duo musste auf die Truppe der Weseler Polizei verzichten. *Art Mori* hatte auf die Facebook-Seite der Polizei gepostet: ›Kommt allein, sei kein Schwein oder Schneewittchen kommt nie mehr heim.‹ Die Dienststelle hatte auch die Gesichter der beiden übrig gebliebenen Entführer auf die Smartphones der Ermittler geschickt, aber die hätten sie nicht gebraucht. Ludger erkannte Caro direkt.

»So viel Theater für ein bisschen Rache, Weiß?«, sprach er Arthur provokant an. Der hielt Caro als Schutzschild vor sich. »Lasst die Kleine jetzt gehen, es ist doch vorbei.«

»Keinen Schritt weiter! Deine Kollegin soll sich verpissen!«, schrie Arthur Weiß.

Köllner verstand und zog sich vorsichtig zurück.

»Nun, Herr Kommissar! Willst du nicht wissen, warum ich das hier abziehe? Du hast mir meine Freundin weggenommen.«

»Das ist so nicht ganz richtig. Ich fürchte, du hast da ein Wahrnehmungsproblem.«

»Schnauze!«, schrie Arthur. Caro zuckte zusammen. Dieter stand ungerührt daneben. »Wegen dir ist sie weggezogen. Ich hatte nicht die Chance, sie zurückzugewinnen, weil ich wegen dir im Knast saß! Du hast mich gedemütigt, in aller Öffentlichkeit, und heute zahle ich dir das zurück. Ich hab dich beobachtet, bin dir gefolgt. Hab gesehen, mit wem du dich immer getroffen hast, so auch mit deinem guten Freund, dem Bankdirektor. Und das hier ist seine Tochter. Ist sie nicht zuckersüß?« Er leckte ihr mit der Zunge über die Wange, sie fing vor Ekel an zu weinen. Dieter wurde unruhig. Das war doch so nicht geplant? »Was meinst du, kannst du damit leben, sie fast gerettet, aber in letzter Sekunde versagt zu haben? Es wird an dir nagen und dich zerbrechen, in den letzten Sekunden deines Lebens!«

Er zog seine Waffe hinter seinem Rücken hervor, grinste wahnsinnig und drückte sie Caro an den Kopf.

»Lass die Waffe fallen«, sagte Hassenbrügge betont ruhig und hob seine Hände zum Zeichen des Ergebens.

»So was machen wir nicht!«, rief Dieter plötzlich, was Arthur für einen Moment irritierte. Eine Sekunde, die er unaufmerksam war, und zu Dieter über die Schulter blickte, so die Waffe von Caros Kopf entfernte, was dem schwergewichtigen Dieter die Möglichkeit eröffnete, Arthurs

Waffe zu entreißen. Caro riss sich los und rannte in Richtung des Kommissars, der seine Waffe zog und in die Luft schoss, als Warnung, doch Weiß drückte ab und schoss Dieter bei der Rangelei ins Gesicht. Der taumelte rückwärts und stürzte die Brücke hinab in die Lippe. Ein zweiter und dritter Schuss ertönte. Sowohl Köllner als auch Hassenbrügge hatten abgedrückt. Gefahr im Verzug. Beide Kugeln trafen Arthur in die Brust, er taumelte ebenfalls rückwärts, wollte noch einmal seine Waffe erheben, doch da drückte Köllner ein letztes Mal ab. Die Kugel zerfetzte Arthurs Halsschlagader. Ein Blutstrom pulsierte aus der Wunde, als Arthur gegen das Brückengeländer taumelte, das Gleichgewicht verlor und in die Lippe stürzte. Wäre es nicht so dunkel gewesen, hätte man sehen können, wie sich der Fluss mit einem Schlag blutig färbte.

Caro kam nun auf Hassenbrügge und Köllner zu, fiel der Polizistin erleichtert in die Arme. Nun kam auch die Verstärkung der Weseler Polizei an den Tatort, von der anderen Lippeseite.

»Guter Schuss«, lobe der Kommissar seine Kollegin.

»Ein bisschen Glück war auch dabei. Alles wird gut, Kleine«, tröstete sie die kleine Caro.

»Oh, Mann«, meinte Hassenbrügge nur trocken, »das hätte auch anders ausgehen können. Da sind wir ja noch mal mit einer blutigen Lippe davongekommen.«

Magnus See, geb. 1978, lebt in Werne an der Lippe, Westfalen. Er studierte Germanistik, Anglistik, Soziologie und Öffentliches Recht an der Westfälischen Wilhelms-Universität in Münster. Seit 2001 arbeitet er als Autor, Lektor und Verleger (Ventura Verlag), schreibt Kurzgeschichten, Romane und Drehbücher (von denen noch keines verfilmt wurde) und gibt Kurse im Kreativen Schreiben.

Ironischerweise hatte er den meisten Erfolg mit seinem Buch *Wege in die spontane Erfolglosigkeit,* das er 2009 zusammen mit Christian Huppert veröffentlichte. Zusammen mit Hartmut Marks startet er 2016 das neue regionale Krimifestival *Blutige Lippe,* hatte als Herausgeber im Sommer 2015 einen Überraschungserfolg mit der Anthologie *Man müsste mehr ans Meer* und im Winter 2015 mit der Anthologie *(Nicht noch) Eine Weihnachtsgeschichte!.*

Übrigens:

Er konsumiert gern Medien (Buch, Musik und Film), isst viel Meeresgetier, macht einen grandiosen Latte Macchiato, sammelt Comics sowie immer wieder gerne Inspirationen für seine Texte über skurrile Typen, absurde Begegnungen, seltsame Situationen und bizarre Beobachtungen.

Magnus See ist ein Gourmand. Er kann herrlich beim Essen über Essen reden.

BAD LIPPSPRINGE

Bad Lippspringe hat aktuell 16.000 Einwohner, liegt mitten im Kreis Paderborn und zählt zu den bundesweit bekannten Kurorten. Als einzige Stadt in Nordrhein-Westfalen darf sich Bad Lippspringe mit zwei der begehrten Auszeichnungen schmücken, die das Bundesland zu vergeben hat. Die Kur- und Badestadt ist sowohl „Staatlich anerkanntes Heilbad" als auch „Heilklimatischer Kurort" mit dem Prädikat „Premium Class".

Gesundheit und Erholung – das macht das Besondere aus: Bad Lippspringe ist als „Grüne Lunge Ostwestfalens" für seine hervorragende Luftqualität bekannt. Den Aufstieg zu einem der führenden Heilbäder verdanken wir aber auch den drei örtlichen Heilquellen.

Unsere Besucher schätzen nicht weniger die einmalig reizvolle Landschaft. Im Norden locken Eggegebirge und Teutoburger Wald zu ausgedehnten Rad- und Wandertouren, im Süden bildet sich die malerische Silhouette der Senne mit ihrer urwüchsigen Heidelandschaft ab. Wanderer und Radfahrer finden hier ein vorbildlich ausgestattetes Wegenetz vor. Viele Tausend Urlauber haben Bad Lippspringe aber auch bei einem Besuch der Westfalen-Therme oder eines unserer hervorragenden Hotels kennen- und schätzen gelernt.

Aktuell laufen die Vorbereitungen für ein ganz besonderes Veranstaltungshighlight auf Hochtouren. Bad Lippspringe ist 2017 die erste Stadt in Nordrhein-Westfalen, die eine Landesgartenschau mit dem Schwerpunktthema Wald ausrichtet. Freuen dürfen sich die Besucher darüber hinaus auf imposante Blumenmeere, aufwändige Wechselbepflanzungen sowie unterschiedliche Themen-, Muster- und Lichtungsgärten.

www.bad-lippspringe.de

Wir sind heimatverbunden – aber weltoffen:

Ortsmitte

Bad Lippspringe 3 km

Geeken DORF café

Auto-Center SOLLE

Vollmer
OPTIK
UHREN
SCHMUCK

T. und C. Schulte GbR
Baumschule · Gartenbau

Wegweisend!
GARTENGESTALTUNG
Ulrich Stadefeder

RKS Küchenstudio

Melanie Fricke
Parfümerie und Naturkosmetik

LANGE'S
BLUMENHOF

Jeder Mensch hat etwas, das ihn antreibt.

Wir machen den Weg frei.

Machen Sie mehr aus Ihrem Geld:
Hier vor Ort mit Ihrem persönlichen
Ansprechpartner Geschäfte tätigen
oder sich einfach „nur" gut beraten
zu lassen. Alles ist möglich. Aber eben
persönlich und auf vertrauensvoller
Basis. Kommen Sie vorbei, unsere
Berater informieren Sie gerne hier.

 in Schlangen und Bad Lippspringe

Volksbank Schlangen eG
Spar- und Darlehnskasse

delbrück
Immer besser!

Tradition und Moderne, Natur und Kultur – all das und noch vieles mehr finden Sie zwischen Lippe und Ems, im Delbrücker Land. Delbrück mit seinen zehn Ortsteilen Anreppen, Bentfeld, Boke, Delbrück, Hagen, Lippling, Ostenland, Schöning, Steinhorst und Westenholz ist mit über 30.000 Einwohnern die zweitgrößte Stadt im Kreis Paderborn.

Die Delbrücker Innenstadt lädt mit zahlreichen inhabergeführten Fachgeschäften, ortstypischer Gastronomie und vielfältigen Veranstaltungen zum Einkaufen, Verweilen und Genießen ein. Mit den berühmten „3 Ks" ist Delbrück auch über die Kreis-grenzen hinaus bekannt. Diese stehen für den *Karneval* mit dem großen Rosenmontagsumzug, die *Kreuztracht* am Karfreitag und das Volksfest *Katharinenmarkt* im September.

Das flache Delbrücker Land ist ein Paradies für Radler und Skater. Auf einer Tour auf den zahlreichen regionalen und überregionalen Radwegen gibt es viel zu entdecken: Ein Ensemble original restaurierter Bauernhöfe aus dem 16. und 18. Jhd. bildet „Das Gastliche Dorf" im Ortsteil Sudhagen. Hier erwartet die Besucher bei Kaffee und Kuchen oder einer Brotzeit eine kleine Reise in die Vergangenheit.

Neben dem „Gastlichen Dorf" ist natürlich auch das Römerlager Anreppen einen Besuch wert. Das 23 Hektar große Lager zählt zu den wichtigsten frührömischen Denkmälern in Deutschland. Besonders reizvoll ist der Boker-Heide-Kanal, ein 32 Kilometer langer künstlicher Wasserkanal zwischen Paderborn und Lippstadt.

Unbedingt sehenswert ist auch der Kirchplatz im Herzen der Stadt Delbrück. Wer dem schiefen Kirchturm folgt und zum ersten Mal durch eines der Gässchen den historischen Kirchplatz betritt, trifft auf jahrhundertealte Fachwerkhäuser, die rund um die katholische Pfarrkirche St. Johannes Baptist angeordnet sind.

Auch das Steinhorster Becken, das mit 82 ha die größte von Menschen geschaffene „Biotopanlage" in Nordrhein-Westfalen ist, ist einen Ausflug wert. Aussichtstürme und Bänke auf der Deichkrone bieten die Möglichkeit, die Natur hautnah zu erleben.

STADT DELBRÜCK – MARKTSTR. 6 – 33129 DELBRÜCK
TELEFON 05250 996 112
WWW.STADT-DELBRUECK.DE | TOURIST@STADT-.DE

GEMEINDE WADERSLOH

Die Gemeinde Wadersloh ist eine der sichersten im Kreis Warendorf und in Nordrhein-Westfalen. Verbrechen gibt es hier fast ausschließlich im Krimi. Die rund 13.000 Menschen leben inmitten der idyllischen Landschaft des Münsterlandes zumeist friedlich zusammen.

Die drei Ortsteile Wadersloh, Liesborn und Diestedde haben dabei jeweils ihren eigenen Charme und lohnenswerte Sehens-

würdigkeiten. Besonders lebenswert machen die Gemeinde Wadersloh aber ihre Einwohnerinnen und Einwohner. Sie alle verbinden Gastfreundschaft und Menschlichkeit mit einer ausgeprägten Freude an Natur und Kultur und machen die Gemeinde so auch zu einem beliebten Ziel für Touristen.

Zahlreiche namhafte Unternehmen wissen die Tatkraft der Menschen hier ebenso zu schätzen wie die vorteilhafte Infrastruktur. Durch die gute Anbindung zu den Regionalzentren der Umgebung ist die Gemeinde Wadersloh auch in wirtschaftlicher Hinsicht ein gefragter Standort für Betriebe aus den verschiedensten Bereichen. Die Städte Beckum (19 km), Lippstadt (12 km), Oelde (14 km), Rheda-Wiedenbrück (20 km), Soest (28 km) sind nur wenige Kilometer entfernt und auch die Großstädte Münster oder Dortmund sind mit dem Auto in rund einer Stunde zu erreichen.

GEMEINDE WADERSLOH – LIESBORNER STR. 5 – 59329 WADERSLOH
TELEFON: +49 (0) 2523 950 - 0 | TELEFAX: +49 (0) 2523 950 - 2110
WWW.WADERSLOH.DE | GEMEINDE@WADERSLOH.DE

Neben den Ausflugszielen in der näheren Umgebung gibt es besonders in den drei Ortsteilen Wadersloh, Liesborn und Diestedde viel zu entdecken. Aktive, Naturbegeisterte, Entspannungssuchende und Freunde von Kunst und Kultur finden hier passende Angebote. Ein Netz aus Reit-, Rad- und Wanderwegen überspannt das gesamte Gemeindegebiet und verbindet die Gemeinde mit der umliegenden Region. Diese lässt sich z.B. mit dem Rad entlang der Römer-Lippe-Route oder der 100-Schlösser-Route erkunden.

Egal ob bei Ausflüge mit dem Rad, mit dem Pferd oder zu Fuß. Unterwegs heißt es einkehren und echte Gastfreundschaft genießen – in einem der Landgasthöfe, in Restaurants oder Bauernhofpensionen. Bei gemütlichen Touren durch die Gemeinde gibt es deshalb neben der abwechslungsreichen Landschaft an vielen Stellen Anknüpfungspunkte für kulturelle Highlights.

Das Museum Abtei Liesborn ist der wichtigste Kulturort in der Gemeinde Wadersloh und gleichzeitig eines der bedeutendsten Museen in der Region. Kultureller Höhepunkt mit überregionaler Bedeutung sind die dort regelmäßig stattfindenden Liesborner Museumskonzerte mit vielen internationalen Stars, sowie eine sehr bekannte Sammlung von historischen Kreuzen. Weitere Sehenswürdigkeiten sind die denkmalgeschützte Pfarrkirche St. Margareta in Wadersloh und das historische Wasserschloss Crassenstein in Diestedde.

Es gibt also viel zu entdecken in der Gemeinde Wadersloh. Die Verbindung von Wirtschaft, Tourismus, Natur und Kultur macht den besonderen Reiz der Gemeinde Wadersloh aus. Überzeugen Sie sich selbst! Einen ersten Eindruck unserer Gemeinde erhalten Sie unter:

www.wadersloh.de

GEMEINDE LIPPETAL

Lippetal – Mitten im Herzen von Westfalen

Im Norden des Kreises Soest befindet sich die 1969 aus elf ehemals selbstständigen Dörfern gebildete Gemeinde. Mittendurch fließt von Ost nach West die namensgebende Lippe.

Im Süden zeigen sich die typischen Merkmale der Soester Börde mit fruchtbaren Ackerflächen und gewachsenen Dörfern wie **Brockhausen, Heintrop-Büninghausen, Hovestadt, Hultrop, Krewinkel-Wiltrop, Niederbauer, Nordwald, Oestinghausen** und **Schoneberg** mit Anschluss an das Sauerland. Im Norden befinden sich die beiden größten Dörfer Herzfeld und Lippborg, hier dominieren die Besonderheiten des Münsterlandes mit weiter Parklandschaft mit altem Baum- und Waldbestand.

Lippetal bietet für jeden etwas: Radwegenetz (ideal auch für Inliner) mit Anschluss an überregionale Radwanderrouten - wie Römer-Lippe-Route, 100 Schlösser Route, LandesGartenSchau-Route, Radweg Auenland, Radelpark Münsterland, Fietsen naar Praag – Wald- und Wanderwege, Gästeführungen, Hotels, Gaststätten, B&B, Ferienwohnungen, Reiten – auch in der Halle (Unterricht), 18-Loch-Golfplatz, Minigolf, Campingplatz mit Wasser-sportmöglichkeiten, Kanutouren auf der Lippe, Angeln, Schwimmbad, Fußball, Tennis, Hundesport, Schießsport, Karneval, Schützenfeste, Fahrradthon, Kirmes mit Markttag, Ida- und Heimatwoche (Wallfahrt).

Sehenswürdigkeiten: Wasserschloss Hovestadt mit restauriertem Barockgarten, Wallfahrtsbasilika St. Ida Herzfeld mit Grabkrypta der hl. Ida im ältesten Wallfahrtsort Westfalens, Wasserschloss Assen, Windmühle Heintrop, Heimathaus Oestinghausen, Naturschutzgebiet „Ahsewiesen" – Naturerlebnis Auenland, Museumseisenbahn.

Einwohner: ca. 12.000
Größe: 126,5 qkm

GEMEINDE LIPPETAL – BAHNHOFSTR. 7 – 59510 LIPPETAL
RATHAUS IN HOVESTADT – TEL. 02923 980-0
WWW.LIPPETAL.DE

Gemeinde
Lippetal

MAXIMARE
ERLEBNISTHERME BAD HAMM

Das *Maximare Hamm* ist eine der größten und vielfältigsten Erlebnisthermen der Region. Mit überdachtem 50m-Sportbecken, einer Aquawelt mit Wellen- und Erlebnisbecken, zwei Eventrutschen (95m und 92m) sowie einem Kleinkindbereich, einem Kalt/Warmbecken sowie einem Whirlpool. Verlockend ist das Baden im 33°C warmen Außensolebecken, gespeist mit original Leinethaler Natursole. Über Ihnen nur der Himmel!

Gesund und erholsam Schwitzen kann man direkt nebenan im Sauna Resort. Sieben verschiedene Saunaarten stehen im Innen- und Außenbereich (3500m² Saunagarten) zur Verfügung. Eventaufgüsse finden in der Multimediasauna *ArenaMare* statt. Hier finden bis zu 100 Menschen Platz. Völlige Ruhe dagegen in der Sinnes- oder Salzsauna oder im Dampfbad. Die Erdsauna versprüht den Hauch urigen

Polarholzes, heiß her geht es im Fegefeuer. Die Solegrotte befreit die Atemwege, im Ruhe- und Liegehaus sammeln Sie neue Kräfte. Wohltuend ist ein Bad im 31°C warmen Außensolebecken. Natürlich gibt es auch im Sauna Resort ein Kalt/Warmbecken, einen Whirlpool und eine breit aufgestellte Gastronomie.

Im Wellness Resort haben Sie die Wahl: Klassische Massagen oder traditionelle chinesische Massagen. Mit ausgebildeten Meisterinnen aus Dalian/China. Gönnen Sie sich bspw. Zeit zu Zweit mit einem Rosenblütenbad bei einem Glas Prosecco mit anschließender Massage. Oder vergessen Sie den Alltag bei einer kaiserlichen China-Massage oder einer Shanghai Ganzkörper-Ölmassage.

MAXIMARE – ERLEBNISTHERME BAD HAMM
JÜRGEN-GRAEF-ALLEE 2 – 59065 HAMM
MARKETING: CHRISTIAN FECKE | TELEFON 02381-8780
INFO@MAXIMARE.COM | WWW.MAXIMARE.COM
WWW.FACEBOOK.COM/MAXIMAREHAMM

STADT DORSTEN

Willkommen in der kleinen Hansestadt an der Lippe

Wo schon die Römer Marschlager unterhielten für ihre Eroberungszüge ins dunkle Germanien, wo die Lippe als Grenzfluss zwischen dem Rheinland und Westfalen plätschert, liegt die Stadt Dorsten. Hier verläuft die alte Grenze zwischen preussischen Landen und dem Besitz der Erzbischöfe von Köln – Protestanten auf der einen, Katholiken auf der anderen Seite.

Die moderne Flächenstadt Dorsten mit rund 76.000 Einwohnern bildet heute eine Brücke zwischen Ruhrgebiet und Münsterland: Teile der Stadt zählen sich ohne Zweifel zum Ruhrgebiet – andere, insbesondere die nördlichen Ortsteile, sehen sich eher dem Münsterland zugeordnet.

Dorsten vereinigt zehn Gemeinden mit dörflichen wie urbanen Strukturen. Spuren der 750-jährigen Stadtgeschichte sind in der Altstadt sichtbar und geben dem Zentrum rund um den Markt und das Alte Rathaus Ambiente und Flair.

Das historische Dorsten war im Mittelalter Beystadt im Hansebund und nutzte den damals noch schiffbaren Fluss als Transportweg für Waren und Güter ebenso wie für das Treideln seiner Flachbodenschiffe ins benachbarte Wesel. Dorsten hat eine Schiffbautradition, die erst im 19. Jahrhundert endete, als man Schiffsrümpfe aus Eisen und Stahl baute. Spuren der Hansezeit sind im Straßenverlauf der Altstadt erkennbar.

Historischer Marktplatz mit dem Alten Rathaus im Herzen der Altstadt Dorsten ist Kulisse für zahlreiche Cafés mit Aussengastronomie.

Dorsten ist eine fahrradfreundliche Stadt und hat ein gut durchdachtes Radwegenetz. Aber auch zahlreiche Wanderwege laden zur Bewegung in freier Natur ein: Die Treidelpfade seitlich am Kanal sind beliebte Strecken, durch die geschützten Lippeauen führen Lehrpfade und in den Wäldern Dorstens, zwischen den Äckern und Wiesen, bieten sich gut ausgebaute Wirtschaftswege als ruhige Radwege ebenso an wie die zahlreichen Wander- und Forstwege, die sich zu Fuß erschließen lassen.

Die Lippe an einem frühen Herbstmorgen – hier kann man sich auf wunderbar ruhigen Spaziergängen erholen.

Einheimische und Gäste finden in Dorsten zahlreiche Gasthöfe mit regionaler Küche. Einige der Häuser bieten Zimmer an. Urlauber finden Hotels in unterschiedlicher Kategorien, Pensionen, Ferienhäuser und Restaurants im gesamten Stadtgebiet vor.

STADT DORSTEN – POSTFACH 210265 – 46269 DORSTEN
PRESSESPRECHERIN LISA BAUCKHORN
TELEFON 02362 66 3470 | TELEFAX 02362 66 5712
WWW.DORSTEN.DE | PRESSESTELLE@DORSTEN.DE

Das Projekt *Blutige Lippe* wird gefördert von der Kulturabteilung des *Landschaftsverbands Westfalen-Lippe* (LWL).

Für die Menschen.
Für Westfalen-Lippe.

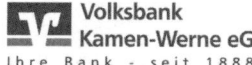

Magnus See (Hg.)

Man müsste mehr ans Meer

Kurzgeschichten

Lieben Sie das Meer auch so? Wie oft haben Sie in letzter Zeit gedacht: »Es wäre schön, jetzt am Meer zu sein!«? Sei es im Büroalltag, in der Supermarktschlange, im Straßenverkehr – Situationen, um sich ans Meer zu wünschen, gibt es viele. Tatsächlich einfach loszufahren, um den salzigen Geruch, den warmen Sand, eine steife Brise oder das kühle Nass zu genießen, geschieht dann meist eher selten.

Diese Kurzgeschichtensammlung ist etwas für Menschen, die schon lange nicht mehr am Meer waren und sich gerne literarisch dorthin versetzen lassen möchten. Oder für diejenigen, die dieses Jahr gerne ans Meer gefahren wären, es aber aus den unterschiedlichsten Gründen nicht schaffen. Und wenn Sie dieses Buch mit an den Strand nehmen – umso besser! Es ist ein perfekter Begleiter für Ihren Urlaub. Entspannend, romantisch, lustig, verträumt, erotisch, packend und auch ungewöhnlich, so sind die abwechslungsreichen Kurzgeschichten in diesem Buch, jede ein kleiner Kurzurlaub für sich.

Mit Geschichten von Magnus See, Irene Klischko, Heike Auel, Anke Elsner, Volker Döch, Lydia Schmölzl, Bernd Daschek, Thekla Kraußeneck, Manfred Groeger, Nicola Hölderle, Stefan Lochner, Manfred Kindler, Steffi Müller, Kirsten Ließmann, Ellen Schmölzl, Petra Loyda, Bettina Forbrich und Cornelia Becker.

Paperback, 270 Seiten
ISBN 978-3-940853-34-9
12,90 Euro

Ventura Verlag • Carl-von-Ossietzky-Str. 1, 59368 Werne
Tel. +49–(0)2389–68 96 • www.ventura-verlag.de

Klaus Goehrke

Flussopfer.
Geschichten zwischen Lippe und Ruhr

Flussopfer lautet der Titel des Kurzkrimis, der diesem Buch seinen Namen gibt und uns von Kamen an die Lippe führt. In insgesamt 24 Geschichten erzählt Goehrke Begebenheiten, die zwischen Lippe und Ruhr angesiedelt sind, in unserem Alltag oder an speziellen Orten wie Schloss Heeren und Haus Opherdicke, in Städten wie Kamen und Werne, Dortmund und Castrop spielen.
Sie führen uns aber auch von Westfalen in die weite Welt hinaus, etwa nach Eilat ans Rote Meer oder nach Kayseri in die Türkei ... und trotzdem finden wir Leser uns auch in der Ferne wieder.

Die Erzählungen handeln von unserer Heimat und der Fremde, von Frauen und Männern, Alten und Kindern, für die sich auch Weihnachtsgeschichten zum Vorlesen in dieser Geschichtensammlung finden. Zeitlich spannt der Kamener Autor den Bogen von historischen Epochen bis in die Gegenwart, vom Leben im Germanendorf Westick oder dem Schicksal einer Kindsmörderin vor zweihundert Jahren bis zur heutigen Situation der Flüchtlinge.

Die sechs Kapitel des Buches leitet Klaus Goehrke durch pointierte Gedichte ein. Mit viel Lokalkolorit unterhält er nicht nur Leser, die in der Region zwischen Lippe und der Ruhr heimisch sind, sondern regt uns alle in kleinen Texten über große Themen zum Nachdenken an.

Paperback, 206 Seiten
ISBN 978-3-940853-37-0
11,90 Euro

**Ventura Verlag • Carl-von-Ossietzky-Str. 1, 59368 Werne
Tel. +49–(0)2389–68 96 • www.ventura-verlag.de**

Nicola Hölderle

Ich esse Senf und schreie.
Opa Moxes weise Worte

Kolumnen

Im Ruhrgebiet pflegt man eine blumige Sprache. Sie hat legendäre Sprüche und Redewendungen hervorgebracht, die wir sicher alle schon einmal gehört haben – auch über die Grenzen des Ruhrgebiets hinaus. Nicht nur Frank Goosens Omma („Radio Heimat") hat Sprüche geprägt, die in unseren alltäglichen Sprachgebrauch eingingen, sondern auch Nicola Hölderles Oppa Moxe. Ihm hat sie mit diesem Büchlein ein kleines Denkmal gesetzt und seine populärsten Sätze für die Ewigkeit festgehalten.

Besonders schön für uns Leser ist, dass dieses Buch Situationen zeigt, in denen man Oppa Moxes weise Worte gezielt einsetzen oder abfeuern kann. Also amüsieren Sie sich mit und über Oppa Moxe und seine weisen Worte, getreu seinem Ausspruch:
»Ich lach mich wech!«

Auch wenn Ihnen mal nicht zum Lachen zumute ist, ist dieses Büchlein hilfreich fürs Überleben im Alltag und für den Umgang mit unliebsamen Mitmenschen. Denken Sie dran, was Oppa Moxe immer gesagt hat:
»Wenn du mir auf meinen Pfannkuchen kackst,
ess ich noch den Rand drumrum.«

Taschenbuch, 104 Seiten
ISBN 978-3-940853-23-3
8,90 Euro

**Ventura Verlag • Carl-von-Ossietzky-Str. 1, 59368 Werne
Tel. +49–(0)2389–68 96 • www.ventura-verlag.de**

Herbert Heidtmann

Das Platanendorf

Ruhrgebietsroman

Der ehemalige Fußballprofi „Pele" Brügmann kehrt am Ende seiner Karriere in sein Heimatdorf Niederhausen zurück. Als Trainer der ersten Mannschaft des SuS setzt er mit den beiden Jungstars Micha und Wolle, die von vielen Bundesligaclubs heiß umworben werden, zum fußballerischen Höhenflug an.

Doch seine mysteriösen Geldgeber merken sehr bald, dass es sich nicht nur lohnt, in die Jungs zu investieren. Auch das kleine Dorf bietet ihnen die Gelegenheit, ihre schmutzigen Millionen sauberzuwaschen.

Geschickt binden sie die beiden Fußballer und ihre Freundin Chrissi in ein gigantisches Stadion-Projekt ein: Das „Platanendorf"! Überzeugt, für ihren Verein und ihre gebeutelte Heimatstadt das Richtige zu tun, geraten die drei immer tiefer in einen Sumpf aus Korruption und Bestechung.

Nach seinem erfolgreichen Debüt „Die Platanenbörse" erzählt Herbert Heidtmann in seinem zweiten Ruhrgebietsroman eine nicht minder spannende Geschichte über Korruption, Schmiergeldaffairen und Kungeleien. Vom Fußballverein über das Rotlichtmilieu bis hin zur Stadtverwaltung der Gemeinde Niederhausen stecken alle mit drin und wollen ihr Stückchen vom Kuchen beim Bau des „Platanendorfs" abgreifen.

Paperback, 520 Seiten
ISBN 978-3-940853-26-4
14,90 Euro

Ventura Verlag • Carl-von-Ossietzky-Str. 1, 59368 Werne
Tel. +49–(0)2389–68 96 • www.ventura-verlag.de